Ravi Zacharias • Norman Geisler (Hrsg.)

Wer schuf den Schöpfer?

Antworten auf unbequeme Fragen über Gott
und den christlichen Glauben

Über die Autoren

Ravi Zacharias ist amerikanischer Theologe, Redner und Autor zahlreicher Bücher. Seine Radiosendung „Let My People Think" wird weltweit von über 1.000 Sendern ausgestrahlt.

Norman Geisler ist Präsident des *Southern Evangelical Seminary* und Verfasser von über 50 Büchern.

Ravi Zacharias • Norman Geisler (Hrsg.)

Wer schuf den Schöpfer?

Antworten auf unbequeme Fragen über Gott und den christlichen Glauben

B. Göller
im Juli 2005

Gerth Medien

Titel der Originalausgabe:
Who Made God?

1. Auflage 2005

Die Bibelzitate wurden der „Gute Nachricht Bibel“ 1997,
Deutsche Bibelgesellschaft, Stuttgart, entnommen.

ISBN 3-89437-062-9

Übersetzung: Georg Gäbel
Umschlaggestaltung: Hanni Plato
Umschlagfoto:
Satz: Typostudio Rücker, Linden
Druck und Verarbeitung: Ebner & Spiegel, Ulm

Inhalt

Vorwort

Ich kann mich noch lebhaft daran erinnern, wie mir meine Mutter einmal, als wir noch in Indien lebten, einen Leckerbissen in die Hand drückte. Glücklich ging ich damit nach draußen, biss genüsslich hinein und hoffte, das Vergnügen würde nie aufhören. Plötzlich stieß ein Adler auf mich herab, und schneller, als ich gucken oder reagieren konnte, hatte er mir das Essen aus der Hand gerissen, und eine Seite meines Gesichtes war zerkratzt. Ganz verdattert stand ich da. Instinktiv rannte ich nach Hause. Ich weinte, verlangte nach Mutters Trost und hoffte, sie würde mir helfen – und mir etwas Neues zu essen geben. Doch bekommen habe ich stattdessen eine kräftige Ermahnung, immer auf die Raubvögel zu achten, die unablässig über uns kreisten. Im Nu konnten sie dafür sorgen, dass man mit leeren Händen dastand.

Diese Erfahrung fiel mir wieder ein, als ich über die Dinge nachdachte, die unserer Gesellschaft in den letzten drei Jahrzehnten verloren gegangen waren. Als Christen zogen wir mit der Bibel in der Hand fröhlich durch das Land. Wir predigten über die Bibel, aber wir schützten sie nicht vor den Vandalen, die sie uns entreißen und uns dann ohne Orientierung zurücklassen wollten. Viele Menschen befinden sich heute noch in dieser Zwangslage. Aber auf der Suche nach Rettung und Hilfe kommen sie in unsere Kirchen gestolpert.

Paulus ermahnte Timotheus, zu bewahren, was ihm anvertraut war (siehe 1. Timotheus 6,20). Und auch wir sind berufen, in der heutigen Zeit dasselbe zu tun. So war ich sehr begeistert, wenn auch etwas eingeschüchtert, als Norman Geisler vorschlug, wir sollten zusammen dieses Buch herausgeben. Begeistert, weil die Menschen dieses Buch brauchen. Doch auch etwas eingeschüchtert, denn ich hatte seinerzeit bei Norman Geisler studiert. Seither ist er weiter mein Lehrer geblieben – durch seine Bücher und Artikel, aber auch als Ratgeber in allem, was ich beim Studium der christlichen Apologetik wissen musste. In meiner Kultur gilt es als ziemlich kühn, wenn ein Schüler seinen eigenen Namen dem eines seiner Lehrer an die Seite stellt. Was man seinem Meister schuldet, kann man ihm nie ganz zurückgeben. So erklärte ich mich nur unter großem Zögern bereit, an diesem Projekt teilzunehmen. Dennoch war ich auch mit tiefster Dankbarkeit für alles erfüllt, was ich von Geisler und anderen habe lernen dürfen.

Ich sage das alles, um deutlich zu machen, dass wir in einer Zeit leben, in der die Christenheit die Unterweisung bitter nötig hat. In einem Buch wie diesem stellen uns aber nun einige der besten Köpfe ihr Wissen zur Verfügung. Natürlich hätten wir noch viele andere Autoren einbeziehen können. Doch es war uns wichtig, den Umfang überschaubar zu halten, und deshalb haben wir uns eingeschränkt. Das Ergebnis ist, so glaube ich, ein ausgezeichnetes Hilfsmittel, und die klugen Köpfe, die uns ihr Wissen zur Verfügung stellten, sind zugleich Menschen der Praxis.

Von diesen Männern lernen zu dürfen ist ein Privileg. Sie helfen uns, das Evangelium von Jesus Christus zu bewahren, das uns anvertraut ist. Lernen wir aber nicht, es zu bewahren, dann werden wir weinen und klagen, wenn uns der Skeptizismus das nährende Wort mit Krallen aus der Hand reißt. Nur dieses Wort schenkt die Hoffnung, von der unsere Gesellschaft leben kann. So spreche ich Dr. Geisler und den anderen, die uns zu so wichtigen Themen ihre Einsichten geschenkt haben, meinen Dank aus. Es ist mir eine Ehre, dass ich Anteil an diesem Projekt haben darf.

Ravi K. Zacharias

Danksagungen

Zu diesem Werk haben viele etwas beigetragen. Dass die Beiträge aller Autoren heute an Ort und Stelle sind, dafür hat Joan Cattell, die Assistentin von Norman Geisler, in der Anfangszeit gesorgt. Ihre Geduld war beispielhaft; sie hatte wirklich viel Mühe mit uns. Danielle DuRant, die Assistentin von Ravi Zacharias, hat als geschäftsführende Herausgeberin rund um die Uhr gearbeitet, damit der Verlag ein „rundes", vollständiges Manuskript bekam. Ohne sie hätten wir die Termine nie einhalten können. Wir sind ihr wirklich sehr dankbar. Auch die Verfasser der einzelnen Beitrage sowie die Verlagsmitarbeiter bei *Zondervan* haben unseren herzlichen Dank verdient. Und wir sind Gott dankbar, dass das Werk zu guter Letzt erscheinen konnte.

HINWEIS: Nicht alle im Folgenden vertretenen Auffassungen entsprechen den Überzeugungen der Herausgeber.

Die Autoren

William Lane Craig

William Lane Craig ist Professor für Philosophie an der *Talbot School of Theology* in La Mirada, Kalifornien. Er promovierte in Philosophie an der Universität Birmingham, England, und in Theologie an der Ludwig-Maximilians-Universität, München, wo er ebenfalls zwei Jahre bei der Alexander-von-Humboldt-Stiftung arbeitete. Bevor er nach *Talbot* kam, wirkte er sieben Jahre am Höheren Institut für Philosophie an der Katholischen Universität Leuven, Belgien. Er hat mehr als ein Dutzend Bücher verfasst, darunter *The Kalam Cosmological Argument*, *Divine Foreknowledge and Human Freedom* und *Theism, Atheism, and Big Bang Cosmology*, ferner fast 100 Artikel in wissenschaftlichen Zeitschriften für Philosophie und Theologie, u. a.: *The Journal of Philosophy*, *American Philosophical Quarterly*, *Philosophical Studies*, *Philosophy* und *British Journal for Philosophy and Science*.

Norman Geisler

Norman Geisler ist ein mehrfach ausgezeichneter Autor und Co-Autor von mehr als 50 Büchern und Hunderten von Artikeln. Er hat 33 Jahre an Universitäten und in der Graduiertenausbildung unterrichtet und in allen Bundesstaaten der USA sowie in 26 weiteren Ländern Vorträge und Diskussionsveranstaltungen gehalten. Er studierte am *William Tyndale College* und an der *Wheaton Graduate School*, promovierte in Philosophie an der *Loyola University* und ist nun Präsident des *Southern Evangelical College* in Charlotte, North Carolina. Viele von Dr. Geislers Werken werden an christlichen Hochschulen und in theologischen Seminaren als Lehrbücher benutzt, darunter Bücher wie *A General Introduction to the Bible*, *When Skeptics Ask*, *When Critics Ask*, *Christian Apologetics* und *Baker Encyclopedia of Christian Apologetics*.

Lawrence Theodore Jeyachandran

L. T. Jeyachandran ist der Leiter des Bereichs „Mission“ bei *Ravi Zacharias International Ministries* in Singapur. Er stammt aus Südindien und hat einen Abschluss als *Master of Technology* in Ingenieurwissenschaften vom *Indian Institute of Technology*, eine der führenden Technischen Hochschulen in Chennai. Jeyachandran hat 28 Jahre lang für die indische Zentralregierung in mehreren Teilen Indiens als leitender Ingenieur gearbeitet. 1993 trat er in den Frühruhestand, um bei *Ravi Zacharias International Ministries* zu arbeiten. Er befasst sich intensiv mit Theologie und vergleichender Religionswissenschaft und mit dem Studium der indischen Sprache sowie anderer Sprachen.

Ronald Rhodes

Dr. Ronald Rhodes ist Präsident von *Reasoning from the Sriptures Ministries*, einer Organisation in Frisco, Texas. Er hat u. a. an der *Biola University*, am *Southern Evangelical Seminary* und am *Dallas Theological Seminary* unterrichtet. Zu seinen Büchern gehören: *The Complete Book of Bible Answers*, *The Challenge of the Cults and New Religions*, *Reasoning from the Scriptures with Jehovah's Witnesses* und *Find it easy: Handy Bible Encyclopedia.*

Lee Strobel

Der mehrfach ausgezeichnete Autor und beliebte Vortragsredner Lee Strobel war Pastor in zweien der größten Gemeinden der USA: in der *Saddleback Valley Community Church* in Orange County, Kalifornien, sowie in der *Willow Creek Community Church*, Barrington/Illinois. Früher war er Atheist und studierte in *Yale* Jura. Vor seiner Entscheidung für Christus (1981) war er preisgekrönter Redakteur für juristische Themen bei der *Chicago Tribune*. Für zwei seiner Bücher erhielt er besondere Auszeichnungen: „Beim Wort zum Sonntag schalt' ich ab“ und „Der Fall Jesus“, das auf dem ersten Platz der christlichen Bestseller-Liste stand. Zu seinen weiteren Büchern gehören: *God's Outrageous Claims*, „Was würde Jesus zu Madonna sagen?" und „Glaube im Kreuzverhör". Er gehörte dem Gründungsvorstand der *Willow Creek Association* an, eines Verbunds von 5 000 Gemeinden, die Kirchendistanzierte mit dem Glauben erreichen möchten. Er moderiert *Defining Moments*, ein monatliches Radiomagazin für Kirchenleiter.

Robert White

Robert White studierte an der *Auburn University* in Montgomery, Alabama, und machte einen Abschluss im Fach Strafjustiz. An der juristischen Fakultät der *Jones School*, ebenfalls in Montgomery, promovierte er in Jura. Während des Studiums wurde er dort zum Präsidenten der *Christian Legal Association* und zum studentischen Abgeordneten für die Rechtsanwaltsvereinigung von Alabama gewählt. 1994 wurde er zum Pastor berufen und ist heute ordiniert in der *Southern Baptist Convention*. Er hat eine Radiosendung für Jugendliche mit dem Titel *Saved by Grace* entwickelt und produziert und bei mehreren christlichen Organisationen in evangelistischen Projekten und in der Gemeinaufbau-Arbeit mitgewirkt. Derzeit ist Robert White Assistent eines Pastors in der *Central Community Christian Church* in Montgomery.

Teil I:

Fragen zum christlichen Glauben

1. Kapitel

Schwierige Fragen zum Thema „Gott"

Norman Geisler

Meine Tochter Ruth, die mit einem Pastor verheiratet ist, sagte zu ihrem ältesten Sohn Samuel, als dieser gerade etwa vier Jahre alt war: „Frag mal deinen Großvater!“ Etwas später wurde ich mit der schwierigen Frage konfrontiert: „Opa, wo ist denn der Grips im Gehirn?“ Einem Philosophiestudenten könnte man diese Frage leicht beantworten; er weiß, was ein „Kategorie-Fehler“ ist. Aber wie erklärt man das einem Vierjährigen?

Eltern und Kindergottesdienst-Mitarbeiter wissen es: Die kleinsten Gemeindeglieder stellen die größten Fragen. Oft betreffen sie Gott – z. B. „Papa, wer hat Gott gemacht?“ Viele Eltern haben diese Frage schon einmal gehört; nur wenige können sie aber auch beantworten.

Wir sollten bereit sein, jede ernst gemeinte Frage zu beantworten (siehe 1. Petrus 3,15), die uns gestellt wird (siehe Kolosser 4,6). Ich behandle in meinem Beitrag einige der kniffligsten Fragen, die mir in den mehr als 50 Jahren meines Dienstes gestellt wurden. Und ich werde mein Bestes tun, damit auch kleine Jungen und Mädchen mich verstehen können.

Wer hat Gott gemacht?

Wer hat Gott gemacht? Niemand. Er ist nichts Geschaffenes. Es gab ihn schon immer. Nur was einen Anfang hat – so wie die Welt –, muss auch einen Schöpfer haben. Gott hat keinen Anfang, deshalb musste er gar nicht erst gemacht werden.

Für die etwas Älteren können wir schon ein bisschen mehr

sagen. Traditionell glauben die meisten Atheisten – die ja Gottes Existenz bestreiten –, dass das Universum nicht erschaffen wurde, sondern einfach immer „da war“. Sie berufen sich dabei auf das Erste Gesetz der Thermodynamik: „Die Energiemenge im Weltraum ist stets konstant – Energie kann weder geschaffen noch vernichtet werden“, sagen sie. Dabei muss man aber einige Dinge beachten.

Zum einen: Wenn das Erste Gesetz der Thermodynamik auf diese Weise angeführt wird, ist das nicht sehr wissenschaftlich. Es handelt sich dabei vielmehr um eine philosophische Meinungsäußerung. Wissenschaft hingegen beruht auf objektiver Beobachtung. Doch objektive Beobachtungen, die das dogmatische „Kann“ bzw. „Kann nicht“ in der obigen Aussage begründen könnten, gibt es nicht. Richtig müsste es heißen: „Die Menge der im Universum vorhandenen Energie bleibt konstant – soweit wir das beobachten können.“ Mit anderen Worten: Niemand hat je beobachtet, dass neue Energie entstanden wäre oder aber, dass vorhandene Energie verschwunden wäre. Das Erste Gesetz der Thermodynamik sagt, richtig verstanden, nichts über die Ewigkeit oder „Anfangslosigkeit“ der Welt aus. Nach dem Ersten Gesetz der Thermodynamik könnte die Energie ebenso gut erschaffen wie nicht erschaffen sein. Es besagt nur, dass die Menge der tatsächlich vorhandenen Energie – falls sie erschaffen wurde – seit ihrer Erschaffung konstant geblieben ist, soweit wir dies beurteilen können.

Nehmen wir ferner einmal an (nur um den Gedanken zu Ende zu denken), dass die Gesamtheit aller Energie, das also, was wir den Kosmos nennen, nicht erschaffen wurde, wie viele Atheisten glauben. Wenn das der Fall wäre, dann wäre die Frage, wer das Universum geschaffen hat, sinnlos. Wenn die Energie schon ewig „da“ und nicht erschaffen ist, dann hat sie natürlich niemand erschaffen. Sie hat schon immer existiert. Wenn es aber sinnlos ist zu fragen: „Wer hat das Universum gemacht?“, weil es schon immer existiert hat, dann ist es ebenso sinnlos, zu fragen: „Wer hat Gott gemacht?“, denn auch er hat schon immer existiert – wenn es ihn gibt.

Wenn das Universum nicht schon seit Ewigkeiten existiert, dann muss es eine Ursache haben. Hat es aber keinen Anfang gehabt, sondern war schon immer da, dann muss es auch keinen Urheber geben. Ebenso absurd ist es zu fragen: „Wer hat Gott gemacht?", wenn es einen Gott gibt, für dessen Existenz man keinen Anfangszeitpunkt festlegen kann. Es ist ein Kategorie-Fehler zu fragen: „Wer hat gemacht, was nicht gemacht ist?" oder: „Wer schuf das Ungeschaffene?" Genauso gut könnte man fragen: „Wo ist die Frau des Junggesellen?"

Könnte die Welt nicht schon immer existiert haben?

Christen glauben natürlich, dass es einen Gott geben muss, weil die Welt einen Anfang hatte. Und alles, was einen Anfang hatte, muss auch einmal jemand angefangen haben. Doch die schwierige Frage lautet, woher wir wissen, dass die Welt wirklich einen Anfang hatte. Vielleicht hat sie ja schon immer existiert.

Der berühmte Agnostiker Bertrand Russell hat das Dilemma so formuliert: Entweder hatte die Welt einen Anfang oder sie hatte keinen. Wenn nicht, bedurfte sie keines Urhebers (Gottes). Wenn ja, kann man fragen: „Wer hat dann Gott verursacht?" Aber wenn Gott einen Urheber hat, ist er gar nicht Gott. So oder so gelangen wir nicht zu einem ersten, selbst nicht mehr verursachten Urheber.

Die Antwort auf diesen schwierigen Einwand lautet, dass auch hier wieder die sinnlose Frage gestellt wird: Wer hat Gott gemacht? Anders gesagt, es wird fälschlicherweise davon ausgegangen, dass *alles* eine Ursache haben müsse, während wir lediglich behauptet hatten, dass *alles, was einen Anfang hatte*, eine Ursache haben muss. Das ist etwas ganz anderes. Natürlich muss alles, was einen Anfang hatte, auch durch jemanden oder etwas angefangen worden sein. Etwas kann nicht aus Nichts werden. „Nothing came from Nothing. Nothing ever could", singt Julie Andrews („Von nichts kommt nun mal gar nichts – das war schon immer so"). Gott aber braucht keinen Urheber, denn er ist ohne Anfang.

Da das so ist, müssen wir lediglich zeigen, dass das Universum einen Anfang hatte, um zu beweisen, dass es einen Urheber des Universums geben muss (d. h. Gott). Zwei starke Argumente werden wir dafür anführen. Das eine kommt aus der Wissenschaft – das Zweite Gesetz der Thermodynamik. Das andere stammt aus der Philosophie, nämlich die Unmöglichkeit einer unendlichen Menge von Zeitpunkten.

Nach Aussage des Zweiten Gesetzes der Thermodynamik geht dem Universum die verwendbare Energie aus.[1] Wenn aber das Universum gleichsam abläuft, kann es nicht ewig sein. Sonst könnte es ja unter Umständen bereits vollständig abgelaufen sein. Unendliche Energiemengen können nie aufgebraucht werden, aber man braucht nicht ewig, um endliche Energiemengen aufzubrauchen. Daher muss das Universum einen Anfang gehabt haben. Ebenso hat auch jedes Auto nur ein begrenztes Maß an Energie (Benzin). Deshalb müssen wir von Zeit zu Zeit tanken – öfter, als uns lieb ist. Hätten wir einen unbegrenzt (unendlich) großen Benzintank, müssten wir nie mehr zur Tankstelle fahren. Da wir aber wieder auftanken müssen, muss der Tank auch zuvor schon einmal gefüllt worden sein. Oder, um ein anderes Beispiel zu wählen, eine alte Uhr, die allmählich abläuft und die wieder aufgezogen werden muss, könnte gar nicht ablaufen, wenn sie nicht zuvor aufgezogen worden wäre. Kurzum, das Universum hatte einen Anfang. Und alles, was einen Anfang hatte, hat auch einen Urheber. Daher muss auch das Universum einen Urheber (Gott) haben.

Natürlich hat man auch darüber spekuliert, dass das Universum sich von allein wieder aufzieht oder in Schwung bringt. Aber diese Auffassung ist wirklich bloße Spekulation, für die es keine echte Begründung gibt. In Wahrheit widerspricht sie dem Zweiten Gesetz der Thermodynamik. Denn selbst wenn sich das Universum wieder neu in Schwung bringen könnte, wie ein Ball, der vom Boden abspringt (nur andersherum), dann würde es allmählich doch an Schwungkraft verlieren. Es gibt überhaupt keine Beobachtungen, die die Behauptung stützen könnten, dass das Universum sich von allein wieder aufzieht. Selbst agnostische Astronomen wie Robert Jastrow haben dies herausgestellt: „Wenn der Wasserstoff in einem Stern einmal verbrannt und in schwerere Elemente übergegangen ist, kann er nie wieder in seinen ursprünglichen Zustand überführt werden.“ Daher „wird, während der Wasserstoff in den Sternen verbraucht wird, der Wasserstoff-Vorrat immer geringer – Minute für Minute, Jahr für Jahr“[2].

Wenn die Gesamtmenge der tatsächlich vorhandenen Energie

immer gleich bleibt, die verfügbare Energie dem Universum aber dennoch ausgeht, dann hat es nie eine unendliche Menge davon enthalten. Denn eine unendliche Menge Energie kann nie zu Ende gehen. Das würde bedeuten, dass das Universum nicht schon immer existiert haben kann. Es muss einen Anfang gehabt haben. Oder, anders gesagt: Nach dem Zweiten Gesetz kann das Universum nicht ewig sein, da die Unordnung immer weiter zunimmt (Entropie). Sonst müsste es sich in einem völlig ungeordneten Zustand befinden, was es jedoch nicht tut. Es muss daher einen Anfang gehabt haben – und sich damals in einem hoch geordneten Zustand befunden haben.

Ein weiteres Argument dafür, dass die Welt einen Anfang hatte – und folglich auch einen Urheber –, kommt aus der Philosophie. Es besagt, dass es vor dem heutigen Tage keine unbegrenzte Anzahl von Zeitpunkten gegeben haben kann. Anderenfalls hätte der heutige Tag nie begonnen (was er ja doch hat). Denn über Unbegrenztes kann man laut Definition nicht hinausgehen: Unbegrenztes hat weder Ende noch Anfang. Über die Zeitpunkte vor dem heutigen Tage hinaus aber ist die Zeit fortgeschritten – der heutige Tag hat ja begonnen. Daraus folgt aber, dass es vor dem heutigen Tage nur eine begrenzte Anzahl von Zeitpunkten gegeben haben kann. Es gab also einen Anfang der Zeit. Wenn aber das Raum-Zeit-Universum einen Anfang hatte, dann muss seine Entstehung verursacht worden sein. Die Ursache von allem, was – außer dieser Ursache selbst – existiert, nennt man Gott. Gott existiert.

Selbst der große Skeptiker David Hume stimmte den Grundannahmen dieses Arguments für die Existenz Gottes zu. Mehr noch, Hume selbst hat nie bestritten, dass das, was existiert, eine Ursache haben muss. Er schrieb: „Nie habe ich einer so absurden Behauptung zugestimmt wie der, dass irgendetwas ohne Ursache entstehen könnte.“[3] Er erklärte auch, es sei absurd zu glauben, es könne eine unbegrenzte Zahl von Zeitpunkten geben: „Wenn wir den Aspekt Zeit betrachten, dann müssen wir feststellen, dass die Welt auch in dieser Hinsicht einen Anfang hatte. Eine unbegrenzte Anzahl von Zeiteinheiten, die aufeinander folgen und doch eine nach der anderen enden, erscheint ein so offenkundiger Widerspruch zu sein, dass wohl niemand dem zustimmen könnte, dessen Urteilskraft nicht geschwächt ist, sondern durch die Wissenschaften vergrößert wurde."[4] Wenn aber beide Voraussetzungen wahr sind, dann folgt daraus, dass es einen Schöpfer des Raum-Zeit-Universums gegeben haben muss – dass also Gott existiert.

Wie kann Gott etwas aus nichts machen?

Wenn vor der Erschaffung der Welt nur Gott existierte und sonst nichts, dann entstand das Universum aus nichts. Ist es aber nicht absurd, zu sagen, dass etwas aus nichts entstanden ist? Absurd wäre es, zu sagen, dass Nichts etwas hervorgebracht hat, denn Nichts gibt es nicht, und es vermag nichts zu bewirken. Es ist aber nicht absurd, zu sagen, dass jemand (Gott) das Universum aus der Nicht-Existenz ins Dasein rief. Das Nichts kann zwar nichts hervorrufen, wohl aber kann jemand (Gott) aus nichts etwas machen.

Wenn das Universum einen Anfang hatte (wie zuvor dargelegt), dann gab es das Universum ursprünglich nicht, sondern erst nachdem Gott es geschaffen hatte. Das ist mit Schöpfung „aus dem Nichts" (lateinisch: *ex nihilo*) gemeint. Es ist also nicht gemeint, dass Gott „ein bisschen Nichts" nahm und daraus etwas machte, so als wäre „Nichts" das, woraus er die Welt erschuf. Es gab nur Gott, sonst nichts. Dann rief Gott etwas anderes ins Dasein, das zuvor noch nicht existiert hatte.

Mit anderen Worten: Schöpfung „aus dem Nichts" bedeutet lediglich, dass Gott nicht auf etwas anderes außer ihm selbst angewiesen war; etwas, das bereits neben ihm existiert hätte. Anders sehen es gewisse Spielarten des Dualismus, die von zwei ewigen Substanzen oder Wesenheiten ausgehen. Das wäre dann Schöpfung *ex materia*, also aus einer Materie, die bereits vor der Schöpfung neben Gott bestand. Der griechische Philosoph Plato ging beispielsweise davon aus.

Gott hat die Welt auch nicht aus sich selbst geschaffen (also *ex Deo*), d. h., Gott schuf die Welt nicht aus einem Teil seiner selbst. Der Gott der Bibel besteht nicht aus unterschiedlichen Teilen. Er ist ein einheitliches Ganzes, absolute Einheit. Daher ist es unmöglich, dass er einen Teil aus sich selbst hätte nehmen und daraus die Welt erschaffen sollen. Gott ist unendlich, die Welt dagegen ist endlich. Und zusammengesetztes Endliches, in wie großer Zahl auch immer, kann niemals Unendliches ergeben: Wie viele Teile es auch haben mag, immer kann man es noch um ein weiteres vermehren. Etwas Größeres als unendlich kann es aber nicht geben. Daher kann kein aus Teilen Zusammengesetztes einem Unendlichen entsprechen. Deshalb kann Gott die Welt nicht aus einem Teil seiner selbst geschaffen haben (d. h. *ex materia*).

Die Welt kommt *von* Gott, aber nicht *aus* Gott. Er ist ihr Urheber, nicht aber ihre Substanz. Sie entstand *durch* ihn, doch nicht *aus* ihm. Wenn aber die Welt nicht aus Gott gemacht ist (*ex Deo*) und auch nicht aus etwas anderem (*ex materia*), das neben Gott bestanden hätte, dann muss sie aus nichts (*ex nihilo*) geschaffen sein. Eine weitere Möglichkeit gibt es nicht. Gott schuf etwas, das zuvor noch nicht existiert hatte, weder in ihm selbst noch in etwas anderem.

Die Welt „existierte", bevor Gott sie schuf, nur als Gedanke in seinem Geist – nicht anders. Wie ein Maler bereits eine Vorstellung von dem Gemälde hat, das er malt, so hatte Gott eine Vorstellung von der Welt, bevor er sie schuf. In diesem Sinne gab es die Welt – als Gedanke in Gottes Geist – schon, bevor er sie ins Dasein rief.

Was hat Gott getan, bevor er die Welt erschuf?

Eine weitere schwierige Frage zum Thema „Gott", die oft gestellt wird, lautet: Was hat Gott mit seiner Zeit angefangen, bevor er erschuf? Der berühmte christliche Lehrer Augustinus (5. Jahrhundert n. Chr.) hatte auf diese Frage zwei Antworten, eine humorvolle und eine ernst gemeinte. Die erste Antwort lautet: Gott habe die Zeit damit verbracht, die Hölle vorzubereiten – für Menschen, die Fragen wie diese stellten! Die ernst gemeinte Antwort lautete, dass Gott keine Zeit auszufüllen hatte, weil es noch gar keine Zeit gab, bevor die Zeit erschaffen wurde. Die Zeit begann erst mit der Schöpfung. Vor der Schöpfung existierte keine Zeit. Es gab keine Zeit, die Gott hätte ausfüllen müssen. Die Welt begann nicht mit einer Schöpfung *in* der Zeit, sondern mit der Erschaffung *der* Zeit. „Aber", so könnte man meinen, „wenn es vor dem Beginn der Zeit keine Zeit gab, was war dann?“ Antwort: die Ewigkeit. Gott ist ewig, und das einzige, was vor der Zeit war, ist die Ewigkeit.

Die Frage setzt außerdem voraus, dass ein unendlich vollkommenes Wesen wie Gott sich langweilen kann. Doch Langeweile ist ein Zeichen von Unvollkommenheit und Unzufriedenheit und Gott ist vollkommen wunschlos zufrieden. Daher ist es unmöglich, dass Gott sich langweilen könnte, selbst wenn er viel Zeit auszufüllen hätte. Ein unendlich schöpferischer Geist findet immer eine interessante Beschäftigung. Nur ein begrenzter Geist, dem die interessanten Beschäftigungen ausgehen, könnte sich langweilen.

Und schließlich hat der christliche Gott drei Personen, die untereinander in vollkommener Gemeinschaft stehen. Ein solches Wesen kann nie gelangweilt oder einsam sein. Denn es ist nicht nur immer jemand da, mit dem man „reden“ kann, sondern sogar jemand, der vollkommenes Verständnis, vollkommene Liebe und Gemeinschaft bietet. Einem solchen Wesen ist es unmöglich, sich zu langweilen.

Wie kann es drei Personen in einem Gott geben?

Wie kann Gott drei und doch einer sein? Ist das nicht ein Widerspruch? Es scheint ganz so, als könne Gott entweder einer und nicht drei, oder auch drei und nicht einer sein. Aber er kann nicht gleichzeitig drei und doch auch einer sein. Das wäre ein Widerspruch zum fundamentalsten Gesetz des Denkens, nämlich dem Satz vom Widerspruch (nach Aristoteles).

Zunächst einmal ist jedoch der christliche Glaube an die Dreieinigkeit von drei Personen in einem Gott kein Widerspruch. Ein Widerspruch entsteht nur, wenn etwas zugleich und in demselben Sinne als „A“ und als „Nicht-A“ bezeichnet wird. Gott ist drei und zugleich einer, aber nicht *in demselben Sinne*. Er ist drei Personen, aber eines Wesens. Er ist drei Personen, aber nur einer nach seiner Natur.

Es wäre ein Widerspruch, zu sagen, dass Gott drei Naturen in einer Natur hätte oder drei Personen in einer Person. Aber es ist kein Widerspruch, zu behaupten, dass Gott drei Personen in einem Wesen ist. Gott ist wie ein Dreieck. Es hat drei Ecken und ist doch gleichzeitig nur ein Dreieck. Keine der Ecken ist dasselbe wie das ganze Dreieck. Oder man kann sagen, dass Gott wie die Zahl 1 in dritter Potenz (1^3) ist: $1 \times 1 \times 1 = 1$. Gott ist nicht wie $1 + 1 + 1 = 3$; das wäre Tritheismus (Glaube an drei Götter) oder Polytheismus (Glaube an viele Götter). Gott ist ein einziger Gott, der sich ewig in drei gleichzeitigen, verschiedenen Personen ausprägt.

Gott ist die Liebe (1. Johannes 4,16). Aber damit es Liebe gibt, muss es einen Liebenden (Vater), einen Geliebten (Sohn) und einen Geist der Liebe (Heiliger Geist) geben. Daher ist Liebe in sich selbst eine Dreieinigkeit.

Ein weiteres Bild für die Trinität ist das Verhältnis von Geist, Gedanken und Worten. Zwischen ihnen besteht eine gewisse Einheit und doch sind sie voneinander verschieden.

Natürlich ist die Trinität ein Mysterium. Das Konzept übersteigt unsere Vernunft, aber es widerspricht ihr nicht. Wir können es erahnen, aber wir können es nicht völlig verstehen. Jemand hat einmal treffend gesagt: „Wollten wir versuchen, Gott ganz zu verstehen, es brächte uns um unseren Verstand. Doch ohne aufrichtigen Glauben an die Dreieinigkeit verlieren wir unsere Seele!“

Wie kann ein guter Gott Menschen in die Hölle schicken?

Diese Frage geht von der Prämisse aus, dass Gott Menschen gegen ihren Willen in die Hölle schickt. Aber das ist nicht der Fall. Gott will nicht, dass jemand verloren geht (2. Petrus 3,9). Diejenigen, die nicht gerettet werden, wollen schlicht und ergreifend nicht gerettet werden. Jesus sagte: „Jerusalem, Jerusalem, die du tötest die Propheten und steinigst die Boten, die Gott zu dir schickt. Wie oft wollte ich deine Bewohner um mich scharen, wie eine Henne ihre Küken unter die Flügel nimmt. Aber ihr habt nicht gewollt.“ (Matthäus 23,37).

C. S. Lewis hat es so formuliert: „Die Tür der Hölle lässt sich nur von außen öffnen.“ Alle, die dort hineingehen, haben sich also selbst dafür entschieden. Lewis fügte hinzu: „Am Ende wird es nur zweierlei Arten von Menschen geben: Die, die zu Gott sagen ‚Dein Wille geschehe‘, und die, zu denen Gott am Ende sagt: ‚*Dein* Wille geschehe.‘ Alle, die in der Hölle sind, wählen sie sich." Lewis glaubte, dass es „ohne diese eigene Wahl keine Hölle geben würde. Keine Seele, die ernstlich und beständig Freude begehrt, wird sie missen müssen. Wer sucht, der findet. Wer anklopft, dem wird aufgetan"[5].

Hinzu kommt, dass der Himmel für diejenigen, die nicht hineingehören, die Hölle wäre. Denn der Himmel ist ein Ort beständigen Lobpreises, beständiger Anbetung (Offenbarung 4–5). Doch für Nichtgläubige, die noch nicht einmal eine Stunde Gottesdienst in der Woche ertragen können, wäre es die Hölle, wollte man sie zwingen, dies im Himmel bis in alle Ewigkeit zu tun! Nochmals Lewis: „Ich würde alles darum geben, mit Überzeugung sagen zu können: ‚Alle Menschen werden gerettet.' Aber meine Vernunft stellt die Gegenfrage: ‚Mit ihrem Willen oder ohne ihn?' Wenn ich sage: ‚Ohne ihre Willen' – bemerke ich sofort den Widerspruch: Wie kann der höchste Akt des Willens, die Selbsthingabe, unwillentlich sein? Sage ich: ‚Mit ihrem Willen' – so entgegnet meine Vernunft: ‚Und wenn sie *nicht* wollen?'"[6]

Gott ist gerecht und muss Sünde strafen (Habakuk 1,13; Offenbarung 20,11–15). Aber er ist auch Liebe (1. Johannes 4,16), und deshalb kann und wird er Menschen nicht zwingen, ihn ebenfalls zu lieben. Liebe wirkt nicht durch Zwang, nur durch Überzeugung. Erzwungene Liebe ist ein Widerspruch in sich. Daher verlangt Gottes Liebe, dass es eine Hölle gibt, in der die Menschen, die ihn nicht lieben wollen, die große Trennung erfahren können, wenn Gott zu ihnen sagt: „Dein Wille geschehe!"

Wie kann Gott gleichzeitig Liebe und Gerechtigkeit sein?

Es sieht vielleicht so aus, als seien Liebe und Gerechtigkeit unvereinbare Eigenschaften. Wenn Gott gerecht ist, muss er die Sünde bestrafen. Wenn er aber Liebe ist, müsste er die Sünden vergeben. Wie kann er dann beides gleichzeitig sein?

Die Attribute (Eigenschaften) Gottes widersprechen einander nicht. Er ist zugleich absolut gerecht und liebt bedingungslos. Es ist eher das Gegenteil der Fall: Beide Eigenschaft *ergänzen* einander.

Das vollkommene Beispiel dafür, wie Gottes Liebe und Gerechtigkeit sich begegnen, ist das Kreuz. In seiner Liebe sandte Gott seinen Sohn, damit dieser die Strafe für unsere Sünden bezahlt, damit der Gerechtigkeit Genüge getan ist. Denn „der Lohn, den die Sünde bezahlt, ist der Tod“ (Römer 6,23). Und Sünde gegen den ewigen Gott verlangt den ewigen Tod (vgl. Offenbarung 20,14–15). Daher litt der Gerechte für die Ungerechten (siehe 1. Petrus 3,18), als Christus für unsere Sünden starb (Römer 5,8), damit wir wieder eine innige Beziehung zu Gott haben können. „Gott hat Christus, der ohne Sünde war, an unserer Stelle als Sünder verurteilt, damit wir durch ihn vor Gott als gerecht bestehen können“ (2. Korinther 5,21).

Da Gott ein gerechter Gott ist, muss die Sünde bestraft werden, doch seine Liebe zwingt ihn, die Sünder zu retten. So ist seiner Gerechtigkeit durch Christi Tod für uns Genüge getan und seiner Liebe wurde dadurch Raum gegeben. Daher gibt es keinen Widerspruch zwischen absoluter Gerechtigkeit und bedingungsloser Liebe. Um es mit einem Bild zu sagen: Gott ist wie ein Richter, der dem schuldigen Angeklagten zuerst das Urteil verkündet, der dann seine Robe auszieht, sich neben den Verurteilten stellt und die Strafe für ihn bezahlt. Das tat Jesus für uns auf Golgatha. An seinem Kreuz kamen Gerechtigkeit und Erbarmen zusammen.

Schlussfolgerung

Schon kleine Kinder wie mein Enkel können schwierige Fragen stellen, aber es gibt auch gute Antworten auf diese Fragen nach Gott. Die Bibel ermahnt uns sogar, sie zu finden und weiterzugeben. Paulus schrieb: „Wenn ihr Außenstehenden über euren Glauben Auskunft gebt, so tut es immer freundlich und in ansprechender Weise. Bemüht euch, für jeden und jede die treffende Antwort zu finden“ (Kolosser 4,6).

Übrigens: Mein Enkel hat gerade das Abitur gemacht und bereitet sich jetzt auf das Studium der Apologetik (Verteidigung des christlichen Glaubens) vor. Schon bald wird er die Fragen, die er früher einmal gestellt hat, selbst beantworten können. Was wäre wohl aus ihm geworden, wenn sie ihm damals niemand beantwortet hätte?

Fragen zur Vertiefung

1. Lesen Sie 1. Petrus 3,15 und Kolosser 4,6. Diese Verse gelten für alle Gläubigen. Was können wir tun, um sie in die Praxis umzusetzen?
2. Wann (falls überhaupt) sollte man Fragen von Nichtgläubigen nicht beantworten? Berücksichtigen Sie bei Ihrer Antwort auch Sprüche 26,4 und Matthäus 7,6.
3. Warum ist es wichtig, Fragen zum Thema „Gott" zu beantworten? Inwiefern hängt unser Glaube an Gott mit unserem Glauben daran zusammen, dass die Bibel das Wort Gottes und dass Jesus Christus der Sohn Gottes ist?

2. Kapitel

Schwierige Fragen zum Thema „Das Böse"

Ronald Rhodes

Anfang 1999 wurde Greg, der Sohn meines Bruders, von einem Auto überfahren und starb. Nach der Trauerfeier beschäftigte die trauernde Familie und die Freunde nur eine Frage: „Warum musste so etwas passieren?" Diese Frage stellen Menschen eigentlich immer, wenn etwas Schlimmes geschieht. Warum stoßen netten, guten Menschen so furchtbare Dinge zu? Und was sagt es über Gott aus, dass so etwas geschieht? Man kann sich lebhaft vorstellen, dass damit auch die Freunde und Verwandten der fast 3 000 Menschen gerungen haben, die durch die Terroranschläge in New York und Washington am 11. September 2001 ums Leben kamen. Der Meinungsforscher George Barna wurde einmal beauftragt, herauszufinden, welche Frage die meisten Menschen Gott stellen würden, wenn sie die Möglichkeit dazu hätten. Die drängendste Frage war mit überwältigender Mehrheit: „Warum gibt es so viel Leid auf dieser Welt?"[1]

Einige der kniffligsten Fragen zum Thema „Das Böse" will ich hier kurz untersuchen. Ich gehe das Thema nicht ohne Zögern an, denn um es angemessen zu behandeln, müsste man eigentlich ein ganzes Buch schreiben, nicht nur ein kurzes Kapitel. Eine gekürzte Abhandlung birgt immer das Risiko, dass man ein wenig oberflächlich ist. Ich möchte Sie daher ermutigen, nach meinem Kapitel einige der im Anhang zu diesem Beitrag genannten Literaturempfehlungen zu lesen.

Bevor wir im Einzelnen auf die Fragen zu sprechen kommen, ist es sinnvoll, einige grundsätzliche Gedanken über das Böse voranzustellen. Das Böse ist nichts, das aus sich selbst heraus existiert. Es ist vielmehr ein Verfall, die Korruption von etwas anderem, das bereits existiert. *Böses ist das Fehlen von oder der Mangel an Gutem.* Baumfäule etwa kann es nur so lange geben, wie es den Baum gibt. Ein Loch im Zahn kann man nur haben, wenn man einen Zahn hat. Mit Rost am Auto oder mit einem verwesenden Leichnam verhält es sich ähnlich. Das Böse ist eine Beschädigung von etwas Gutem; es ist ein Mangel, aber es hat kein Wesen, das aus sich heraus besteht.[2] Norman Geisler erklärt: „Das Böse ist wie eine Wunde am Arm oder Mottenlöcher in Kleidung. Es kann nur durch etwas anderes bestehen, aber nicht aus sich selbst heraus."[3]

Wenn wir sagen, das Böse bestehe nicht aus sich selbst heraus, dann meinen wir natürlich nicht, dass es das Böse gar nicht gibt. Das Böse hat zwar nicht selbst wesenhaft Bestand, aber es ist wirklicher Mangel an Gutem. „Es ist nicht selbst etwas, das es wirklich gibt, aber es ist ein tatsächlicher Schaden an etwas, das es wirklich gibt"[4], merkt Geisler an gleicher Stelle an. Baumfäule, rostige Autos, Löcher im Zahn, Gehirntumore, Gregs Tod – das sind Beispiele dafür, wie schlimm der Schaden ist, der dem Guten anhaften kann.

Diese Einsicht in das Wesen des Bösen ist die eine Sache. Aber dann auch zu verstehen, wie es in einer Welt, die eine Schöpfung Gottes ist, das Böse überhaupt geben kann – das ist etwas völlig anderes. Das Problem mit dem Bösen kann man sich auf einfache Weise als einen Widerspruch zwischen drei Aussagen veranschaulichen: *Gott ist allmächtig, Gott ist gütig* und *Das Böse existiert.* Der gesunde Menschenverstand weiß, dass nicht alle diese drei Aussagen zugleich wahr sein können.[5] In der Regel versucht man, das Problem des Bösen zu lösen, indem man eine der drei Aussagen abändert: indem man *Gottes Macht einschränkt*, *Gottes Güte einschränkt* oder im Blick auf *die Existenz des Bösen Veränderungen vornimmt* (indem man es zum Beispiel als Illusion bezeichnet).[6]

Nun, hätte Gott nicht selbst von sich gesagt, dass er gut ist, dann wäre die Existenz des Bösen leichter zu erklären. Doch Gott sagt von sich, er sei gut. Wäre Gottes Macht Grenzen gesetzt, sodass er dem Bösen nichts entgegensetzen könnte, dann wäre die Existenz des Bösen leichter zu erklären. Doch Gott sagt von sich, er sei allmächtig. Wäre das Böse nur eine Illusion, aber keine

Wirklichkeit, dann gäbe es das Problem gar nicht erst. Doch das Böse ist keine Illusion. Es existiert wirklich.[7]

In der heutigen Zeit sind wir mit zwei unterschiedlichen Formen des Bösen konfrontiert: *moralisches Böses* (Böses, das von Menschen begangen wird, die sich frei dafür entscheiden können, etwa Krieg, Verbrechen, Grausamkeit, Klassenkämpfe, Diskriminierung, Sklaverei, ethnische Säuberungen, Selbstmord-Attentate und diverse Ungerechtigkeiten) und *natürliches Böses* (darunter etwa Wirbelstürme, Überschwemmungen, Erdbeben und dergleichen). Gott ist gut, Gott ist allmächtig, und doch gibt es das Böse. Darum geht es im Kern des Problems mit dem Bösen.

Berühmte Denker wie David Hume, H. G. Wells und Bertrand Russell kamen auf Grund ihrer Beobachtungen von Leid und Schmerz zu dem Schluss, dass es den Gott der Bibel nicht gäbe.[8] Hume formulierte diese Überzeugung in wenigen Worten, als er über Gott schrieb: „Gott will entweder das Böse abschaffen, aber er kann es nicht – dann ist er ohnmächtig. Oder er kann es und will es nicht – dann ist er böse. Oder er will und kann es – woher dann das Böse?“[9] Wenn es einen Gott gäbe – und er wäre allgütig und allmächtig –, dann wären solche Gräuel wie Hitlers Mord an sechs Millionen Juden niemals geschehen.

Natürlich stimmen auch Christen darin überein, dass Hitlers Untaten an den Juden entsetzliche Verbrechen waren. Dennoch muss ich, bevor ich aus biblischer Sicht dazu Stellung nehmen kann, zuerst noch einen wichtigen philosophischen Gesichtspunkt anführen, der sich allein schon daraus ergibt, dass Hitlers Taten überhaupt als böse zu gelten haben. Wie schon viele Denker festgestellt haben, muss man, um behaupten zu können, es gäbe das Böse, zuvor sagen, nach welchen Kriterien etwas denn überhaupt als böse zu beurteilen ist.[10] Wie kann man beurteilen, dass manche Dinge böse sind, andere aber nicht? Was ist der moralische Maßstab, nach dem wir Menschen und Ereignisse in moralische Kategorien einordnen? Wie kann man Böses von Gutem unterscheiden und umgekehrt?

Nun, es ist auch unmöglich, Böses von Gutem zu unterscheiden, wenn man keinen Bezugspunkt hat, der absolut gut ist.[11] Anderenfalls wäre man wie ein Mensch in einem Boot auf hoher See in einer bewölkten Nacht und ohne Kompass. Das bedeutet, man wäre ohne den absoluten Bezugspunkt der Kompassnadel nicht in der Lage, zu entscheiden, ob man nach Norden oder nach Süden segelt.

Den absoluten Bezugspunkt für die Unterscheidung von Gut und Böse kann man nur in der Person Gottes finden, denn Gott allein entspricht der Definition des „absoluten Guten". Wenn es Gott nicht gibt, dann gibt es in moralischer Hinsicht kein Absolutes, das uns das Recht geben könnte, etwas (oder jemanden) als böse zu bezeichnen. Genauer: Wenn es Gott nicht gibt, dann gibt es letztendlich keinen Grund für eine Verurteilung (beispielsweise) der Verbrechen Hitlers. Aus diesem Blickwinkel betrachtet, setzt die Existenz des Bösen die Existenz Gottes sogar voraus, statt sie zu widerlegen.

Woher kommt das Böse?

Ursprünglich war die Schöpfung „sehr gut" (1. Mose 1,31). Es gab keine Sünde, nichts Böses, keinen Schmerz und keinen Tod. Doch heute ist die Welt von Sünde, Bösem, Schmerz und Tod durchdrungen. Wie kam es dazu? Die Bibel zeigt, dass der Niedergang in dem Augenblick begann, als Adam und Eva ihren von Gott geschenkten freien Willen missbrauchten und sich für den Ungehorsam gegen Gott entschieden (siehe 1. Mose 3).

Manche Menschen fragen sich, warum Gott uns Menschen nicht so erschaffen hat, dass wir gar nicht sündigen können, sodass das Böse völlig vermieden würde. Ein solches Szenario würde aber bedeuten, dass wir gar keine Menschen mehr wären. Wir könnten nämlich keine Wahl mehr treffen und nicht mehr aus freien Stücken lieben. Wir wären Roboter, die nur so handeln könnten, wie es vorprogrammiert ist – wie eine Sprechpuppe, die „Ich liebe dich" sagt, wenn man an der Schnur zieht.[12] Bei einer solchen Puppe, so Paul Little, „gäbe es nie ein lautes Wort, niemals einen Konflikt, niemals irgendetwas, das uns traurig stimmen könnte. Aber wer will das schon? Es gäbe ja auch niemals Liebe. Liebe ist ein freiwilliger Akt. Gott hätte uns als Roboter erschaffen können, aber dann wären wir keine Menschen gewesen. Gott meinte offenbar, es sei das Risiko wert, uns so zu erschaffen, wie wir sind."[13]

Liebe kann man nicht einprogrammieren; sie möchte frei geäußert werden. Gott wollte, dass Adam und die ganze Menschheit ihre Liebe zu ihm dadurch zeigen, dass sie freiwillig den Gehorsam wählten. Darum gab Gott Adam und allen anderen Menschen den freien Willen. Geisler hat Recht, wenn er sagt, dass „erzwungene Liebe Vergewaltigung" ist, „und Gott ist kein göttlicher Vergewaltiger. Nichts wird er tun, um unsere Entscheidung zu erzwingen."[14] Eine *freie* Wahl beinhaltet jedoch immer auch die Möglichkeit einer *falschen* Entscheidung. „Das Böse ist bei der riskanten Gabe eines freien Willens auch mit dabei", bemerkt deshalb J. B. Phillips richtig.[15]

Vor dem Hintergrund der biblischen Schilderungen können wir schließen, dass Gottes Plan, den Menschen die freie Entscheidung zu ermöglichen, auch die Möglichkeit zum Bösen beinhaltete, dass aber die tatsächliche Entstehung des Bösen erst aus dem Tun eines Menschen entsprang, der seinen Willen von Gott ab- und seinen eigenen selbstsüchtigen Wünschen zuwandte.[16] Norman Geisler und Jeff Amatu merken dazu an: „Während Gott die Freiheit erschuf, sind es die Menschen, die sie in freiem Handeln gebrauchen. Gott machte das Böse *möglich*; die Geschöpfe verwirklichen es."[17] Seit Adam und Eva im Garten Eden zum ersten Mal Gottes Gebote übertraten, ist dieses sündige menschliche Wesen von Generation zu Generation weitergegeben worden (siehe Römer 5,12; 1. Korinther 15,22), und auf Grund dieser sündigen Natur gebrauchen auch wir heute unseren freien Willen weiterhin dazu, Böses zu tun (siehe Markus 7,20–23).

Selbst das natürliche Böse – etwa Erdbeben, Wirbelstürme, Überflutungen und dergleichen – hat seine Wurzel oftmals in unserem falschen Gebrauch der Freiheit. Wir dürfen nicht vergessen, dass wir in einer gefallenen Welt leben und deshalb Naturkatastrophen unterworfen sind, die sich nicht ereignen würden, wenn der Mensch nicht von Anfang an gegen Gott rebelliert und seine Stellung als Verwalter von Gottes Schöpfung missbraucht hätte (siehe Römer 8,20–22).[18] Bis zu dem Zeitpunkt, als Adam und Eva zum ersten Mal etwas Böses taten, gab es im Garten Eden weder Naturkatastrophen noch Tod (siehe 1. Mose 1–3). Im neuen Himmel und auf der neuen Erde wird es keine Naturkatastrophen und keinen Tod mehr geben, wenn Gott dem Bösen ein für alle Mal ein Ende macht (siehe Offenbarung 21,4).[19]

Warum lässt Gott das Böse zu?

Dass die Menschen ihre von Gott geschenkte Freiheit zum Ungehorsam missbrauchten, konnte Gott nicht überraschen. C. S. Lewis weist darauf hin, dass Gott in seiner Allwissenheit „wusste, dass er durch die Erschaffung einer Welt freier Geschöpfe – sollten diese auch von ihm abfallen – eine tiefere Freude und größere Herrlichkeit würde herbeiführen können als mit jeder denkbaren Welt voller Automaten“[20]. Oder, wie Geisler so treffend sagt, Menschen, die an den lebendigen Gott glauben, müssen nicht behaupten, dass unsere gegenwärtige Welt die Beste aller möglichen Welten ist, sondern nur, dass sie der beste Weg *zur* besten möglichen Welt ist:

„Wenn Gott die Freiheit bewahren und das Böse besiegen will, dann ist dies der beste Weg. Die Freiheit wird bewahrt, denn jeder Mensch trifft eine eigene freie Entscheidung, um sein Geschick zu bestimmen. Das Böse wird überwunden, weil die Entscheidungen für alle Zeit verbindlich werden, wenn die, die Gott zurückgewiesen haben, einmal von den anderen getrennt sein werden. Wer sich für Gott entschieden hat, wird in seiner Entscheidung bestätigt, und dann wird die Sünde aufhören zu existieren. Die, die Gott abgelehnt haben, befinden sich in ewiger Quarantäne und können die vollkommene Welt, die nun entstanden ist, nicht mehr durcheinander bringen. Das Endziel einer vollkommenen Welt mit freien Geschöpfen wird erreicht sein, doch um dorthin zu gelangen, müssen diejenigen, die ihre Freiheit missbrauchten, hinausgeworfen werden.“[21]

Für die Einsicht, dass unsere Welt nicht die beste aller möglichen Welten, aber doch der beste Weg *zur* besten möglichen Welt ist, ist der Gedanke ganz wesentlich, dass *Gott seinen Plan noch nicht bis zu Ende ausgeführt hat*. Allzu oft tappen wir in die Falle und meinen, Gott werde das Böse niemals beseitigen, weil er es bis jetzt noch nicht beseitigt hat. Mein alter Kollege Walter Martin sagte immer: „Ich hab das letzte Kapitel in dem Buch schon gelesen – und weiß: Wir werden gewinnen!“ Das Böse wird eines Tages beseitigt sein. Nur weil es jetzt noch nicht vernichtet ist, bedeutet dies nicht, dass es für alle Zeit existieren wird.

Angesichts all dieser Tatsachen zeigt sich, dass die Existenz des Bösen und die Existenz eines gütigen und allmächtigen Gottes miteinander vereinbar sind. Wir können die Fakten folgendermaßen zusammenfassen:

1. Wenn Gott gütig ist, dann wird er das Böse besiegen.
2. Wenn Gott allmächtig ist, dann kann er das Böse besiegen.
3. Das Böse ist noch nicht besiegt.
4. Daher kann und wird Gott das Böse eines Tages besiegen.[22]

Eines Tages in der Zukunft wird Christus wiederkommen, den Bösen die Macht nehmen und alle Männer und Frauen für das zur Rechenschaft ziehen, was sie während ihres Lebens auf Erden getan haben (siehe Matthäus 25,31–46; Offenbarung 20,11–15). Am Ende wird die Gerechtigkeit siegen. Wer aber stirbt, ohne sein Vertrauen auf Jesus Christus gesetzt zu haben, wird spätestens dann erkennen müssen, wie effektiv Gott mit dem Problem des Bösen fertig werden kann.

Nun einige unangemessene Lösungen für das Problem des Bösen:

Wäre es nicht besser, wenn Gott alles Böse sofort aus der Welt schaffen würde?

Manche Skeptiker könnten nun einwenden, dass ein allmächtiger Gott nicht die ganze Menschheitsgeschichte benötigen sollte, um das Problem mit dem Bösen zu lösen. Zweifellos ist Gott durchaus in der Lage, das Böse gleich jetzt zu beseitigen. Aber wenn er das tun würde, hätte das endgültige und vernichtende Konsequenzen für uns alle. „Wenn Gott heute das Böse mit Stumpf und Stiel ausrotten würde“, bemerkt Paul Little, „dann würde er das gründlich tun. Sein Handeln müsste auch unsere Lügen und unsere persönliche Unreinheit einschließen, unseren Mangel an Liebe und unser Versagen, Gutes zu tun. Stellen wir uns vor, Gott würde beschließen, dass heute um Mitternacht alles Böse aus dem Universum verschwinden müsste – wer von uns wäre dann nach Mitternacht noch da?“[23]

Doch wenn auch Gottes endgültige Lösung erst in Zukunft verwirklicht wird, wie ich dargelegt habe, hat Gott doch schon jetzt Schritte unternommen, um sicherzustellen, dass das Böse nicht völlig Amok laufen kann. Gott hat uns eine menschliche Regierung gegeben, die verhindern soll, dass das zwischenmenschliche Miteinander ins Chaos führt (siehe Römer 13,1–7). Gott hat die Kirche ins Leben gerufen, damit sie ein Licht in der Finsternis ist, Gottes Volk stärkt und mit der Kraft des Heiligen Geistes ihren Teil zum Kampf gegen das Böse in dieser Welt beiträgt (z. B. Apostelgeschichte 16,5; 1. Timotheus 3,15). In seinem Wort hat Gott uns einen moralischen Maßstab gegeben, der uns leiten und dafür sorgen soll, dass wir auf dem rechten Weg bleiben (siehe Psalm 119). Er gab uns die Lebensform der Familie, damit die Gesellschaft stabil ist (z. B. Sprüche 22,15; 23,13). Und vieles mehr![24]

Beweist die Existenz des Bösen, dass Gott Grenzen gesetzt sind?

Die Überzeugung, Gott sei endlich (begrenzt), wurde in den frühen 1980er Jahren durch den Rabbiner Harold Kushner populär gemacht. Er war der Verfasser des viel gelesenen Buches „Wenn guten Menschen Böses widerfährt“. Kushner rang mit dem viel zu frühen Tod seines Sohnes. Er kam zu dem Schluss, Gott wolle zwar, dass die Gerechten glücklich lebten, aber manchmal könne auch er das einfach nicht gewährleisten. Es gäbe manche Dinge, die Gott einfach nicht unter Kontrolle habe. Gott sei gut, aber er sei nicht mächtig genug, um alles Gute herbeizuführen, das er wolle. Kurz, Gott seien Grenzen gesetzt. Kushner schreibt: „Ich erkenne seine Grenzen. Seinen Möglichkeiten sind durch die Gesetze der menschlichen Natur und durch die Entwicklung der menschlichen Natur und der sittlichen Freiheit des Menschen Grenzen gesetzt.“[25] Er beklagt, dass es „selbst für Gott nicht leicht ist, das Chaos im Griff zu haben und den Schaden zu begrenzen, den das Böse anrichten kann.“[26]

Der Überzeugung, Gott seien Grenzen gesetzt, liegt das Bild eines Gottes zugrunde, der auch nur durch Zufall existiert und folglich einer Ursache bedarf. Ein solcher Gott verdient unsere Anbetung gar nicht. Dieser Gott verdient auch unser Vertrauen nicht, denn es gibt keine Garantie dafür, dass er irgendwann in der Zukunft in der Lage sein wird, das Böse zu besiegen.

Die Überzeugung, Gott seien Grenzen gesetzt, ignoriert die Tatsache, dass Gottes Perspektive die unsere bei weitem übersteigt. Dass Gott das Böse noch nicht besiegt hat, heißt, wie schon gesagt, nicht, dass er es nicht in Zukunft tun wird (siehe 2. Petrus 3,7–12; Offenbarung 20–22). Diese Welt ist nicht die beste aller möglichen Welten, aber sie ist der beste Weg zur besten aller möglichen Welten.

Die Überzeugung, Gott seien Grenzen gesetzt, widerspricht auch klar dem biblischen Bild von Gott. Sie schildert Gott als einen *allmächtigen Gott* – das heißt, dass er alle Macht besitzt. Er kann alles tun, was er wünscht und will. Etwa 65-mal heißt es in der Bibel, dass Gott *allmächtig* ist (z. B. Offenbarung 19,6).[27] Gott ist gewaltig (siehe Psalm 147,5) und hat unvergleichlich große Macht (siehe 2. Chronik 20,6; Epheser 1,19–21). Niemand kann Gott zur Rechenschaft ziehen (siehe Daniel 4,32). Niemand kann Gott etwas aus der Hand reißen; was er tun wird, kann niemand verhindern (siehe Jesaja 43,13), und niemand kann seine Pläne vereiteln (siehe Jesaja 14,27). Bei Gott ist alles möglich (siehe Matthäus 19,26; Markus 10,27; Lukas 1,37) und nichts ist für ihn unmöglich (siehe 1. Mose 18,14; Jeremia 32,17.27). Er wird seine Herrschaft antreten (siehe Offenbarung 19,6) und eines Tages wird er alles Böse vernichten.

Ist das Böse nur eine Illusion?

Manche Menschen behaupten, das Böse sei eine Illusion. Mary Baker Eddy, die Gründerin der „Christlichen Wissenschaft“, meinte, dass Materie, Böses, Krankheit und Tod unwirklich sind, bloße Illusionen des sterblichen Geistes.[28] Emily Cady, eine Autorin der *Unity School of Christianity*, schrieb ebenfalls: „Es gibt nichts Böses [...]. Schmerz, Krankheit, Armut, Alter und Tod sind unwirklich und haben keine Macht über mich.“[29] Ernest Holmes, der Gründer der *Religious Science*, schrieb: „Alles scheinbar Böse ist nur das Ergebnis der Unwissenheit. Es wird in dem Maße verschwinden, in dem wir nicht mehr darüber nachdenken, daran glauben oder daran Gefallen finden.“[30]

Wenn aber das Böse nur eine Illusion ist, warum sollte man es dann bekämpfen? Obwohl Mary Baker Eddy sagte, das Übel körperlichen Leidens und Sterbens sei bloße Illusion, ist doch historisch belegt, dass sie in ihren späteren Jahren bei nachlassender Gesundheit in ärztlicher Behandlung war, Morphiumspritzen gegen ihre Schmerzen bekam, eine Brille trug und Zähne gezogen bekam. Und zum Schluss starb sie. So strafte sie ihre eigenen Lehren Lügen.[31]

Wenn jemand behauptet, das Böse sei nur eine Illusion, dann ist es wohl nur fair, zu fragen, ob er nachts seine Haustür abschließt. (Wenn ja, fragen Sie ihn, warum.) Lässt er den Schlüssel im Zündschloss stecken, wenn er seinen Wagen in der Innenstadt an der Hauptstraße parkt? (Wenn nicht, warum nicht?) Legt er im Auto den Sicherheitsgurt an? (Warum?) Geht er zum Zahnarzt? (Wieso? Zahnschmerzen sind eine Illusion, oder etwa nicht?) Zieht er seinen kleinen Kindern Schwimmwesten an, wenn sie im Meer schwimmen gehen? (Warum?) Wenn er beim Camping das Wasser abkocht, sagt er seinen kleinen Kindern, sie sollen nicht zu nah ans Feuer gehen? (Warum?) Ist er für die Bestrafung von Kinderschändern? (Warum?) Wenn das Böse nur eine Illusion ist, dann ist das alles doch völlig überflüssig. Es sollte niemanden kümmern.

Die Behauptung, das Böse sei nur eine Illusion, steht in völligem Gegensatz zu jeder menschlichen Erfahrung und zur Vernunft. Wenn man einfach leugnet, dass es das Böse gibt, bedeutet dies noch lange nicht, dass es dadurch nicht mehr existiert. Dieser Erklärungsansatz ist selbst eine Wahnvorstellung der allerschlimmsten Art. Jesus hat zweifellos an die Existenz des Bösen geglaubt. Er lehrte uns im Vaterunser nicht zu beten: „Erlöse uns von der Illusion des Bösen", sondern: „Erlöse uns von dem Bösen."

Würden wir die Auffassung der „Christlichen Wissenschaft" übernehmen, dass das Böse nur eine Illusion sei, dann würde das unseren eigenen Sinneseindrücken und unserer persönlichen Erfahrung widersprechen. Aber gerade dazu werden wir in der Bibel mehrfach aufgefordert: Wir sollen unsere fünf Sinne gebrauchen. Jesus befahl dem zweifelnden Thomas, seine Finger in Jesu Kreuzigungswunden zu legen, um zu beweisen, dass er wirklich von den Toten auferstanden war (siehe Johannes 20,27). Der auferstandene Jesus sagte zu anderen Anhängern: „Schaut mich doch an, meine Hände, meine Füße, dann erkennt ihr, dass ich es wirklich bin! Fasst mich an und überzeugt euch; ein Geist hat doch nicht Fleisch und Knochen wie ich!" (Lukas 24,39). In 1. Johannes 1, Verse 1 bis 3 lesen wir, dass Johannes und die anderen Apostel von dem sprechen, „was wir gehört haben, was wir mit eigenen Augen gesehen haben ... und betastet haben mit unseren Händen, nämlich das Wort, das Leben bringt – davon reden wir". Dieselben Sinne, die so überzeugend die Gegenwart des auferstandenen Jesus bezeugten, bezeugen auch die Gegenwart des Bösen in unserer Welt – nicht nur einigen wenigen Menschen, sondern überall und zu jeder Zeit.

Kann der Pantheismus des New Age das Böse erklären?

Jim, ein guter Freund von mir, hat einige meiner Apologetik-Bücher über die *New Age*-Bewegung gelesen. Eines Tages wurde er krank und ging zu einem Arzt, den man ihm empfohlen hatte. Als die Untersuchung etwa zur Hälfte vorüber war, begann Jim zu vermuten, dass dieser Arzt ein Vertreter der *New Age*-Medizin sein könnte. Also platzte Jim (der nicht gerade für seine Schüchternheit bekannt ist) heraus: „Sind Sie eigentlich Gott?" Worauf der Arzt fröhlich erwiderte: „Aber gewiss doch, und Sie auch und überhaupt alle." Wie ein geölter Blitz war Jim wieder aus der Praxis draußen!

Als Pantheismus bezeichnet man die philosophische Lehre, dass Gott und die Welt, die Natur, eins seien, bzw. dass Gott überall in der Natur sei. Das Wort „Pantheismus“ geht auf zwei griechische Wörter zurück – *pan* („alles“, „jedes“) und *theos* („Gott“). Der Pantheismus vertritt die Auffassung, dass Gott die ganze Wirklichkeit durchdringt, dass alles göttlich ist. Der Gott des *New Age*-Pantheismus ist im Gegensatz zu dem persönlichen, moralischen „Er“ des Christentums ein unpersönliches „Es“, das jenseits aller Moral steht. Die Unterscheidung zwischen Schöpfer und Geschöpf wird bei dieser Sichtweise völlig nivelliert.

Wenn es stimmt, dass „alles eins“ ist und dass „alles Gott“ ist, wie die Weltanschauung des *New Age* es lehrt, dann verschwindet letztlich die Unterscheidung von Gut und Böse. David Spangler, ein Vertreter des *New Age*, bestätigt, dass die Ethik des *New Age* „nicht auf […] dualistischen Vorstellungen von ‚Gut‘ und ‚Böse‘ basiert“[32]. Es gibt keine absolute Unterscheidung von moralisch Gutem und Bösem. Alles ist relativ. Natürlich haben Philosophen schon längst die philosophischen Schwächen dieser Weltsicht aufgezeigt, denn sie führt ja zu der Behauptung, es sei die absolute Wahrheit, dass es kein Absolutes gebe. Wenn mir ein *New Age*-Anhänger sagt, es gebe nichts Absolutes, dann frage ich immer, ob er sich dessen denn absolut sicher sei.

Ein Hauptproblem des *New Age*-Pantheismus ist, dass er keine Erklärung für die Existenz des Bösen in der Welt hat. Wenn Gott das Wesen allen Lebens in der Schöpfung ist, dann muss man zu dem Schluss kommen, dass Gut und Böse letztlich aus derselben Quelle (Gott) stammen. Das bedeutet aber, dass beispielsweise die beiden Weltkriege, Hitler, Mord, Krebs, Vergewaltigung und andere Ausdrucksformen des Bösen letztlich Teil der göttlichen Wirklichkeit sind.

Die Bibel dagegen lehrt, dass Gott gut und nicht böse ist (siehe 1. Chronik 16,34; Psalm 118,29; 136,1; 145,8–9; Matthäus 19,17). Der Gott der Bibel ist Licht, „und in ihm gibt es keine Spur von Finsternis“ (siehe 1. Johannes 1,5; Habakuk 1,13; Matthäus 5,48). 1. Johannes 1, Vers 5 ist im Griechischen besonders eindrücklich; wörtlich heißt es dort: „In ihm gibt es keine Spurt von Finsternis.“ Johannes hätte es gar nicht nachdrücklicher sagen können.

Ich hatte einmal Gelegenheit, mich mit dem früheren Guru Rabi Maharaj zu unterhalten, und er sprach lange darüber, dass er ein monistisches, pantheistisches Weltbild als ethisch unbefriedigend empfand, besonders im Hinblick auf das Problem des Bösen.

„Mir wurde zunehmend bewusst, dass Gott, der Schöpfer, sich von dem Universum, das er schuf, unterscheidet. Das widersprach der hinduistischen Vorstellung, wonach Schöpfer und Schöpfung ein und dasselbe sind. Wenn es nur eine Wirklichkeit gäbe, dann wäre [Gott] *sowohl böse als auch gut, sowohl Tod als auch Leben, sowohl Hass als auch Liebe. Dadurch wurde alles sinnlos, das Leben eine einzige Absurdität. Es war nicht leicht, den Verstand zu bewahren und zugleich zu behaupten, dass Gut und Böse, Liebe und Hass, Leben und Tod eine Wirklichkeit sind."*[33]

Rabi zog die einzig logische Schlussfolgerung und wurde Christ!

Schaffen wir uns unsere eigene Wirklichkeit?

Viele *New Age*-Anhänger glauben, dass wir Menschen unsere *ganze* Wirklichkeit – Gutes *und* Böses – durch die Kraft unseres eigenen Geistes selbst schaffen. Die beliebten *New Age*-Autoren David Gershon und Gail Straub merken dazu an: „Wir können gar nicht anders, als uns unsere Wirklichkeit zu schaffen; jedes Mal, wenn wir einen Gedanken denken, schaffen wir damit schon Wirklichkeit. Alle unsere Überzeugungen haben Einfluss darauf, was wir in unserem Leben erfahren."[34] Vor diesem Hintergrund gilt dann ebenfalls: „Wenn wir der grundlegenden Voraussetzung zustimmen, dass unser Denken unsere Wirklichkeit hervorbringt, dann heißt das, dass wir die Verantwortung dafür übernehmen müssen, dass wir unsere *ganze* Wirklichkeit selbst schaffen – das, was uns daran gefällt, aber auch das, was uns daran nicht gefällt."[35]

Dabei gibt es aber ein schwerwiegendes Problem. Wenn Menschen (als Götter) ihre eigene Wirklichkeit schaffen, wie *New Age*-Anhänger behaupten, dann kann man niemanden verurteilen, der anderen Böses zufügt. Man müsste dann beispielsweise annehmen, dass die Millionen von Juden, die unter Hitlers Herrschaft ermordet wurden, ihre eigene Wirklichkeit selbst geschaffen hätten. Dann könnte man aber Hitlers Taten nicht als ethisch verwerflich beurteilen, denn Hitler wäre ja auch nur ein Teil der Wirklichkeit, die die Juden sich selbst geschaffen hätten. Ebensowenig könnte man Terroristen verurteilen, die Passagierflugzeuge in die Luft sprengen, denn die Menschen in diesen Flugzeugen schaffen sich ihre eigene Wirklichkeit ja selbst.

Die Tochter der Schauspiellehrerin Shirley MacLaine verbrannte bei einem Frontalzusammenstoß bis zur Unkenntlichkeit. Shirley MacLaine stellte sich später doch tatsächlich die Frage: „Warum wollte sie nur so sterben?“[36] Der christliche Apologet Douglas Groothuis las MacLaines Buch *It's all in the playing*. Er erzählt, man finde darin „MacLaine schluchzend vor dem Fernseher, während sie im Fernsehen die Verheerungen sieht, die ein Vulkanausbruch in Chile anrichtet, bei dem 25 000 Menschen ums Leben kamen. Aber warum weint sie denn? Die wollten doch selber so sterben, oder etwa nicht?“[37]

Je länger man über die Erklärung nachdenkt, die das *New Age* für das Böse hat, desto abwegiger wird sie.

Kann die Reinkarnation die Existenz des Bösen erklären?

Viele *New Age*-Anhänger begründen ihre Ethik mit Reinkarnation und Karma. Demnach soll der Prozess der Reinkarnation (immer neue Wiedergeburten) solange andauern, bis die Seele zur Vollkommenheit gelangt ist und sich wieder mit ihrem Ursprung (Gott oder der Allseele) vereinigt. „Karma“ bezeichnet die „Schulden“, die eine Seele während ihres Lebens (oder früherer Leben) durch ihre guten oder schlechten Taten anhäuft. Wenn man gutes Karma ansammelt, soll man angeblich in einer wünschenswerten Gestalt wiedergeboren werden. Sammelt man aber schlechtes Karma an, wird man in einer weniger wünschenswerten Gestalt wiedergeboren.

Viele *New Age*-Anhänger erklären die Existenz des Bösen in der Welt ausschließlich auf der Grundlage des Karma. Der populäre *New Age*-Autor Gary Zukav sagt zum Beispiel, man dürfe es nicht verurteilen, wenn Menschen Grausames erleiden müssen, „denn wir wissen ja nicht, was in diesen Leiden [durch das Karma] geheilt wird“.[38] Diese von Zukav so genannte „Gerechtigkeit ohne Verurteilung“ nimmt uns die Last, offenkundiges Böses be- oder verurteilen zu müssen, denn am Ende wird das Gesetz des Karma ja Gerechtigkeit herbeiführen.

In Sri Lanka erschossen Soldaten zuerst eine stillende Mutter und dann ihrem Baby die Zehen ab – als Schießübung. Will Zukav allen Ernstes behaupten, dass das irgendeine „Heilung“ für Mutter und Kind war? Einer schwangeren Armenierin schlitzten Schiiten in der Sowjetunion den Bauch auf und rissen ihrem Fötus Arme und Beine aus (tatsächliche Vorkommnisse, die in der Zeitung standen). Erwartet Zukav da wirklich von uns, wir sollten auf eine „Gerechtigkeit ohne Verurteilung“ vertrauen, statt uns zu empören? Was ist daran göttlich und heilig?

Die Reinkarnationslehre wirft zahlreiche Probleme auf. Wenn man praktisch denkt, müsste man doch fragen: Warum wird man für Dinge bestraft, die man in einem vorigen Leben getan hat und an die man sich gar nicht mehr erinnern kann? Und außerdem, wenn der Sinn des Karmas (wie es heißt) doch darin bestehen soll, die Menschheit im Laufe vieler Leben von ihren selbstsüchtigen Begierden zu befreien, warum gibt es dann nach vielen Jahrtausenden der Reinkarnation noch keinen erkennbaren Fortschritt? Warum werden die Menschen nicht besser, sondern eher noch schlechter? Nochmals weiter gefragt: Wenn Reinkarnation und das Gesetz des Karma in der Praxis so viel Gutes bewirken, wie *New Age*-Anhänger behaupten, wie erklären sie es dann, dass es in Indien immer noch soziale und wirtschaftliche Probleme gibt – unter anderem Armut, Unterernährung, Krankheiten und schreckliches Leiden –, obwohl die Reinkarnationslehre dort seit Jahrtausenden zu Hause ist?

Zweifellos ist die Reinkarnationslehre unbiblisch. Sie widerspricht dem, was die Bibel über den Tod und über das Leben nach dem Tod lehrt. Der Verfasser des Hebräerbriefs sagt ganz klar: „So wie jeder Mensch nur einmal sterben muss, danach kommt er vor Gottes Gericht“ (Hebräer 9,27). Jeder Mensch lebt einmal als sterbliches Wesen auf dieser Erde, stirbt einmal und kommt dann vor Gottes Gericht. Er oder sie bekommt keine zweite Chance durch Reinkarnation in einem anderen Körper (siehe Lukas 16,19–31; 2. Korinther 5,8).

Es gibt noch weitere unzulängliche Erklärungen für das Problem des Bösen, mit denen wir uns an dieser Stelle beschäftigen könnten, aber sie sind heute weniger weit verbreitet, und da mir nur eine begrenzte Anzahl von Seiten zur Verfügung steht, erlaubt mir dies hier keine nähere Beschäftigung damit.[39]

Ich habe bereits gezeigt, dass die Existenz des Bösen der Existenz eines allgütigen, allmächtigen Gottes nicht widerspricht. Und dieser liebende himmlische Vater lädt uns dazu ein, ihm während unseres Lebens in dieser Welt des Leidens mit kindlichem Glauben zu vertrauen. Als Vater muss ich für meinen Sohn oder meine Tochter manchmal eine Entscheidung treffen, die zu ein wenig Schmerz führt (zum Beispiel zum Zahnarzt zu gehen). Aus ihrer Perspektive verstehen sie vielleicht nicht ganz, warum ich darauf bestehe. Ich versichere ihnen aber, dass es für sie das Beste ist, zum Zahnarzt zu gehen, auch wenn dies mit Unannehmlichkeiten (und sogar Schmerzen) verbunden ist.

Manchmal fragen wir Menschen uns, warum Gott zulässt, dass wir gewisse schlimme Erfahrungen machen. Doch dass wir Probleme damit haben, eine Antwort auf diese Frage zu finden, bedeutet nicht, dass es solche Gründe gar nicht gibt. Das Leben ist wie ein großer Wandteppich. Aus unserer begrenzten menschlichen Perspektive können wir oft nur einige wenige Fäden erkennen, die Gott nach seinem Willen miteinander verknüpft. Wir sehen nicht das ganze Kunstwerk. Aus diesem Grund lädt Gott uns auch ein, ihm zu vertrauen (siehe Hebräer 11). Gott sieht das ganze Bild und er macht keine Fehler. Er hat seine Gründe, warum er zulässt, dass wir schmerzliche Erfahrungen machen müssen – auch wenn wir es nicht begreifen können.

Geisler gibt uns etwas Wichtiges zu bedenken: Selbst mit all unseren Begrenzungen können wir Menschen schon erahnen, dass Leiden auch etwas Gutes haben kann – etwa, dass es uns vor größeren Schäden warnt (ein Kind muss nur einmal eine heiße Herdplatte anfassen und lernt dadurch, es nie wieder zu tun) oder uns von zerstörerischem Handeln abhält (unsere Nervenenden melden uns Schmerzen, sodass wir zum Beispiel einen heißen Topf nicht in der Hand behalten). Wenn schon Menschen in ihrer

Begrenztheit im Schmerz einen Sinn entdecken können, dann hat der unendlich weise Gott sicher für alles Leid gute Gründe.[40] Wir können diese Gründe nicht verstehen, aber es gibt sie doch. Dass wir nicht erklären können, warum uns manchmal Böses widerfährt, widerlegt nicht Gottes Güte; es zeigt nur unsere Unwissenheit.[41]

Wir sollten dabei auch die zeitliche Dimension im Blick haben. Ebenso wie wir einen Besuch beim Zahnarzt im Licht seiner langfristigen positiven Wirkung beurteilen, ermahnt auch die Bibel uns Christen, unser jetziges Leiden im Licht der Ewigkeit zu betrachten. Der Apostel Paulus schrieb dazu: „Ich bin überzeugt: Was wir in der gegenwärtigen Zeit noch leiden müssen, fällt überhaupt nicht ins Gewicht im Vergleich mit der Herrlichkeit, die Gott uns zugedacht hat und die er in der Zukunft offenbar machen wird“ (Römer 8,18; siehe auch 2. Korinther 4,17; Hebräer 12,2-3; 1. Petrus 1,6–7).[42]

Vergessen wir auch nicht: Selbst wenn uns Leid zustößt, ist doch Gott letztlich der Herr des Universums, der auch daraus noch etwas Gutes machen kann (siehe Römer 8,28). Ein Beispiel dafür ist das Leben von Josef. Seine Brüder waren eifersüchtig auf ihn (siehe 1. Mose 37,11), hassten ihn (siehe 1. Mose 37,4–5.8), wollten ihn umbringen (1. Mose 37,20), warfen ihn in eine Zisterne (1. Mose 37,24) und verkauften ihn in die Sklaverei (1. Mose 37,28). Dennoch konnte Josef später zu seinen Brüdern sagen: „Gott hat mich vor euch her nach Ägypten gesandt, um viele Menschen am Leben zu erhalten“ (1. Mose 45,5), und „Ihr hattet Böses mit mir vor, aber Gott hat es zum Guten gewendet; denn er wollte auf diese Weise vielen Menschen das Leben retten“ (1. Mose 50,20). Obgleich Josef viele schlimme Dinge zustießen, verfolgte Gott damit doch eine bestimmte Absicht.

Der Apostel Paulus saß sicher nicht gern im Gefängnis, aber Gott ließ es zu, weil er damit ein Ziel verfolgte. Immerhin schrieb Paulus, während er im Gefängnis saß, den Epheser-, Philipper-, Kolosser- und Philemonbrief (siehe Epheser 3,1; Philipper 1,7; Kolosser 4,10 und Philemon 9).

Zu dem „Guten“, das Gott aus unserem Leiden erwachsen lässt, gehört manchmal auch, dass er uns näher zu sich zieht. So sagte Joni Eareckson Tada, die querschnittsgelähmt ist, seit sie sich bei einem Badeunfall das Genick gebrochen hat, dass diese Tragödie sie näher zu Gott gebracht habe. Sie soll sogar ebenfalls gesagt haben, sie wolle lieber mit Gott im Rollstuhl sitzen, als ohne Gott laufen zu können.

Zu dem „Guten", das Gott durch unser Leiden hervorbringt, gehört manchmal auch eine positive charakterliche Veränderung. Das meint Petrus, wenn er schreibt: „Deshalb seid ihr voll Freude, auch wenn ihr jetzt – wenn Gott es so will – für kurze Zeit leiden müsst und auf die verschiedensten Proben gestellt werdet. Das geschieht nur, damit euer Glaube sich bewähren kann, als festes Vertrauen auf das, was Gott euch geschenkt und noch versprochen hat. Wie das vergängliche Gold im Feuer auf seine Echtheit geprüft wird, so wird euer Glaube, der viel kostbarer ist als Gold, im Feuer des Leidens geprüft. Wenn er sich als echt erweist, wird Gott euch mit Ehre und Herrlichkeit belohnen an dem Tag, an dem Jesus Christus sich in seiner Herrlichkeit offenbart" (1. Petrus 1,6–7; oder um es ein bisschen moderner auszudrücken: „Ohne Fleiß kein Preis!").

Mit diesen Ausführungen möchte ich deutlich machen, wie sehr wir in einer Welt voller Leiden den Glauben brauchen. Wir dürfen darauf vertrauen, dass Gott einen guten Plan für uns hat, auch wenn es manchmal nicht danach aussieht! Mir gefallen folgende Aussagen von Gary Habermas und J. P. Moreland, die uns ermutigen, eine „himmlische Perspektive" einzunehmen:

„Der Gott des Universums lädt uns ein, Leben und Tod aus seinem ewigen Blickwinkel zu betrachten. Wenn wir das tun, werden wir merken, wie sehr es unser Leben revolutionieren kann. Alltagssorgen, emotionale Verletzungen, Tragödien, unsere Reaktionen und unsere Verantwortung gegenüber anderen, Besitz, Reichtum und sogar körperliche Schmerzen und Tod: All das und noch mehr kann von der himmlischen Wahrheit gestaltet und geprägt werden. Das Neue Testament bezeugt immer wieder, dass Christen alle Probleme, ja ihr ganzes Leben, aus der ‚himmlischen Perspektive' betrachten sollen, wie wir es genannt haben: Gott und sein Reich an erster Stelle, danach erst die unterschiedlichsten Aspekte unseres irdischen Lebens."[43]

Zu Beginn des Kapitels erwähnte ich Greg, den Sohn meines Bruders, der auf tragische Weise ums Leben kam. Ich muss Ihnen sagen: Das einzige, was unserer ganzen Familie dabei half, nicht zu verzweifeln, war diese himmlische Perspektive. Einst, in der Zukunft – wenn wir endlich die „beste aller möglichen Welten" erreichen, die Gott herbeiführen wird, die himmlische Stadt, „die Gott selbst entworfen und gebaut hat" (Hebräer 11,10) –, wird es ein großes Wiedersehen geben, das nie enden wird! Dann werden Tod, das Böse, Schmerz und Tränen längst der Vergangenheit angehören.

Fragen zur Vertiefung

1. Erklären Sie, warum es „unmöglich" ist, „Böses von Gutem zu unterscheiden, wenn man keinen Bezugspunkt hat, der selbst absolut gut ist".
2. Was meint der Verfasser, wenn er argumentiert: „Menschen, die an den lebendigen Gott glauben, müssen nicht behaupten, dass unsere gegenwärtige Welt die beste aller möglichen Welten ist, sondern dass sie der beste Weg *zur* besten aller möglichen Welten ist"?
3. Wie könnte es Ihnen helfen, mit dem Bösen und dem Leid fertig zu werden, wenn Sie die Dinge aus der himmlischen Perspektive betrachten? Was könnten Sie tun, um sich diese Perspektive anzueignen?

3. Kapitel

Schwierige Fragen zum Thema „Naturwissenschaft"

William Lane Craig

1896 veröffentlichte Andrew Dickson White, der damalige Präsident der Cornell-Universität, ein Buch unter dem Titel *A History of the Warfare of Science with Theology in Christendom.*[1] In der ersten Hälfte des 20. Jahrhunderts verbreitete sich dann unter Whites Einfluss die Kriegsmetapher zur Beschreibung des Verhältnisses zwischen Naturwissenschaft und christlichem Gauben. In unserer Gesellschaft herrschte – selbst unter Christen – die Auffassung vor, dass Naturwissenschaft und Christentum nicht *Verbündete* seien, sondern *Gegner*. So hatte ich mich beispielsweise vor einigen Jahren bereit erklärt, mit einem Wissenschaftstheoretiker an der Simon-Fraser-Universität in Vancouver an einer Debatte über die Frage teilzunehmen: „Haben Naturwissenschaft und Religion nichts miteinander zu tun?" Doch als ich auf das Universitätsgelände kam, sah ich, dass die christlichen Studenten, die die Debatte veranstalteten, dafür mit großen Postern und Spruchbändern warben, auf denen der Schriftzug „Naturwissenschaft gegen Christentum" zu lesen war. Diese christlichen Studenten verbreiteten immer noch dieselbe kriegerische Haltung, die Andrew Dickson White 100 Jahre zuvor verkündigt hatte.

In der zweiten Hälfte des 20. Jahrhunderts begannen die Wissenschaftshistoriker und -theoretiker jedoch zu erkennen, dass die vermeintliche Geschichte jenes Krieges nur ein Mythos ist. Wie Charles Thaxton und Nancy Pearcey in ihrem Buch *The Soul of Science*[2] darlegen, konnte man das Verhältnis von Naturwissenschaft und Religion mehr als 300 Jahre lang – von der Entstehung der modernen Naturwissenschaft um 1500 bis gegen Ende des 18. Jahrhunderts – am besten als ein Bündnis beschreiben. Whites Buch gilt heute als eine Art schlechter Witz, als einseitige, verdrehte Propaganda. Es wird jetzt nur noch als Beispiel dafür angeführt, wie man Wissenschaftsgeschichte *nicht* betreiben sollte.

Wissenschaftshistoriker erkennen heute an, dass der christliche Glaube für die Entstehung und Entwicklung der Naturwissenschaft eine unersetzliche Rolle gespielt hat. Wissenschaft ist nicht etwas, das von Natur aus zur Menschheit gehört. Wie der Wissenschaftsschriftsteller Loren Eiseley betont hat, ist Wissenschaft eine „Erfindung, eine kulturelle Institution", die einen „einzigartigen Mutterboden" benötigt, damit sie gedeihen kann.[3] Die moderne Wissenschaft ist nicht im Orient oder in Afrika entstanden, sondern in der westlichen Zivilisation. Warum? Es liegt am einzigartigen Beitrag des christlichen Glaubens zur westlichen Kultur. So stellt Eisely fest: „Es ist die christliche Welt, in der schließlich die experimentelle Methode der Wissenschaft in klarer und deutlicher Form entstehen konnte."[4]

Im Gegensatz zu östlichen Religionen oder Volksreligionen stellt das Christentum nicht die Behauptung auf, dass die Welt göttlich oder von Geistern durchdrungen sei, sondern sie sieht sie als die Schöpfung eines transzendenten Schöpfers, der sie geplant und ins Dasein gerufen hat. Daher ist die Welt nach gewissen Regeln geordnet und kann erforscht und entdeckt werden. Bis ins späte 18. Jahrhundert hinein waren Naturwissenschaftler in der Regel gläubige Christen – Männer wie Kepler, Boyle, Maxwell, Faraday, Kelvin und andere –, die nicht die Auffassung vertraten, dass sich ihre Wissenschaft und ihr Glaube widersprachen. Die Vorstellung, dass sich Naturwissenschaft und Religion im Krieg befinden, ist eine relativ neue Erfindung des späten 19. Jahrhunderts, ein Mythos, den säkulare Denker sorgsam am Leben erhielten, weil sie die kulturelle Vorherrschaft des Christentums untergraben und es durch den Naturalismus ersetzen wollten – durch die Auffassung, es gäbe nichts außerhalb der Natur und die Naturwissenschaft sei der einzige Weg zur Erkenntnis der Wahrheit. Bei der Durchsetzung dieses Vorhabens waren sie erstaunlich erfolgreich.

Doch viele Wissenschaftstheoretiker kamen während der zweiten Hälfte des 20. Jahrhunderts zu der Einsicht, dass das ganze Unternehmen Naturwissenschaft auf gewissen Grundannahmen beruhe, die selbst nicht wissenschaftlich bewiesen werden könnten, die aber durch eine christliche Weltsicht gewährleistet seien: zum Beispiel die Gesetze der Logik, die geordnete Natur der Außenwelt, die Verlässlichkeit unseres Erkenntnisvermögens, die Verlässlichkeit unserer Schlussfolgerungen und die Objektivität der moralischen Werte, die in der Wissenschaft benötigt werden. Ich möchte betonen, dass es die Naturwissenschaft ohne diese Grundannahmen gar nicht geben könnte, obgleich diese Grundannahmen nicht wissenschaftlich bewiesen werden können. Es handelt sich um philosophische Annahmen, die bemerkenswerterweise untrennbar mit dem christlichen Weltbild zusammenhängen. Daher ist die Theologie eine Verbündete der Naturwissenschaft, denn sie kann ein Grundgerüst bereitstellen, in dem die Naturwissenschaft existieren kann. Und mehr noch: Die christliche Religion hat in der Geschichte tatsächlich das konzeptionelle Grundgerüst bereitgestellt, in dem die moderne Naturwissenschaft geboren wurde und gedeihen konnte.

In der heutigen Zeit interessieren sich die Menschen wieder verstärkt für das Verhältnis von Naturwissenschaft und christlicher Theologie. Tatsächlich fand während des letzten Viertels des 20. Jahrhunderts in Nordamerika und Europa ein lebhafter Dialog zwischen Naturwissenschaft und Theologie statt. Viele Gesellschaften zur Förderung dieses Dialogs entstanden: Die Europäische Gesellschaft für das Studium von Naturwissenschaft und Theologie, das *Science and Religion Forum*, das *Center for Theology and Natural Science (CTNS)* und so weiter. Besonders wichtig waren die fortlaufenden Konferenzen, die von CTNS und vom vatikanischen Observatorium veranstaltet wurden, bei denen prominente Wissenschaftler wie Stephen Hawking und Paul Davies gemeinsam mit prominenten Theologen wie David Polkinghorne und Wolfhart Pannenberg die Zusammenhänge zwischen Naturwissenschaft und Theologie erörterten. Es gibt nicht nur Zeitschriften, die dem Dialog von Naturwissenschaft und Religion gewidmet sind, wie *Zygon* und *Perspectives on Science and Christian Faith*, sondern – und das ist noch wichtiger – auch säkulare wissenschaftliche Zeitschriften wie *Nature* und das *British Journal for the Philosophy of Science* bringen Artikel zu den Beziehungen zwischen Naturwissenschaft und Theologie. Der Dialog zwischen Naturwissenschaft und Theologie ist so wichtig geworden, dass die Universitäten Oxford und Cambridge beabsichtigen, Lehrstühle für Naturwissenschaft und Theologie einzurichten. Ich erwähne dies, um einem Mythos entgegenzuwirken; einem Mythos, der sich auf Unwissenheit stützt und der heute von den meisten Gelehrten zurückgewiesen wird – dem Mythos, dass Naturwissenschaft und christlicher Glaube bei ihrer jeweiligen Suche nach der Wahrheit ihrem Wesen nach Gegner und nicht Verbündete sind.

Wie sollten Theologie und Naturwissenschaft miteinander umgehen?

Auf diese Frage gibt es erfahrungsgemäß meist zwei unterschiedliche Antworten. Manche bestehen darauf, dass es zwischen Naturwissenschaft und Theologie keinen Konflikt geben könne, während andere solche Konflikte für möglich halten. Christen sollten sich davor hüten, die einfache Antwort des ersten Lagers zu akzeptieren. Für gläubige Menschen ist es natürlich sehr verlockend, das ganze Problem einfach zu umgehen, indem sie behaupten, dass Naturwissenschaft und Religion sich gar nicht widersprechen könnten – warum sollte man sich dann darüber den Kopf zerbrechen? Doch wenn man diese Antwort einmal genauer unter die Lupe nimmt, merkt man, dass sie unhaltbar ist. Denn wenn man die erstgenannte Antwort akzeptiert, dann muss man die Theorie einer *doppelten Wahrheit* unterstützen. Nach dieser

Lehre könnte dieselbe Aussage naturwissenschaftlich gesehen als falsch und dennoch in theologischer Sicht als richtig gelten. Oder man entscheidet sich für die Theorie der *Komplementarität* (Ergänzung). Demnach wären Naturwissenschaft und Theologie zwei Bereiche, zwischen denen es keine Überschneidungen gibt: Die Naturwissenschaft erklärt uns die Tatsachen, während die Theologie für Sinn und Werte zuständig ist.

Aber die Lehre von der doppelten Wahrheit ist in sich unschlüssig, da man bei der Beschreibung der Wirklichkeit objektive Wahrheit anstreben muss (wenn man sagt, es gäbe gar keine objektive Wahrheit, dann nimmt man für diese Behauptung objektive Wahrheit in Anspruch und widerlegt sich damit selbst!). Wenn es aber um objektive Wahrheit geht, dann ist es unsinnig, beispielsweise zu behaupten, dass das Universum aus wissenschaftlicher Sicht schon ewig existiert und aus Zufall entstanden ist, dass man aber gleichzeitig aus theologischer Sicht sagen müsse, es habe einen Anfang gehabt und sei von jemandem geschaffen worden.

Nun aber zur „Komplementarität“. Dieser beliebte Ansatz dient nur allzu oft als kaum verhüllte Rechtfertigung dafür, den Wahrheitsanspruch religiöser Aussagen schlicht zu ignorieren. Man sieht es an einem freimütigen Ausspruch von Freeman Dyson: „Letztlich läuft es darauf hinaus: In der Naturwissenschaft geht es um Tatsachen; in der Theologie um Worte.“[5] Die Theorie der Komplementarität ist auch deshalb unannehmbar, weil es auch im christlichen Glauben um historische Aussagen geht. Und die Historische Wissenschaft ist als Wissenschaft ebenso ernst zu nehmen wie Naturwissenschaft. Das sieht man besonders da, wo die Naturwissenschaft es mit historischen Zusammenhängen zu tun hat wie bei der Paläontologie und der Kosmologie. Daher muss man durchaus akzeptieren, dass sich die Aussagen von Naturwissenschaft und Religion unter Umständen einmal widersprechen. Das birgt, wie man zugeben muss, auch ein gewisses Risiko für den christlichen Glauben, denn dadurch kann dessen Wahrheit in Frage gestellt werden. Zugleich aber ist es auch eine große Chance für das Christentum, denn wenn ein Widerspruch möglich ist, öffnet dies ebenfalls die Tür dafür, nachprüfbare Beweise für den Wahrheitsanspruch theologischer Aussagen beizubringen.

Wie sieht die moderne Wissenschaft die Welt?

C. P. Snow klagt in seinem berühmten Essay über „Die zwei Kulturen“ darüber, dass die meisten Menschen, die im naturwissenschaftlichen Zeitalter leben und täglich mit den Folgen der modernen Wissenschaft zu tun haben, dennoch keine Ahnung davon hätten, was uns die Naturwissenschaft über die Welt lehre.[6] Obwohl heute die meisten schon in der Schule naturwissenschaftlichen Unterricht haben, könnten doch nur wenige auch nur in groben Zügen wiedergeben, wie die moderne Wissenschaft unsere Welt sieht. Wenn wir aber das Weltbild der modernen Wissenschaft nicht kennen, können wir unmöglich einen Bezug zur Theologie herstellen, um ein Gesamtweltbild zu zeichnen, dessen Teile miteinander übereinstimmen. Daher möchte ich im Folgenden – auf der Grundlage der Aussagen von Victor Weißkopf[7] – die Weltsicht der modernen Naturwissenschaft skizzieren, wie sie sich historisch entwickelt hat:

1. Einheit der himmlischen und irdischen Mechanismen: Dieselben Naturgesetze gelten im ganzen Universum.
2. Unterschiedliche Arten von Atomen: Alle Materie ist aus etwa hundert verschiedenen Arten von Atomen zusammengesetzt.
3. Wärme und Bewegung: Wärme entsteht durch Bewegung von Materie-Teilchen. Sie selbst ist keine Substanz.
4. Einheitliche Sicht von Elektrizität, Magnetismus und Licht: Alle drei sind Manifestationen des elektromagnetischen Feldes.
5. Evolution der Arten: Leben und biologische Vielfalt sind auf die durch die neo-darwinistische Theorie beschriebene Weise entstanden.
6. Relativitätstheorie: Raum und Zeit bilden zusammen die vierdimensionale Raumzeit. Deren Krümmung folgt Gravitationsfeldern.
7. Quantentheorie: Auf der subatomaren Ebene gelten

herkömmliche Vorstellungen wie Ort und Geschwindigkeit auf Grund der kausalen Unbestimmtheit nur eingeschränkt.

8. Molekularbiologie: Durch die Entdeckung des DNS-Makromoleküls wurde der genetische Code erkannt, der die Entwicklung der Arten ermöglicht.
9. Quantenleiter: Materie ist hierarchisch geordnet, sodass die jeweils kleineren ein höheres Energie-Potenzial enthalten. So erklärt sich das Geheimnis der Atomenergie.
10. Ausdehnung des Universums: Das Universum hat eine Entwicklungsgeschichte, die mit dem Urknall begann.

In vielen dieser Bereiche ergeben sich wichtige Fragen, die für die Apologetik interessant sind. Aufgeweckte Christen, besonders christliche Leiter, sollten zumindest eine allgemeine Kenntnis dieser Themen haben und in der Lage sein, dazu Stellung zu nehmen. Sie sollten Personen, die mit Fragen zu diesen Themen zu ihnen kommen, auf weiterführende Literatur hinweisen können. Leider könnte man an dieser Stelle so viele Themen und so viele Fragen behandeln, dass dies den Rahmen dieses Kapitels sprengen würde. Ich möchte mich daher in aller Kürze nur mit vier Bereichen beschäftigen, die in der letzten Zeit zwischen christlicher Theologie und Naturwissenschaft besonders diskutiert wurden.

Woher kommt das Universum?

In Punkt 10 meiner Liste des naturwissenschaftlichen Weltbildes ging es um die Entstehung des Kosmos. Das ist die entscheidende Frage, wenn es um die Schöpfung geht: Woher kommt das Universum? Die Bibel beginnt mit den Worten „Am Anfang schuf Gott den Himmel und die Erde.“ Die Bibel lehrt also, dass das Universum einen Anfang hatte. Sie lehrt jedoch nicht, dass dieser Anfang erst vor (relativ) kurzer Zeit stattfand. Das ist eine irrtümliche

Schlussfolgerung, die sich ergibt, wenn man die Lebensdauer verschiedener alttestamentlicher Gestalten zusammenzählt. Aber die Stammbäume im Alten Testament erheben nicht den Anspruch, *alle* Generationen zu berücksichtigen, und überhaupt kann eine solche Berechnung nur bis zur Erschaffung des menschlichen Lebens auf dieser Erde zurückführen und nicht zum Anfang des ganzen Universums (1. Mose 1,1). Die biblische Lehre über die Entstehung des Universums wurde von der Antike bis ins 20. Jahrhundert hinein von den griechischen Philosophen und vom modernen Atheismus gleichermaßen abgelehnt. Dennoch hat die Kirche immer daran festgehalten, dass das Universum zu einem bestimmten Zeitpunkt aus *nichts* entstanden ist.

Dann aber – im Jahre 1929 – geschah etwas Aufsehen Erregendes. Ein Wissenschaftler namens Edwin Hubble entdeckte, dass das Licht von weit entfernten Galaxien röter zu sein schien, als man eigentlich erwarten sollte. Hubble kam zu der überraschenden Schlussfolgerung, dass das Licht röter sei, weil die Sterne sich von der Erde wegbewegen – das Universum dehnt sich aus! Davon ist auch das Licht aus den anderen Galaxien betroffen, denn sie bewegen sich von uns fort.

Das Interessante daran: Hubble konnte nicht nur zeigen, dass das Universum sich ausdehnt, sondern auch, dass es sich gleichmäßig in alle Richtungen ausdehnt. Stellen Sie sich einfach einen Luftballon vor, auf den man Knöpfe geklebt hat. Wenn man den Ballon aufbläst, entfernen die Knöpfe sich voneinander, obwohl sie an ihrem jeweiligen Platz festsitzen. Mit den Galaxien im Weltraum ist es ähnlich. Der Raum selbst dehnt sich aus und damit entfernen die Galaxien sich immer weiter voneinander.

Daraus ergibt sich die erstaunliche Folgerung, dass alle Dinge desto näher beieinander waren, je weiter man in der Zeit zurückgeht. Letztlich war das ganze bekannte Universum zu einem Zeitpunkt in der begrenzten Vergangenheit an einem einzigen mathematischen Punkt konzentriert. In der Wissenschaft bezeichnet man diesen Punkt als die „Singularität“. Von da aus hat sich das Universum seither bis heute immer weiter ausgedehnt. Je weiter man in die Vergangenheit zurück geht, desto dichter wird das Universum, bis man schließlich an den Punkt unendlicher Dichte gelangt, von dem aus die Ausdehnung des Universums begann. Dieses

Ursprungsgeschehen bezeichnet man heute allgemein als den „Urknall".

Dieses Ereignis, das am Anfang des Universums steht, wird noch bemerkenswerter, wenn man bedenkt, dass es davor überhaupt nichts gab. Vor der Singularität existierte nichts, denn sie ist die Grenze der physikalischen Zeit und des physikalischen Raumes. Sie ist daher nicht nur der Ursprung von Materie und Energie, sondern auch von Raum und Zeit. Die Physiker John Barrow und Frank Tipler erklären: „Mit dieser Singularität begannen Raum und Zeit zu existieren. Vorher gab es buchstäblich gar nichts, sodass man, wenn das Universum mit einer solchen Singularität begann, wirklich von einer Schöpfung aus dem Nichts sprechen kann."[8]

Diese Schlussfolgerung muss jeden, der darüber nachdenkt, zutiefst beunruhigen, denn sie wirft zwangsläufig die Frage auf: Wenn vor dem Urknall *nichts* war – warum gibt es dann das *Universum* und nicht vielmehr weiterhin *nichts*? Für den Urknall kann es keine natürliche physikalische Erklärung geben, denn – um es mit den Worten des Philosophen Quentin Smith zu sagen – „zur Vorstellung einer kosmologischen Singularität gehört zwingend auch der Umstand, dass sie nicht das Ergebnis physikalischer Vorgänge ist, die ihr vorausgingen. Die Definition der Singularität [...] beinhaltet die Annahme, dass es unmöglich ist, die raumzeitliche Mannigfaltigkeit über die Singularität hinaus auszudehnen. [...] Damit ist ausgeschlossen, dass die Singularität das Ergebnis eines vorangegangenen natürlichen Vorgangs sein könnte."[9] Sir Arthur Eddington äußerte im Hinblick auf die Entstehung des Universums die Meinung, die Vorstellung, dass sich das Universum ausbreite, sei so ungeheuerlich und unglaublich, „dass ich beinahe beleidigt bin, dass irgendjemand daran glauben sollte – mich selbst ausgenommen"[10]. Am Ende sah er sich zu der Schlussfolgerung gezwungen: „Der Ursprung scheint unüberwindliche Schwierigkeiten zu bereiten, sofern wir nicht bereit sind, ihn als schlechterdings übernatürlich zu betrachten."[11]

Das Universum schien demnach also aus nichts geschaffen worden zu sein – was manche verständlicherweise als störend empfanden. So versuchte man, Wege zu finden, wie sich die Ursprungs-Singularität vermeiden ließe und man wieder ein seit ewigen Zeiten existierendes Universum erhielte – doch alles vergebens. In der modernen Kosmologie des 20. Jahrhunderts wurden wiederholt solche abweichenden Theorien widerlegt, die Urknall-Theorie jedoch bestätigt.[12] Laut Wissenschaft ist keine der alternativen Erklärungsansätze der Urknall-Theorie überlegen. Immer wieder hat sich gezeigt, dass die Modelle, die die Aussagen des Standardmodells über einen absoluten Anfang des Universums vermeiden wollen, entweder unhaltbar sind oder doch nicht ohne einen Anfang auskommen. Beispielsweise haben die Universen, die einigen dieser Theorien zugrunde liegen (etwa in der Theorie des oszillierenden Universums, das sich immerzu ausdehnt und wieder zusammenzieht, oder in der Theorie des chaotisch-inflationären Universums, das ständig massenweise neue Universen hervorbringt), zwar eine potenziell unendliche Zukunft, aber es stellt sich heraus, dass sie nur über eine begrenzte Vergangenheit verfügen. Theorien, die davon ausgehen, dass es vor einem Urknall ein ewiges Vakuum gegeben hat, aus dem unser Universum dann hervorging, können nicht erklären, warum wir kein unendlich altes Universum antreffen, wenn das Vakuum doch ewig sein soll. Auch wenn solche Modelle von der Boulevardpresse weiter im Umlauf gehalten werden, sind sie heute von fast allen Wissenschaftlern verworfen worden.

In letzter Zeit wurde vor allem Stephen Hawkings Versuch, ohne eine Singularität am Anfang auszukommen, gefeiert. Durch sein weit verbreitetes Buch „Eine kurze Geschichte der Zeit“ erhielten seine Theorien viel Aufmerksamkeit in der Presse. Hawkings Theorie basiert auf der Annahme, dass die Vergangenheit endlich ist, aber keinen Anfangspunkt oder Rand hat. Ohne im geringsten zu zögern, zieht Hawking dann auch theologische Schlussfolgerungen aus seinem Modell. Er schreibt: „Wenn das Universum einen Anfang hatte, können wir von der Annahme ausgehen, dass es durch einen Schöpfer geschaffen wurde. Doch wenn das Universum wirklich völlig in sich selbst abgeschlossen ist, wenn es wirklich keine Grenze und keinen Rand hat, dann hätte es auch weder einen Anfang noch ein Ende: Es würde einfach sein. Wo wäre dann noch Raum für einen Schöpfer?“[13]

Zum Leidwesen der Schöpfungsgegner kann Hawkings Modell jedoch keine realistische Beschreibung des Universums liefern.

Ich möchte nur einige Punkte nennen, die gegen sein Modell sprechen: Hawking geht davon aus, dass das Universum in einer imaginären Zeit existiert, nicht in der realen Zeit, wie wir sie tagtäglich erleben. Das bedeutet, dass Hawking in seinen Gleichungen für die Zeitkoordinaten imaginäre Zahlen verwendet wie etwa Wurzel aus -1. Das Problem ist nur, dass solche Zahlen lediglich mathematische Kunstgriffe sind, für die es keinerlei physikalische Entsprechung gibt. Schon 1920 hat Eddington den Kniff (so nannte er es) untersucht, imaginäre Zahlen für die Zeitkoordinaten zu verwenden. Er hielt diese Vorgehensweise für „nicht sehr gewinnbringend", denn, so sagte er, „man kann es schwerlich für mehr halten als ein rein analytisches Hilfsmittel"[14]. Imaginäre Zeit ist nach seiner Aussage lediglich ein Hilfsmittel zur Illustration, das „gewiss keinerlei physischer Wirklichkeit entspricht"[15].

Ich finde es bemerkenswert, dass Hawking dies in seinem neueren Buch „Raum und Zeit" zugegeben hat. Er schreibt: „Eine physikalische Theorie ist nur ein mathematisches Modell. Die Frage, ob es der Wirklichkeit entspricht, ist sinnlos. [...] Mir geht es nur darum, dass die Theorie Messungsergebnisse voraussagen kann."[16] Aber wenn Hawkings Theorie nicht mehr zu bieten hat als das, dann wird dadurch ganz offensichtlich weder der tatsächliche Anfang des Universums beseitigt noch das Erfordernis eines Schöpfers. Es handelt sich nur um eine Methode, wie man mit mathematischen Mitteln ein Universum, das mit einer Singularität beginnt, so umschreiben kann, dass die Singularität in der Umschreibung gar nicht vorkommt. Wenn man aber Hawkings Theorie realistisch interpretiert, dann setzt auch sie noch einen absoluten Ursprung des Universums voraus, selbst wenn das Universum nicht mit einer Singularität beginnt wie in der Standardtheorie über den Urknall.[17] In diesem Modell gibt es keinen Ursprungspunkt, aber es hat lediglich eine endliche Vergangenheit und daher muss es auch einen Ursprung haben. Hawking selbst fasst die Situation folgendermaßen zusammen: „Fast alle sind sich heute einig, dass das Universum – und auch die Zeit – einen Anfang hatten, den Urknall."[18]

Da die Theorie, dass das Universum aus nichts entstanden sei, ganz offenkundig theologische Auswirkungen hat, können wir davon ausgehen, dass es auch weiterhin alternative Theorien zum

Urknall-Modell geben wird, damit man wieder zur Vorstellung eines ewigen Universums zurückkehren kann und nicht auf einen Schöpfergott angewiesen ist. Paul Steinhardt von der Universität Princeton hat kürzlich mit seinem neuen Ekpyrotischen Modell des Universums in der Presse viel Aufmerksamkeit erregt.[19] Dieses Modell hat den Begriff vom Paralleluniversum salonfähig gemacht, der bis dahin eher in der Science-Fiction-Literatur zu finden war. Dass solche Alternativen vorgeschlagen werden, sollte man begrüßen. Wenn man die Argumente untersucht und die Alternativvorschläge immer wieder scheitern, dann wird die Aussage des Urknall-Standardmodells über einen absoluten Ursprung weiter bestätigt und dadurch noch glaubwürdiger. Auch wenn noch so viele Menschen versuchen, das Gegenteil zu beweisen: Die Beweislast, die durchgängig dafür spricht, dass das Universum aus nichts erschaffen wurde, wächst. J. M. Wersinger, Physikprofessor an der Auburn-Universität, weist auf Folgendes hin:

„Zunächst war die Wissenschaft sehr zurückhaltend, als die Auffassung aufkam, dass das Universum nicht schon immer da gewesen, sondern irgendwann irgendwie entstanden war. Das Urknall-Modell schien nicht nur mit den jüdisch-christlichen Vorstellungen von einem Anfang der Welt übereinzustimmen, sondern auch die Annahme zu begünstigen, dass es einen übernatürlichen Schöpfungsakt gegeben hat. […] *Viel Zeit, zusätzliche Beobachtungen und sorgfältige Überprüfung von Voraussagen, die auf Grund des Urknall-Modells gemacht worden waren, waren nötig, damit die Wissenschaftler die Vorstellung akzeptierten, dass unser Universum einen Ursprung hat.* […] *Der Urknall ist ein sehr erfolgreiches Modell, das sich den Wissenschaftlern gegen ihren eigenen Willen aufgedrängt hat.“*[20]

Wider Erwarten hat damit die Naturwissenschaft größtenteils die Aussage der Bibel bestätigt, dass unser Universum einen Anfang hatte.

Was ist mit der „Feinabstimmung" des Universums gemeint?

Die Tatsache, dass das Universum existiert, ist noch keine Garantie dafür, dass auch Leben entstehen kann. Früher waren Naturwissenschaftler der Meinung, dass die Vielfalt von Lebensformen, die es heute gibt, letztlich (nach Punkt 5 in der oben gegebenen Übersicht über das naturwissenschaftliche Weltbild, siehe S. 57) zwangsläufig entstehen musste, ganz egal, welche Bedingungen zu Anfang des Universums herrschten. Eine der neuesten Entdeckungen zur Entstehung und Entwicklung des Lebens ist jedoch die Einsicht, wie ungeheuer fein abgestimmt das Universum schon im ersten Augenblick des Urknalls gewesen sein musste, damit überhaupt irgendwo im Kosmos Leben entstehen konnte. Etwa während der letzten 30 Jahre haben Naturwissenschaftler voller Staunen erkannt, wie komplex und sensibel das Gleichgewicht der Gegebenheiten beim Urknall gewesen sein musste, damit das Universum die Entstehung und Entwicklung von Leben überhaupt möglich machte. Immer wieder hat es in der Physik und Astrophysik, der klassischen Kosmologie, der Quantenmechanik und der Biochemie Entdeckungen gegeben, die bewiesen, dass ein ganz genau ausbalanciertes Verhältnis bestimmter Konstanten und Größen vonnöten ist, damit überhaupt Leben entstehen und existieren kann. Wenn diese auch nur geringfügig geändert würden, wäre das Gleichgewicht gestört, und es könnte kein Leben geben. In vielen Fällen könnten auch Sterne und Planeten, ja selbst die Materie bis hin zur atomaren Ebene nicht existieren – wie viel weniger noch das Leben! Insgesamt scheint das Universum schon vom ersten Augenblick an geradezu unglaublich genau darauf eingestellt zu sein, die Existenz von intelligentem Leben zu ermöglichen.

Einige Beispiele: Wäre zum Beispiel die Gravitation zu Beginn des Universums nur um $1:10^{40}$ vom tatsächlichen Wert abgewichen, hätte dies die Entstehung von Sternen wie der Sonne ausgeschlossen, und die Existenz von Leben wäre unmöglich geworden. Wäre die Expansionsgeschwindigkeit eine Sekunde nach dem Urknall nur um ein Hunderttausendmillionstel Millionstel kleiner gewesen, so wäre das Universum entweder schon lange wieder in einen Feuerball zusammengefallen oder es hätten sich keine Galaxien bilden können. In beiden Fällen hätte unmöglich Leben entstehen können. Die so genannte kosmologische Konstante, die für die Entwicklung des Universums entscheidend ist, muss unglaublich genau – auf $1:10^{53}$ genau – eingestellt sein, sodass das Universum die Entstehung von Leben zulässt.

Dabei gilt jedoch, dass nicht nur jede einzelne oben genannte Größe für sich allein richtig eingestellt sein muss, sondern auch ihr jeweiliges Verhältnis untereinander muss ebenso genau abgestimmt sein. Es ist also nicht etwa nur so, als ob bei allen Roulette-Spielen in Las Vegas ganz bestimmte Zahlen herauskommen, sondern bei allen Roulette-Spielen in Las Vegas kommen ganz bestimmte Zahlen heraus und diese Zahlen sind dann auch noch in ganz bestimmter Weise aufeinander abgestimmt. Zum Beispiel muss die Zahl bei einem Spiel sieben mal so groß sein wie die bei einem anderen und zugleich ein Drittel der Zahl bei wieder einem anderen. Dass ein Universum existiert, das aus reinem Zufall die Entstehung von Leben ermöglicht, ist von geradezu überwältigender Unwahrscheinlichkeit.

Wie können wir uns diese winzige Wahrscheinlichkeit vorstellen, dass ein Universum entsteht, das die Entstehung von Leben ermöglicht? John Barrow, ein britischer Physiker, schildert folgendes Beispiel:[21] Er schlägt vor, einen roten Punkt auf ein Stück Papier zu machen, der für unser Universum stehen soll. Nun sollen wir uns vorstellen, dass einige der oben genannten Ausgangsbedingungen nur geringfügig abgeändert werden, und diese veränderten Bedingungen gelten für ein anderes Universum. Wenn dieses andere Universum die Entstehung von Leben gestattet, machen wir dafür noch einen roten Punkt, wenn nicht, einen blauen Punkt. Das wiederholen wir nun immer wieder, bis das ganze Blatt mit Punkten bedeckt ist. Und was kommt dabei heraus? Ein ganzes Meer von blauen Punkten, und darin einige ganz wenige rote. In diesem Sinne kann man mit Recht sagen, dass die Existenz eines Universums, das die Entstehung von Leben ermöglicht, unglaublich unwahrscheinlich ist.

Manchmal wirft jemand ein: „Ja, unser Universum ist unwahrscheinlich. Aber jedes Universum ist gleich unwahrscheinlich. Das ist wie bei einem Sechser im Lotto. Für jeden Lottospieler ist es sehr unwahrscheinlich, dass er gewinnt, aber einer *muss* eben gewinnen." An diesem Einwand kann man gut verdeutlichen, dass es eben nicht bloß um Unwahrscheinlichkeit geht, sondern um *spezifische* Unwahrscheinlichkeit. Es geht nicht nur um die Wahrscheinlichkeit, dass dieses oder jenes Universum existiert, sondern um die Wahrscheinlichkeit, dass ein Universum existiert, das die *Entstehung von Leben ermöglicht.* Ein angemessener Vergleich wäre daher der mit einer Lotterie, bei der sich eine einzige weiße Kugel in einer Menge aus Milliarden und Abermilliarden von schwarzen Kugeln befinden würde. Nun dürfte man mit verbundenen Augen hineingreifen und eine Kugel herausnehmen. Dabei wäre zwar für jede einzelne Kugel die Unwahrscheinlichkeit, ergriffen zu werden, gleich groß. Doch welche Kugel man auch in der Hand hätte – die Wahrscheinlichkeit, dass es eine schwarze wäre und nicht die weiße, wäre bei weitem größer. Um den Vergleich abzurunden, kann man sich dann noch vorstellen, dass das eigene Leben davon abhängt, dass man die weiße Kugel zieht. Wer die weiße Kugel nicht zieht, wird erschossen! Wenn man mit verbundenen Augen in diese unglaublich große Anzahl von Kugeln greift und dann feststellt, dass man die eine einzige weiße Kugel erwischt hat, dann wird man mit Recht vermuten, dass das Ganze mit Absicht so eingerichtet worden sein muss. Wenn man dann aber immer noch skeptisch ist, kann man sich noch vorstellen, dass man, um der Hinrichtung zu entgehen, die weiße Kugel dreimal hintereinander ziehen müsste. Die Wahrscheinlichkeit würde sich dadurch kaum noch wesentlich verändern, aber man müsste schon verrückt sein, um zu glauben, dass einem dies aus reinem Zufall gelingen würde.

Worum geht es bei der „Viele-Welten-Interpretation"?

Die Verfechter der anderen Erklärung – alles sei reiner Zufall – sehen sich daher gezwungen, zu einer ganz außergewöhnlichen Hypothese Zuflucht zu nehmen: zur „Viele-Welten-Interpretation". Demnach wäre unser Universum nur eines von unzähligen Universen, die alle tatsächlich existieren und nicht nur rein theoretische Spielbälle sind. Um die Möglichkeit zu begründen, dass irgendwo in der Menge aller Welten zufällig auch ein Universum auftaucht, dessen Feinabstimmung die Entstehung von Leben ermöglicht, wird zusätzlich noch unterstellt, dass es eine unendliche Menge von Universen gibt (sodass jede auch nur denkbare Möglichkeit verwirklicht wird) und dass die physikalischen Größen und Bedingungen nach dem Zufallsprinzip verteilt sind (sodass nicht alle Welten gleich ausfallen). Daher müssten dann irgendwo durch reinen Zufall auch Universen entstehen, die ebenso perfekt ausbalanciert sind wie das unsere. Es sollte uns daher nicht überraschen, dass wir auf dieser Welt Bedingungen vorfinden, die so fein abgestimmt sind und das Vorhandensein von Leben begünstigen, denn nur in den Universen, in denen eine solche Feinabstimmung vorliegt, kann es ja auch Beobachter wie uns geben.

Die Tatsache, dass sonst so nüchterne Naturwissenschaftler zu einer so außerordentlichen metaphysischen Hypothese greifen, zeigt, in wie hohem Maße die Feinabstimmung des Universums nach einer Erklärung verlangt. Paul Davies erklärte kürzlich, die Annahme, dass sich hinter allem eine schöpferische Intelligenz (Gott) verberge, die das Universum erschaffen habe, stehe und falle mit dem Erfolg der „Viele-Welten-Hypothese“.[22]

Was ist also von dieser Hypothese zu halten? Zum einen ist sie um nichts wissenschaftlicher und um nichts weniger metaphysisch als die Annahme, dass dieses Universum von einem Schöpfer erschaffen wurde. Der Naturwissenschaftler und Theologe John Polkinghorne schreibt: „Manche versuchen, sich mit der Annahme der ‚vielen Welten‘ durchzumogeln. Aber das ist Pseudo-Wissenschaft. Es ist nur eine metaphysische Vermutung, dass es viele Universen geben könnte, auf denen unterschiedliche Gesetze und unterschiedliche Bedingungen herrschen.“[23] Dennoch gibt es weitere gute Gründe dafür, dass die „Viele-Welten-Hypothese“ der Schöpfer-Hypothese unterlegen ist. Zum einen bietet die Annahme eines Schöpfers schlicht und ergreifend eine *einfachere* Erklärung. Denn nach einem Prinzip, das als „Ockhams Rasiermesser“– das Sparsamkeitsprinzip der Wissenschaft – bekannt wurde, ist von mehreren gleichwertigen Theorien die einfachste die beste. Und wenn man ehrlich ist, muss man zugeben, dass es einfacher ist, davon auszugehen, dass ein intelligenter Schöpfer unser Universum erschaffen hat, als sich die unendlich vervielfachte Menge von Universen der „Viele-Welten-Interpretation" auszudenken.

Zweitens weiß niemand, wie eine Vielzahl von Welten entstanden sein soll. Niemand hat bislang eine Erklärung dafür gefunden, wie oder warum es eine Vielzahl von Welten geben sollte. Und die Erklärungsversuche, die es gibt, setzen selbst wieder eine Feinabstimmung voraus. Zum Beispiel berufen sich manche Kosmologen auf die so genannte Inflationstheorie des Universums, um die Entstehung einer Vielzahl von Welten zu erklären. Als Inflationstheorien werden in der Kosmologie Theorien bezeichnet, die sich mit der Expansion des Universums während seiner sehr frühen Stadien beschäftigen. Aber das einzige widerspruchsfreie Modell der Inflation ist die Theorie der chaotischen Inflation des russischen Physikers Andrej Linde, und selbst diese erfordert eine Feinabstimmung, damit die Inflation überhaupt in Gang kommen kann.

Drittens erhebt sich gegen die Annahme eines Multiversums Widerspruch von Seiten der Anhänger der Evolutionstheorie, welche zu den Grundlagen der modernen Naturwissenschaft gehört.[24] Zunächst einige Hintergrundinformationen:

Schon im 19. Jahrhundert hat der österreichische Physiker Ludwig Boltzmann so etwas wie eine Hypothese vieler Welten aufgestellt. Er wollte erklären, warum das Universum nicht den „Hitzetod" stirbt bzw. warum es kein thermodynamisches Gleichgewicht gibt, bei dem die Energie gleichmäßig über das Universum verteilt ist.[25] Boltzmann vermutete, das Universum als Ganzes befände sich in der Tat in einem solchen Gleichgewicht, doch komme es im Laufe der Zeit hier und da zu lokalen Energieschwankungen, sodass es rein zufällig isolierte Regionen gäbe, in denen ein Ungleichgewicht herrsche. Boltzmann nannte diese isolierten Regionen „Welten". Man sollte sich also nicht wundern, wenn man in unserer Welt ein Energie-Ungleichgewicht findet, denn unter allen Welten müssen ja rein zufällig auch welche mit einem Ungleichgewicht existieren – und eine solche ist die unsere.

Das Problem dieser kühnen „Viele-Welten-Theorie" ist folgendes: Wenn unsere Welt nur eine kleine Energiefluktuation in einem riesigen Meer von Energie ist – wäre es da nicht wahrscheinlicher, dass wir da auch einen Bereich erblicken könnten, in dem das von Boltzmann propagierte Gleichgewicht herrscht? Und wenn die Entropie in diesem Universum zunimmt – wie erklärt man sich dann die Entstehung dieser Welt, in der alles so perfekt aufeinander abgestimmt ist? Boltzmanns Hypothese vieler Welten wurde in der Wissenschaft ganz allgemein abgelehnt, und das Ungleichgewicht, das herrscht, erklärt man gewöhnlich als bloße Folge des niedrigen Entropie-Niveaus, das aus unbekanntem Grund zu Beginn des Universums bestand.

Und nun wieder zur Entwicklung der Lebewesen. In diesem Bereich ergibt sich nämlich für die Viele-Welten-Hypothese ein ganz ähnliches Problem, wenn es darum geht, die Feinabstimmung unseres Universums zu erklären. Nach der vorherrschenden Evolutionstheorie wird intelligentes Leben – falls es sich überhaupt entwickelt – erst so spät wie möglich entstehen (bezogen auf die Lebenszeit der Sonne). Je kürzer der Zeitraum ist, der den Mechanismen der genetischen Mutation, der natürlichen Auslese und der Zufallswirkungen eingeräumt wird, desto unwahrscheinlicher ist die Entstehung intelligenten Lebens. Berücksichtigt man die Komplexität des menschlichen Organismus, dann ist es wesentlich wahrscheinlicher, dass menschliche Wesen gegen Ende der Lebensdauer der Sonne entstehen als zu Beginn jener Zeit. Wenn unser Universum daher nur eines aus einer Vielzahl von Welten wäre, dann müssten wir mit allergrößter Wahrscheinlichkeit eine sehr alte Sonne haben und keine junge, die erst wenige Milliarden Jahre alt ist. Hat uns die Evolution hervorgebracht, dann sollten wir uns in einer Welt befinden, in der wir, bezogen auf die Lebensdauer unseres Sterns, erst spät entstanden sind. Will man daher in der Viele-Welten-Hypothese die ganze Sache mit der Feinabstimmung wegerklären, ergibt sich ein seltsamer Illusionismus. Es wäre dann weitaus wahrscheinlicher, dass alle unsere astronomischen, geologischen und biologischen Schätzungen falsch wären und wir in Wirklichkeit, bezogen auf die Lebensdauer unserer Sonne, eher spät lebten. Dass Sonne und Erde als eher jung erscheinen, wäre dann eine gewaltige Täuschung. Das aber ist vor dem Hintergrund dessen, was unsere Wissenschaftler bereits herausgefunden haben, Wahnwitz. Daher sind wir entweder keine Zufallsprodukte der Evolution (dann muss man aber von einem

Schöpfer ausgehen), oder unser Universum ist kein Zufallsprodukt einer Vielzahl von Welten – und auch dann muss es einen Schöpfer geben. So oder so, wir gelangen immer zu der Annahme, dass hinter allem ein Schöpfer steckt.

Da die Viele-Welten-Hypothese gescheitert ist, gibt es nun keinen Grund mehr, der dagegen sprechen könnte, aus der Feinabstimmung des Universums auf einen Schöpfer zu schließen. Wenn man sich vor Augen hält, dass es sehr unwahrscheinlich ist, dass rein zufällig ein Universum entsteht, dessen Anfangsbedingungen so fein aufeinander abgestimmt sind, dass die Entstehung von Leben möglich wird, dann ist es plausibel, daran zu glauben, dass diese Welt – wie die Bibel sagt – von Gott so erschaffen wurde, dass Leben möglich ist.

Wie lässt sich die Entstehung von Leben erklären?

Die „Feinabstimmung“ des Universums erfüllt gewisse Vorbedingungen für die Existenz von Leben im Kosmos. Sie garantiert jedoch noch nicht, dass auch wirklich Leben entsteht. Mit anderen Worten: Die „Feinabstimmung“ ist eine *notwendige* Bedingung für die Entstehung von Leben, aber keine *hinreichende* Bedingung. Was also wird noch benötigt? Wie kann man erklären, dass tatsächlich Leben entstanden ist?

Die meisten haben vermutlich in der Schule gelernt, dass das Leben aus der so genannten „Ursuppe“ durch zufällige chemische Reaktionen entstanden sei. In den 1950er Jahren konnte Stanley Miller durch Funkenentladungen in einem Gasgemisch aus Stickstoff, Kohlendioxid und Methan künstlich Aminosäuren herstellen. Zwar sind Aminosäuren nicht lebendig, aber Proteine bestehen aus Aminosäuren – und in Lebewesen findet man Proteine –, sodass man hoffte, nun auch die Entstehung des Lebens irgendwie erklären zu können.

Schon auf den allerersten Blick scheint ein solches Szenario für die Entstehung des Lebens hoffnungslos unwahrscheinlich. Fred Hoyle und Chandra Wickramasinghe schätzen, dass sich die Wahrscheinlichkeit für die zufällige Entstehung der 10 bis 20 Aminosäuren, die man für ein Enzym benötigt, in der Größenordnung von $1:10^{20}$ bewegt (man muss bedenken, dass es zu diesem Zeitpunkt der Entwicklung ja noch keine natürliche Auslese und daher auch keine chemische Evolution gab). Angesichts der Größe der Ozeane und der Milliarden von Jahren, die zur Verfügung stehen, nehmen sie an, dass eine solche Unwahrscheinlichkeit in Kauf genommen werden kann. Doch sie verweisen darauf, dass es 2 000 verschiedene Enzyme gibt, die aus Aminosäuren bestehen, die wiederum allesamt aus reinem Zufall entstehen müssten, und die Wahrscheinlichkeit, dass das geschieht, liegt bei $1:10^{40.000}$ – eine so extrem niedrige Wahrscheinlichkeit, dass sie nicht in Frage käme, „selbst wenn das ganze Universum aus nichts als Ursuppe bestünde“[26]. Und das ist erst der Anfang. Danach muss aus den Proteinen noch die DNS entstehen und der komplexe Mechanismus der Zelle muss sich bilden. Diese Vorgänge sind so komplex, dass man ihre (Un-)Wahrscheinlichkeit schon gar nicht mehr in Zahlen ausdrücken kann.

Das Ursuppen-Szenario war also von Anfang an nicht sonderlich einleuchtend. Dennoch weiß der durchschnittliche naturwissenschaftliche Laie noch gar nicht, dass alle diese chemischen „Ursprung des Lebens“-Szenarien inzwischen völlig zusammengebrochen und aufgegeben worden sind. Das wird in dem Buch *The Mystery of Life's Origin* hervorragend dokumentiert.[27] Darin legen die Autoren dar, dass es so etwas wie eine Ursuppe wahrscheinlich nie gegeben hat, weil die natürlichen Prozesse der Auflösung und Verdünnung die chemischen Reaktionen verhindert hätten, die vermeintlich zur Entstehung des Lebens führten. Hinzu kommt, dass man ursprünglich davon ausging, dass für die zufällige Entstehung des Lebens Milliarden von Jahren zur Verfügung gestanden hätten. Doch heute besitzen wir fossile Funde, die belegen, dass es schon vor 3,8 Milliarden Jahren Leben gab. Das bedeutet, dass das „Zeitfenster“, während dessen das Leben durch Zufall hätte entstehen können, sich immer weiter schließt und jetzt nur noch einen Zeitraum von etwa 25 Millionen Jahren umfasst. Für das Zufalls-Szenario ist das viel zu wenig. Für die Szenarien, die davon ausgehen, dass das Leben einen solch komplexen chemischen Ursprung hat, ist es ferner entscheidend, dass die Atmosphäre in der Frühzeit der Erde fast keinen Sauerstoff enthalten haben darf; es spricht jedoch alles dafür, dass die frühe Atmosphäre gerade sauerstoffreich war. Außerdem gab es keine Möglichkeit, einmal erreichte chemische Entwicklungen für einen zweiten Entwicklungsschritt festzuhalten. Derselbe Prozess, der die chemischen Verbindungen herbeiführte, löste sie auch wieder auf. Auch die Thermodynamik stellt für solche Szenarien ein unüberwindliches Hindernis dar, denn es gibt keine Möglichkeit, die Energie nutzbar zu machen, die die Umwelt (etwa durch Blitz oder das Sonnenlicht) zur Verfügung stellt, und sie als Antrieb der chemischen Evolution zu nutzen.

Aus diesen und noch einigen anderen Gründen steckt der ganze Bereich der Erforschung der Entstehung des Lebens in einem Dilemma. Alte Theorien sind in sich zusammengebrochen; keine annehmbare neue Theorie erscheint am Horizont. Es scheint keine hundertprozentig schlüssige wissenschaftliche Erklärung für die Entstehung des Lebens auf dieser Erde zu geben. Francis Crick sann darüber nach, dass die Entstehung des Lebens auf der Erde „fast ein Wunder“[28] ist. Wegen dieses Problems meinen manche Naturwissenschaftler, das Leben sei vielleicht gar nicht auf der Erde entstanden, sondern ursprünglich durch einen Meteoriten von einem anderen Planeten hierher gebracht worden. Aber das ist nur eine Annahme, durch die das Problem lediglich einen Schritt weiter zurückverlagert wird. Wie ist dann das Leben anderswo entstanden? Statt die Frage zu beantworten, macht diese Annahme sie erst recht unlösbar.

Andere wenden ein, dass das Leben – wie unwahrscheinlich seine zufällige Entstehung auch sei – doch zufällig entstehen musste, wenn nur das Universum unendlich ist (oder wenn es mehrere Universen gibt). Wenn das Universum unendlich ist, dann musste das Leben sogar unendlich oft an verschiedenen Orten im Universum entstehen. Das Problem bei diesem Einwand ist allerdings, dass er die zur Verfügung stehenden Wahrscheinlichkeiten ohne jede Berechtigung vervielfacht. Könnte man das tun, dann ließe sich praktisch jedes noch so unwahrscheinliche Ereignis plausibel machen. Dann wäre aber vernunftgeleitetes Handeln gar nicht mehr möglich. Ganz egal, wie unwahrscheinlich etwas ist, man könnte die Unwahrscheinlichkeit immer weginterpretieren, indem man sagte, dass es eben irgendwo in einem unendlichen Universum eben dazu kommen müsse. Kann man sich aber folgendes Gespräch an einem Pokertisch in einem Saloon im Wilden Westen vorstellen?

„Tex, altes Stinktier, du bist ein dreckiger Falschspieler! Jedes Mal, wenn du dran bist, hast du vier Asse!"

„Ja, klar, Slim, das sieht schon ganz schön verdächtig aus, jedes Mal vier Asse, wenn ich dran bin! Aber das eine will ich dir mal sagen: Hier in so 'nem unendlichen Universum tun eben unendlich viele Pokerspiele gleichzeitig stattfinden! Und das kannste mir ruhig glauben: dass ich in einem von all den vielen Pokerspielen jedes Mal vier Asse habe, das hat schon seine Richtigkeit! Also pack dein Schießeisen weg, halt die Klappe und spiel weiter!"

Aber wenn wir Old Slim wären, wären wir natürlich nicht so dumm, eine weitere Runde zu spielen. Bei einer solchen Argumentation könnte man paradoxerweise noch nicht einmal beweisen, dass das Universum unendlich ist, denn für jeden Beweis könnte man wieder eine neue Erklärung finden: In einem Universum, das (wenn auch nicht unendlich) groß genug wäre, dass ein solches Ereignis durch Zufall eintreten könnte, könnte man es eben als zufällig ausgeben. Der Einwand widerlegt sich daher letztlich selbst. Er kann vernünftigerweise keine Zustimmung finden.

Die Bibel teilt uns nicht mit, wie das Leben entstanden ist. Dort heißt es nur: „Dann sprach Gott: ‚Die Erde lasse frisches Grün aufsprießen, Pflanzen und Bäume von jeder Art, die Samen und samenhaltige Früchte tragen [...]. Das Wasser soll von Leben wimmeln und in der Luft sollen Vögel fliegen!'" (1. Mose 1,11.20). Die Bibel ist kein naturwissenschaftliches Buch; sie sagt uns nicht, mit welchen Mitteln Gott das Leben erschuf (falls er überhaupt welche benutzt haben sollte). Doch die wissenschaftlichen Erkenntnisse stimmen mit der Annahme überein, dass die Entstehung des Lebens – um es mit den Worten von Francis Crick zu sagen – ein Wunder war; das heißt, ein Ereignis, das auf übernatürliche Weise von Gott herbeigeführt wurde. Bibel und Naturwissenschaft stehen an dieser Stelle gewiss nicht im Widerspruch zueinander. Falls es überhaupt einen Unterschied gibt, dann nur den, dass die naturwissenschaftlichen Erkenntnisse noch eindeutiger als die Bibel darauf hinweisen, dass der Ursprung des Lebens durch ein Wunder des Schöpfergottes hervorgerufen wurde.

Wie lang sind die Schöpfungstage im 1. Buch Mose?

Lassen Sie uns einen Moment innehalten und die bisherigen Ergebnisse wiederholen. Erstens ist es schon sehr unwahrscheinlich, dass rein zufällig die Bedingungen herrschten, die am Anfang des Universums erforderlich waren, damit überhaupt Leben entstehen kann. Dazu kommt noch die Unwahrscheinlichkeit der Entstehung des Lebens auf dieser Erde. Aber selbst wenn diese beiden Bedingungen erfüllt sind, gibt es noch keine Garantie dafür, dass die bloße Existenz von einfachen Lebensformen zur Entstehung komplexer Organismen führt. Zusätzlich zu den bereits besprochenen Unwahrscheinlichkeiten müssen wir also noch berücksichtigen, wie unwahrscheinlich die Entstehung biologischer Vielfalt und Komplexität ist.

Zu dieser Frage gibt es unter Christen unterschiedliche Auffassungen. Manche meinen, dass das 1. Buch Mose buchstäblich eine Schöpfung in einer 6-Tage-Woche beschreibt. Mir scheint jedoch, dass der Text des 1. Buches Mose selbst einige Hinweise darauf enthält, dass nicht wortwörtlich eine Schöpfung innerhalb einer Woche gemeint ist. So ist der siebente Tag offenkundig keine Zeitspanne von 24 Stunden, sondern er steht für Gottes Sabbatruhe nach der Schöpfung, die noch heute anhält. Wir leben am „siebenten Tag". Und über den dritten Tag lesen wir: „Dann sprach Gott: ‚Die Erde lasse frisches Grün aufsprießen, Pflanzen und Bäume von jeder Art, die Samen und samenhaltige Früchte tragen!' So geschah es: Die Erde brachte frisches Grün hervor, Pflanzen jeder Art mit ihren Samen und alle Arten von Bäumen mit samenhaltigen Früchten. Und Gott sah das alles an: Es war gut. Es wurde Abend und wieder Morgen: der dritte Tag" (1. Mose 1,11–13). Nun wissen wir ja alle, wie lange es dauert, bis zum Beispiel Apfelbäume wachsen, blühen und Frucht tragen. Wenn wir uns das nicht wie in einer Zeitraffer-Aufnahme vorstellen wollen (wie in Walt Disneys Film „Die Wüste lebt", wo die Pflanzen aus dem Boden schießen, reifen, blühen und dann blitzschnell die Früchte hervorkommen), dann muss es länger gedauert haben als 24 Stunden. Ich kann kaum glauben, dass der Verfasser des 1. Buches Mose beabsichtigte, die Leser sollten sich vorstellen, dass alles aus dem Boden geschossen kommt wie bei einem Film, der schnell vorgespult wird. Und wohlgemerkt, ich sage das auf der Grundlage des Textes, nicht auf der Grundlage naturwissenschaftlicher Erkenntnisse.

In der Vergangenheit haben sowohl Juden als auch Christen das erste Kapitel des 1. Buches Mose mehrheitlich nicht im Sinne von Zeiteinheiten zu 24 Stunden verstanden, wie der jüdische Professor Nathan Aviezer in seinem neuen Buch *In the Beginning* darlegt.[29] Um seine Aussage zu belegen, bezieht sich Aviezer auf einige rabbinische Ausleger der Tora und des Talmud, und man könnte auch die frühchristlichen Kirchenväter wie Irenäus, Origenes, Basilius und Augustinus anführen, um dasselbe zu zeigen. Ich will gar nicht bestreiten, dass eine wortwörtliche Interpretation von 1. Mose 1 eine legitime Auslegung darstellt, aber sie kann kaum für sich beanspruchen, die einzige Auslegung zu sein, die der Text ermöglicht, und sie repräsentiert auch nicht das historische Verständnis der meisten Juden und Christen.

Darüber hinaus verrät uns das 1. Buch Mose fast gar nichts darüber, wie Gott Pflanzen und Tiere erschuf. Schuf er sie aus nichts? Schuf er sie aus bereits existierenden Lebensformen? Bediente er sich der Evolution, um sie allmählich hervorzubringen? Das sind wissenschaftliche Fragen, zu denen die Bibel sich nicht äußert. Im Grunde geht es in der Schöpfungsgeschichte darum, dass Gott der Schöpfer von allem ist, was es gibt. Sonne und Mond, Tiere und Pflanzen sind keine Götter; sie sind nur Geschöpfe: Gott hat sie gemacht. Wie er das tat, scheint offen zu bleiben.

Das bedeutet nun aber, dass Christen die Freiheit haben, wissenschaftlichen Erkenntnissen zu folgen, wohin diese auch führen. In dieser Hinsicht haben wir einen entschiedenen Vorteil gegenüber den Naturwissenschaftlern: Wenn es Gott nicht gäbe, dann wäre die Evolution die einzige Möglichkeit, wie man die Entstehung dieser Welt erklären könnte. Wie unwahrscheinlich sie auch sein mag und was immer wissenschaftliche Erkenntnisse besagen – die Evolution muss dann einfach wahr sein, denn es gibt ja nichts außerhalb der Natur, das die biologische Vielfalt hätte hervorrufen können. Die Schlussfolgerungen der Naturwissenschaftler sind also im Grunde schon im Voraus durch ihre Philosophie festgelegt und werden nicht primär durch wissenschaftliche Erkenntnisse bestimmt.

Phillip Johnsons 1991 erschienenes Buch *Darwin on Trial* trug entscheidend dazu bei, die „Intelligent Design"-Bewegung[30] ins Leben zu rufen. In seinem Werk zeigt Johnson klar auf, dass die neodarwinistische Evolutionstheorie sich nicht einfach aus den wissenschaftlichen Erkenntnissen ergibt, sondern dass sie sich aus einer philosophischen Entscheidung für den Naturalismus ergibt. Johnson gibt ohne weiteres zu, dass der Darwinismus die beste *naturwissenschaftliche* Theorie zur Erklärung biologischer Vielfalt ist, doch da er selbst nun einmal kein Naturalist ist, sagt er nur: „Ja, und? Ich will doch nicht wissen, was die beste naturwissenschaftliche Theorie ist; ich will wissen, welche Theorie *wahr* ist." Johnson will damit sagen, dass es, sobald man die Vorentscheidung für den Naturalismus fallen lässt, keinen zwingenden Grund mehr für die Annahme gibt, die neodarwinistische Theorie sei richtig.

Was durch die Beweislage gestützt wird, ist eine *Mikroevolution* – das heißt eine begrenzte Wandlung. Aber dieser Auffassung stimmen selbst die konservativsten Christen zu, da sie glauben, dass alle menschlichen Rassen von einem einzigen Paar menschlicher Vorfahren abstammen, von Adam und Eva. Gewisse Veränderungen innerhalb gegebener Arten sind also nichts Besonderes. Von der reinen Zustimmung zur Mikroevolution bis zur Makroevolution der neodarwinistischen Theorie ist es jedoch ein großer Sprung bzw. eine *Extrapolation*. Und in der Naturwissenschaft gibt es zahlreiche Beispiele dafür, dass solche Extrapolationen versagen. So wollte etwa Einstein aus seinem erfolgreichen speziellen Prinzip der Relativität auf ein allgemeines Relativitätsprinzip schließen. Doch dies erwies sich als unmöglich. Die Bezeichnung „allgemeine Relativitätstheorie" ist eigentlich irreführend, denn in Wirklichkeit handelt es sich um eine Theorie der Gravitation, die gar nicht alles relativiert, wie Einstein gehofft hatte. Entsprechend stellt sich dann auch die Frage, warum die Schlussfolgerung von der Mikroevolution auf eine Makroevolution gerechtfertigt sein sollte. Wenn wir davon ausgehen, dass die methodische Vorgehensweise vieler Naturwissenschaftler nicht unbedingt korrekt ist, warum sollte dann die neodarwinistische Theorie richtig sein?

Ist die neodarwinistische Evolutionstheorie richtig?

Die Frage, ob die neodarwinistische Evolutionstheorie korrekt ist, ist viel komplexer, als den meisten Menschen bewusst ist. Schon allein die Mehrdeutigkeit des Wortes *Evolution* macht einen Teil der Schwierigkeit aus. Manchmal bezeichnet dieses Wort nur eine Veränderung, die im Laufe der Zeit stattgefunden hat, und dagegen hat niemand etwas einzuwenden. Wir müssen daher über bloße Worte hinausgehen und uns die Frage stellen, was diese Theorie eigentlich besagt. Die Evolutionstheorie umfasst mindestens zwei grundlegende Annahmen: erstens die Theorie der gemeinsamen Abstammung und zweitens die Faktoren von genetischer Mutation und natürlicher Auslese.

Die Lehre von der gemeinsamen Abstammung besagt, dass alle Lebensformen sich aus einem einzigen Urahnen entwickelt haben. Für diese Lehre spricht, dass fast alle lebenden Organismen denselben genetischen Code – die so genannte DNS – haben. Man könnte natürlich auch einwenden, dass Gott einfach denselben Grundbauplan benutzt hat, um verschiedene Arten von Organismen zu schaffen. Aber es mag plausibler erscheinen, dass die genetische Ähnlichkeit aller Lebewesen darauf zurückzuführen ist, dass sie miteinander verwandt sind und einen gemeinsamen Vorfahren haben.

Andererseits widerspricht die Beweislage bei den Fossilien der Lehre über die gemeinsame Abstammung. Schon als Darwin seine Theorie erstmals präsentierte, war eines der größten Mankos das Fehlen ausreichender evolutionärer Verbindungsglieder, Übergangsformen von einer Lebensform zur anderen, so genannte „Missing Links". Darwin erwiderte darauf, es habe diese Übergangsformen gegeben und man werde sie schließlich auch entdecken. Seither haben Paläontologen zahllose fossile Überreste ausgegraben, doch sehr viele Übergangsformen haben sie noch nicht gefunden. Sie haben lediglich neue Tier- und Pflanzenarten entdeckt, die heute ausgestorben sind. Natürlich gibt es einzelne Funde, die als Übergangsformen interpretiert werden, wie etwa der Archäopteryx, ein Vogel mit einigen Reptilien-Eigenschaften. Aber wenn die neodarwinistische Theorie richtig wäre, dürfte es nicht nur einige wenige solcher Übergangsformen geben, sondern

– wie Michael Denton betont – in den fossilen Ablagerungen müssten buchstäblich Millionen von Verbindungsgliedern zu finden sein.[31] Stellen Sie sich beispielsweise nur all die Zwischenformen vor, die es zwischen einer Fledermaus und einem Walfisch geben müsste, wenn sie von einem gemeinsamen Vorfahren abstammen würden! Man kann das Problem nicht länger damit abtun, dass man sagt, wir hätten eben noch nicht tief genug gegraben. Es sind meiner Ansicht nach noch nicht sehr viele Verbindungsglieder gefunden worden, weil es keine gibt. Die Beweislage zur Lehre von der gemeinsamen Abstammung ist also nicht eindeutig: Die DNS stützt sie in gewisser Weise, aber die Fossilienfunde sprechen dagegen.

Wie steht es mit den genetischen Mutationen und der natürlichen Auslese, den Faktoren, die angeblich die Evolution in Gang halten sollen? Die Theorie besagt, dass sich eine evolutionäre Entwicklung ergibt, weil zufällige Mutationen bei den Lebewesen neue Eigenschaften hervorbringen, und diejenigen Eigenschaften, die fürs Überleben von Vorteil sind, werden beibehalten und weitergegeben.

Ich kenne keine Beweise, die dafür sprechen, dass jene Faktoren aus einem ursprünglichen Einzeller-Lebewesen die biologische Vielfalt hervorbringen könnten, die wir heute überall auf dieser Welt sehen. Tatsächlich spricht sogar alles ausdrücklich dagegen. Diese Prozesse sind allein schon deshalb unwahrscheinlich, weil sie zu langsam verlaufen. In ihrem Buch *The Anthropic Cosmological Principle* haben Barrow und Tipler zehn Stufen der menschlichen Evolution aufgeführt, beispielsweise die Entwicklung der Atmungsorgane, des Skeletts, der Sehorgane. Jeder einzelne dieser Schritte ist jedoch so unwahrscheinlich, dass, bevor er rein zufällig zustande käme, die Sonne kein Stern aus der Hauptreihe mehr wäre, sondern sich schon lange in einen roten Riesen verwandelt und die Erde in Schutt und Asche gelegt hätte.[32] Die Autoren kommen zu dem Schluss: „Unter Evolutionstheoretikern ist ein Konsens entstanden, wonach die Evolution intelligenten Lebens so unwahrscheinlich ist, dass sie auf keinem anderen Planeten im ganzen sichtbaren Universum vorgekommen sein dürfte."[33] Wenn das zutrifft, warum sollte dann aber gerade auf unserem Planeten rein zufällig intelligentes Leben entstanden sein?

Ein weiteres Problem des Prinzips der genetischen Mutation und der natürlichen Auslese besteht darin, dass sie den Ursprung von komplexen Arten nicht erklären können. Das ist das wichtigste Argument in Michael Behes Buch *Darwin's Black Box*[34]. Behe, ein Mikrobiologe an der Lehigh-Universität, weist darauf hin, dass gewisse „Bauteile" einer Zelle – zum Beispiel die Blutgerinnung oder haarartige Ausstülpungen namens *Cilia* – so unglaublich komplizierte, mikroskopisch winzige Maschinen sind, die überhaupt nicht funktionieren könnten, wenn nicht von Anfang an alle Einzelteile an Ort und Stelle und funktionsbereit gewesen wären. Daher können sie nicht Schritt für Schritt durch einen graduellen Prozess entstanden sein. Behe durchforstete Tausende von wissenschaftlichen Veröffentlichungen über dieses Thema und fand heraus, dass bislang noch so gut wie gar nichts darüber geschrieben worden war, wie solche komplexen Systeme allein durch zufällige Mutation und Selektion hätten entstehen können.[35] An dieser Stelle hat der Darwinismus wohl keine stichhaltigen Erklärungen zu bieten.

Insgesamt scheint es – wenn man sich nicht von vornherein dem methodischen Naturalismus verschreibt – wirklich keine überzeugenden Beweise zu geben, die für die neodarwinistische Theorie sprechen. Im Gegenteil, es scheint recht überzeugende Beweise dafür zu geben, dass die neodarwinistische Sicht der Dinge noch nicht alles sein kann. Nochmals: Wir erfahren in der Bibel an keiner Stelle, wie Gott biologisch komplexe Organismen geschaffen hat, ebenso wenig wie sie uns verrät, wie er das Leben erschuf. (Der Bericht über die Erschaffung von Mann und Frau in 1. Mose 2 ist offensichtlich hochsymbolisch, denn da Gott keine Lunge und keinen Mund hat, hat er sicher auch nicht buchstäblich in Adams Nase geblasen). Gott könnte *ex nihilo* (aus nichts) geschaffen haben oder er könnte lebende Organismen verwendet haben, die sich noch auf einer tieferen Entwicklungsstufe befanden, um daraus durch „bauliche" Veränderungen, die auf naturwissenschaftlicher Basis völlig unwahrscheinlich gewesen wären, höhere Lebensformen zu erschaffen. Christen können den Beweisen folgen, wohin sie auch führen. Doch die Beweise scheinen darauf hinzudeuten, dass die Existenz biologischer Komplexität ein schöpferisches intelligentes Wesen voraussetzt, wie es die Bibel beschreibt.

Schlussfolgerung

Es gibt heute einen Dialog zwischen Naturwissenschaft und Religion, in dem viel spannende, interessante Arbeit geleistet wird. In diesem Kapitel konnte nur ein sehr begrenzter Auszug aus der Diskussion zwischen beiden Bereichen vorgestellt werden. Man könnte noch sehr viel mehr sagen – zum Beispiel über Quanten- und Relativitätstheorie, über Anthropologie und Neurologie. Es bleiben komplexe Fragen offen, aber wir brauchen die Naturwissenschaft in der heutigen Zeit nicht als Feindin zu fürchten. Akzeptieren Sie die Naturwissenschaft vielmehr als Verbündete, die uns hilft, die Wahrheit über die Welt herauszufinden, die Gott geschaffen hat, und die viele Möglichkeiten bereithält, wie wir anderen Menschen überzeugend vom christlichen Glauben erzählen können.

Fragen zur Vertiefung

1. Was würden Sie antworten, wenn jemand sagte, die Naturwissenschaft beantworte die Fragen nach dem „Was" und die Religion die nach dem „Warum"; deshalb könnten beide einander gar nicht widersprechen?
2. Wenn jemand Sie fragte: „Welche wissenschaftlichen Beweise gibt es für die Existenz Gottes"– was würden Sie sagen?
3. Angenommen, ein christlicher Schüler, vielleicht Ihr eigener Sohn oder Ihre Tochter, käme zu Ihnen und teilte Ihnen mit, er oder sie fühle sich von Gott berufen, eine Laufbahn als Naturwissenschaftler(in) anzustreben. Wie würden Sie reagieren und was würden Sie ihm/ihr raten?

4. Kapitel

Schwierige Fragen zum Thema „Jesus Christus“

Lee Strobel

Zu Beginn des neuen Jahrtausends erregte Peter Jennings, ein Nachrichtenredakteur bei *ABC News*, im ganzen Land Aufsehen. Er strahlte eine umstrittene Fernsehsendung aus, die sich auf eine „Suche nach Jesus“ begab. Von Anfang an wurde das Niveau möglichst niedrig gehalten. Die Grundaussage hieß: „Ob Jesus der Sohn Gottes ist, können wir Ihnen nicht sagen; das ist eine Glaubensfrage.“ Und dann ging es weiter mit Aussagen liberaler Theologen, die die Behauptung aufstellten, die Bibel sei hoffnungslos widersprüchlich, Maria sei wahrscheinlich von einem römischen Soldaten geschwängert worden, Jesus sei nicht wirklich in Bethlehem geboren, seine Heilungen seien selbstverständlich psychosomatisch erklärbar, und von den Toten auferstanden sei er auch nicht. Es war ein erstaunliches Schauspiel unkritischer, einseitiger Reportagen, das – sehr zu Recht – weithin Kritik hervorrief.

In einer Eingangsszene spekulierte Jennings darüber, ob ein bestimmter Felsen, den Archäologen entdeckt hatten, vielleicht der Ort gewesen sein könnte, an dem die schwangere Maria auf der Reise Rast gemacht hatte. Und da die Beweise für eine solche Annahme nun einmal eher spärlich sind, fügte er hinzu: „Da sehen wir schon, wie schwierig es für einen Journalisten wäre, herauszubekommen, was genau geschah.“ Ohne Zweifel sollte damit schon eingangs unterstellt werden, dass alle Beweise für weit wichtigere Begebenheiten im Leben Jesu – wie etwa seine Auferstehung – ebenso spekulativ wären.

Ich war von Jennings‘ Reportage ziemlich enttäuscht, hatte ich doch selbst eine zweijährige Recherche zum Leben Jesu durchgeführt. Wie Jennings war auch ich Journalist. Nach meiner Ausbildung an der journalistischen Fakultät der Universität Missouri und an der juristischen Fakultät der Yale-Universität wurde ich Gerichtsreporter bei der *Chicago Tribune* – und ich war ein knallharter Atheist. Doch 1979 entschied sich meine Frau dafür, Christ zu werden, und das veranlasste mich dazu, meine eigenen Nachforschungen darüber anzustellen, ob dieser Glaube glaubwürdig sei. Anders als Jennings prüfte ich jedoch die wissenschaftlichen Forschungen über Jesus auf breitester Grundlage. Ich wollte die Oberfläche bloßer Meinungen durchstoßen und bis zu den historischen Tatsachen vordringen. Das Ergebnis: Meine Schlussfolgerungen unterschieden sich sehr von den seinen.

Während Jennings glaubte, dass der historische Jesus und der Christus des christlichen Glaubens zwei unterschiedliche Persönlichkeiten gewesen seien, kam ich zu dem Schluss – eher gegen meinen Willen –, dass beide in Wirklichkeit ein und derselbe sind. Tatsächlich erwiesen sich die Beweise für die Auferstehung Jesu als so überwältigend, dass ich nicht anders konnte, als sie als die unüberbietbare Beglaubigung des Anspruchs Jesu zu akzeptieren, er sei Gott. Von den historischen Tatsachen bezwungen, änderte auch ich mein Leben und nahm am 8. November 1981 Christus als meinen Erlöser und Herrn an. Ich glaubte damals, ich sei nun am Ziel meiner Reise angekommen. Doch das vermeintliche Ende sollte sich als Anfang eines atemberaubenden Abenteuers in der Nachfolge Jesu erweisen.[1]

Heute führt mich mein Dienst in die ganze Welt. Ich begegne allen Arten von Zynikern, Skeptikern und Suchenden. Viele von ihnen stecken in einem Sumpf aus Fehlinformationen über Jesus fest, nicht zuletzt auf Grund der Bemühungen von Mitgliedern des „Jesus Seminars“, die ihre skeptischen Schlussfolgerungen in der Allgemeinheit verbreiten wollen. Diese aber ist meist nicht in der Lage, sie angemessen zu überprüfen.

Immer mehr Menschen lassen sich von der Auffassung des liberalen „Jesus Seminars“ beeinflussen. Sie ahnen nicht, dass diese Vereinigung nur aus einer ganz kleinen Minderheit von Neutestamentlern besteht und dass es geradezu ein Treibhaus schlecht begründeter Spekulationen ist. So glauben viele, dass das „Jesus Seminar“ (das über die Echtheit der Aussprüche Jesu abstimmt und seine Wunder leugnet) und gleichgesinnte Forscher die

„echte“ Wissenschaft repräsentieren, die sich mit unbestreitbaren Fakten befassen, während all jene, die einen konservativeren Ansatz verfolgen, als bloße Propagandisten abgetan werden, die nur christliches Wunschdenken verbreiten wollen.[2]

Die entscheidende Frage, die Jesus seinen Jüngern stellte – „Für wen haltet ihr mich?“ (Matthäus 16,15) – hat durch die Geschichte hindurch nichts von ihrer Aktualität verloren. Jeder Einzelne muss sich entscheiden, ob Jesus nur ein Mensch war, wie Jennings‘ Reportage nahe zu legen scheint, oder der einzige Sohn Gottes, wie es das Christentum durch die Jahrhunderte bekannt hat. Anstatt die unrealistischen Behauptungen der Aufklärung über die Unterschiede zwischen dem historischen Jesus und dem Christus des christlichen Glaubens zu schlucken, erkannte ich, dass gerade die historischen Fakten eindrücklich zeigen, wie vernünftig und gut begründet der Glaube an die Göttlichkeit Christi ist.[3]

Ich sprach seit meiner Entscheidung für Christus mit zahllosen Skeptikern und hielt im Rahmen von Gottesdiensten für Suchende schon unzählige Predigten und bemühte mich dabei, meine Argumente für Jesus zu vermitteln. Dabei zeigt sich immer wieder, dass sich eine schlüssige, überzeugende Apologie für Christus aus fünf Argumentationssträngen zusammenfügen lässt. Jeder einzelne davon bietet die Antwort auf eine bestimmte Frage, die Menschen auf den Nägeln brennt oder die sie doch im Hinterkopf haben, wenn sie herauszufinden versuchen, ob das Christentum einer intellektuellen Prüfung standhält. Am Anfang steht die grundlegende Frage, ob die Dokumente, die angeblich über das Leben Jesu berichten, vertrauenswürdig sind.

Kann man den Biografien Jesu trauen?

In seiner Fernsehsendung war Jennings schnell bereit, die Skepsis liberaler Professoren gegenüber Matthäus, Markus, Lukas und Johannes zu akzeptieren – den Evangelien, die Leben, Lehre, Wunder, Tod und Auferstehung Jesu beschreiben. „Schon zu Beginn sagten uns Wissenschaftler, dass sie nicht alles wörtlich nehmen, was im Neuen Testament steht, denn das Neue Testament enthält vier verschiedene Fassungen des Lebens Jesu, die einander in manchen Punkten widersprechen“, sagte er. „Es gibt keine zuverlässigen Nachweise dafür, wer die Verfasser wirklich waren. Weithin sind sich die Wissenschaftler darin einig, dass die Verfasser keine Augenzeugen waren. Tatsächlich wurden die Evangelien vermutlich etwa 40 bis 100 Jahre nach dem Tode Jesu verfasst.“

Skeptiker müssen versuchen, die Zuverlässigkeit der Evangelien in Frage zu stellen, um deren klare Aussage zu untergraben, dass Jesus der einzige Sohn Gottes ist. Doch die wissenschaftliche Forschung bestätigt, dass die Berichte der Evangelien genau und zuverlässig sind. Peter Stuhlmacher, emeritierter Professor an der evangelisch-theologischen Fakultät der Universität Tübingen, sagte laut einem Artikel im *Time Magazin* über die Identität Jesu: „Die biblischen Texte, so wie sie uns vorliegen, stellen bis heute die beste Hypothese zur Beantwortung der Frage dar, was damals wirklich geschah.“[4]

Craig Blomberg, Professor für Neues Testament am *Denver Theological Seminary* und Verfasser von „Die historische Zuverlässigkeit der Evangelien“, gesteht zu, dass die Evangelien streng genommen anonyme Werke sind. Doch er betont, dass Matthäus, der Verfasser des ersten Evangeliums des Neuen Testaments, nach dem einhelligen Zeugnis der frühen Kirche der Zöllner Matthäus, einer der zwölf Jünger, war. Johannes Markus, ein Schüler des Apostels Petrus, schrieb das Evangelium, das wir „Markus-Evangelium“ nennen, und Lukas, auch als der „geliebte Arzt“ des Paulus bekannt, schrieb das Lukas-Evangelium und die Apostelgeschichte.

Während der Name des Verfassers des vierten Evangeliums nicht bezweifelt wird – er hieß ganz sicher Johannes –, stellt sich allerdings die Frage, ob es der Apostel Johannes oder ein anderer Johannes war. Blomberg schreibt jedoch, er sei überzeugt, dass „weitaus der größte Teil des Materials auf den Apostel Johannes, den Sohn des Zebedäus, zurückgeht“, obgleich jemand aus dem engeren Kreis des Johannes als Herausgeber fungiert haben mag, „der die abschließenden Verse in die endgültige Form gebracht und dem ganzen Dokument einen einheitlichen Stil gegeben hat“. Auf jeden Fall, so betont er, „basiert das letzte Evangelium, genau wie die drei anderen Evangelien, auf Augenzeugenberichten“[5].

Die Autorenschaft von Markus und Matthäus wurde von Papias um 125 n. Chr. bestätigt. Nochmals bestätigte Irenäus diese um 180 n. Chr.:

„Matthäus veröffentlichte sein eigenes Evangelium unter den Hebräern in ihrer eigenen Sprache, während Petrus und Paulus das Evangelium in Rom predigten und die dortige Gemeinde gründeten. Nach ihrer Abreise gab uns Markus, der Schüler und Übersetzer des Petrus, persönlich in schriftlicher Form die wesentlichen Inhalte der Predigten des Petrus wieder. Lukas, der Schüler des Paulus, schrieb in einem Buch das Evangelium nieder, wie er es von seinem Lehrer gehört hatte. Und Johannes, der Jünger des Herrn, der auch an seiner Brust gelehnt hatte, sein Evangelium, während er zu Ephesus in Asien lebte.“[6]

Bezeichnenderweise gibt es – so stellt Blomberg fest – keine Hinweise darauf, dass die Verfasserschaft der Evangelien im ersten Jahrhundert je angezweifelt worden wäre. Hätte man die Verfasserangaben erfunden, dann hätte man zweifellos die Namen berühmter Apostel wie Petrus oder Jakobus gewählt, um die Glaubwürdigkeit zu verstärken, statt zwei der Evangelien Markus und Lukas zuzuschreiben, die noch nicht einmal zu den zwölf Jüngern gehört hatten, oder Matthäus, der ein verhasster Zöllner gewesen war.

Die Evangelien ergänzen einander

Die häufig vorgetragene Behauptung, die Evangelien widersprächen einander, ist in zahlreichen Büchern umfassend behandelt worden. „In Wirklichkeit widersprechen die Evangelien sich keineswegs, vielmehr ergänzen sie einander“, sagt Hank Hanegraaf vom *Christian Research Institute*. „Durch die Jahrhunderte hindurch haben zahllose Gelehrte und biblische Kommentare das bestätigt. Hätten jedoch alle Autoren immer genau dasselbe mit genau denselben Worten gesagt, dann könnte man mit Recht den Verdacht hegen, dass sie die Menschen täuschen wollten und sich abgesprochen hätten.“[7]

Der Apologet Norman Geisler, Präsident des *Southern Evange-*

lical Seminary, hat etwa 800 Widersprüche gesammelt, die man angeblich in der Bibel findet. „Ich kann dazu nur Folgendes sagen: Meiner Erfahrung nach verletzen Kritiker, die solche Einwände vorbringen, konstant einen der 17 Grundsätze zur Bibelauslegung“, sagte er mir in einem Gespräch.

So beschreiben die Evangelien manche Ereignisse aus unterschiedlicher Perspektive. Doch das heißt nicht, dass sie nicht miteinander vereinbar wären. Nach Aussage von Matthäus war ein Engel am Grab Jesu, nach Johannes dagegen waren es zwei. Doch Geisler weist darauf hin: „Matthäus sagt nicht, dass nur ein Engel da war. Johannes bietet mehr Einzelheiten, indem er sagt, dass es zwei waren.“[8]

Simon Greenleaf, der im 19. Jahrhundert an der juristischen Fakultät der Harvard-Universität lehrte, war zu seiner Zeit der bedeutendste Experte für gerichtliche Beweisverfahren. Nach einer Untersuchung zur Widerspruchsfreiheit der vier Evangelien kam er zu dem Ergebnis: „Es bestehen hinlängliche Unterschiede zwischen den Büchern, was belegt, dass es keine vorherigen Absprachen zwischen den Verfassern gegeben haben kann. Gleichzeitig sind jedoch die Übereinstimmungen so umfassend, dass sie alle unabhängig voneinander von demselben großen Ereignis berichtet haben.“[9]

Die archäologischen Funde

Auch die Archäologie hat die Zuverlässigkeit des Neuen Testaments betätigt. Jedes Mal, wenn neue Erkenntnisse gemacht werden, anhand derer man weitere Einzelheiten des Neuen Testaments überprüfen kann, stellt sich heraus, dass diese zutreffend sind. So wird etwa im Johannes-Evangelium, Kapitel 5, Verse 1 bis 15 darüber berichtet, wie Jesus am Teich Betesda einen Gelähmten heilt. Johannes erwähnt ein weiteres Detail: der Teich habe fünf Säulenhallen besessen. Lange Zeit – so der Archäologe John McRay – führten Skeptiker diese Stelle an, um zu beweisen, dass Johannes ungenau war, da ein solches Gebäude noch nicht gefunden worden war. Doch vor einiger Zeit wurde der Teich ausgegraben, und die Wissenschaftler fanden fünf Säulenhallen, genau wie Johannes es beschreibt.[10]

Lukas, der etwa ein Viertel des Neuen Testaments geschrieben hat, hat sich als sehr exakter Historiker erwiesen, selbst im winzigsten Detail. Ein prominenter Archäologe überprüfte sorgfältig die Verweise auf 32 Länder, 54 Städte und 9 Inseln. Er fand dabei keinen einzigen Fehler.[11] „Sowohl liberale als auch konservative Wissenschaftler sind sich im Allgemeinen darüber einig, dass Lukas als Historiker sehr sorgfältig gearbeitet hat“, sagt McRay.[12]

Zusammengenommen ergibt sich daraus eine wichtige Frage: Wenn die Verfasser der neutestamentlichen Bücher und Briefe selbst bei den nebensächlichsten Details so sehr auf äußerste Genauigkeit achteten, würden sie dann nicht in ihren Schilderungen wirklich wichtiger Ereignisse wie der Wunder, der Lehren, des Todes und der Auferstehung Jesu ebenso genau oder noch weitaus genauer gewesen sein?

„Wer die Fakten kennt“, sagt der australische Archäologe Clifford Wilson, „weiß heute, dass das Neue Testament als eine bemerkenswert genaue historische Quelle zu gelten hat.“[13]

Die frühe Datierung der Evangelien

Die Kritiker haben noch einen weiteren Weg gefunden, um die Evangelien in Misskredit zu bringen. Sie stellen die Hypothese auf, die Berichte seien so lange Zeit nach den Ereignissen verfasst worden, dass Legenden, Mythologie und Wunschdenken ihren Weg in die Berichte gefunden und diese tief greifend verfälscht hätten. Wer allem Übernatürlichen von vornherein ablehnend gegenübersteht, muss die Entstehungszeit der Evangelien auf die Zeit nach 70 n. Chr. datieren, schon allein, um nicht glauben zu müssen, dass Jesus den Fall von Jerusalem voraussagen konnte, wie er das nach Schilderungen in Matthäus 24, Markus 13 und Lukas 21 tat. Auch Peter Jennings datierte die Entstehung der Evangelien auf 40 bis 100 Jahre nach dem Tod Jesu. Doch es gibt gute Gründe anzunehmen, dass die Evangelien in Wirklichkeit sehr viel kürzere Zeit nach dem Tode Jesu (der sich vermutlich 33 n. Chr. ereignete) verfasst wurden und dass ihre Zuverlässigkeit nicht durch Legendenbildung verfälscht wurde.

Craig Blomberg hat darauf hingewiesen, dass selbst die liberale Standard-Datierung der Evangelien – Markus in den siebziger Jahren des 1. Jahrhunderts n. Chr., Matthäus und Lukas in den Achtzigern und Johannes in den Neunzigern – noch „innerhalb der Lebensjahre verschiedener Zeitgenossen Jesu [fällt], darunter einiger feindlich eingestellter Augenzeugen, die garantiert Einspruch erhoben hätten, wenn falsche Lehren über Jesus verbreitet worden wären“[14].

Doch Blomberg und viele andere Experten für das Neue Testament glauben, dass es überzeugende Argumente gibt, die für eine noch frühere Datierung der Evangelien sprechen. Der prominente Apologet J. P. Moreland, Professor an der *Talbot School of Theology*, nennt mehrere Gründe, die zusammen eine eindrückliche Grundlage für die These bilden, dass die Apostelgeschichte zwischen 62 und 64 n. Chr. verfasst wurde. So erwähnt die Apostelgeschichte etwa verschiedene bedeutende Ereignisse *nicht*, die sie zweifellos berücksichtigt hätte, wenn das Buch verfasst worden wäre, nachdem sie geschahen. Dazu gehören die Eroberung Jerusalems im Jahre 70 n. Chr., die Christenverfolgung durch Nero Mitte der 60er Jahre, die Martyrien von Jakobus (61 n. Chr.), Paulus (64 n. Chr.) und Petrus (65 n. Chr.) und der jüdische Krieg gegen die Römer ab dem Jahre 66. Auch viele Formulierungen in der Apostelgeschichte wirken sehr alt und urtümlich, und das Buch behandelt Fragen, die vor der Eroberung Jerusalems von besonderem Interesse waren.[15]

Die Apostelgeschichte ist der zweite Teil eines zweibändigen Werkes, das Lukas verfasst hat. Daher muss sein Evangelium – der erste Teil – vor den frühen 60er Jahren des 1. Jahrhunderts verfasst worden sein, also maximal 30 Jahre nach Jesu Tod. Da Lukas einige seiner Informationen aus dem Markus-Evangelium entnahm, ist es nahe liegend, anzunehmen, dass dieses Buch noch älter sein muss. Moreland schließt daraus: „Das Jesus-Bild der Synoptiker [Matthäus, Markus und Lukas] folgt nur 12 bis 19 Jahre auf die Ereignisse selbst. Und sie enthalten Quellen, die sogar noch älter sind.“[16]

Zusätzlich enthält das Neue Testament auch Briefe des Apostels Paulus, die bis ins Jahr 49 n. Chr. zurückgehen. Seine Christologie (der Glaube, dass Jesus Gott und Herr von Himmel und Erde ist) entwickelt sich nicht erst im Laufe seiner Schriften und „muss daher im Wesentlichen bereits vor Beginn seiner großen

Missionsreisen vollständig gewesen sein, […] das heißt um das Jahr 48“, schreibt Morland.[17] Und er fügt hinzu, Paulus zitiere einige Glaubensbekenntnisse und Lieder, die älter seien als seine eigenen Schriften und die „das Bild eines Wunder vollbringenden, göttlichen Jesus zeichnen, der von den Toten auferstanden ist“[18].

Moreland kommt zu dem Schluss: „Bereits im ersten Jahrhundert des Christentums war die Vorstellung von einem wirklich göttlichen Jesus, der Wunder vollbrachte und von den Toten auferstand, verbreitet. Diese Sichtweise war keine Legende, die erst viele Jahrzehnte nach der Kreuzigung aufkam.“ Darüber hinaus führt er noch ein weiteres Argument an: Paulus schreibt in seinem Brief an die Galater, dass er sich mit den anderen Aposteln in Jerusalem getroffen hat. Dort wurde seine Lehre von der Göttlichkeit Christi bestätigt. Berücksichtigt man ebenfalls ein extrem frühes Bekenntnis über die Auferstehung in 1. Korinther 15, dann kommt man zu dem Ergebnis, dass „der Glaube an einen göttlichen, auferstandenen Jesus schon wenige Jahre nach seinem Tode bestand“[19].

Vor dem Hintergrund einer Studie von A. N. Sherwin-White, einem angesehenen Althistoriker und Fachmann für griechisch-römische Geschichte an der Universität Oxford, bekommen diese Aussagen noch zusätzliches Gewicht. Dieser hat nachgewiesen, dass in der Antike erfahrungsgemäß selbst zwei Generationen nicht ausreichten, damit Legenden entstehen konnten, die dann eine gut begründete historische Überlieferung ersetzen konnten.[20] Im Falle von Jesus verfügen wir aber über zuverlässige Informationen über seine Göttlichkeit und seine Auferstehung, die eindeutig noch unterhalb dieser Grenze liegen.

Manuskript-Prüfung: Bestanden!

Die Tatsache, dass so viele handschriftliche Teile des Neuen Testamentes gefunden wurden, erlaubt es uns darüber hinaus, darauf zu vertrauen, dass es durch die Jahrhunderte hindurch bis zu uns auch exakt überliefert wurde. Archäologen haben mehr als 5 000 antike Handschriften des Neuen Testaments entdeckt, von denen einzelne Fragmente bis ins 2. Jahrhundert zurückgehen. Zählen wir auch die lateinischen Handschriften der Vulgata und anderes Material hinzu, erhöht sich die Zahl auf etwa 24 000 erhaltene Dokumente. Die meisten erhaltenen Handschriften eines antiken Werks gibt es, abgesehen vom Neuen Testament selbst, von Homers „Ilias“. Davon aber sind weniger als 650 Handschriften erhalten, die zudem erst volle 1 000 Jahre nach der Abfassung des Buches entstanden.

„In keinem anderen Fall ist der zeitliche Abstand zwischen der Abfassung eines Buches und der Entstehung der ältesten erhaltenen Handschriften so gering wie beim Neuen Testament“, sagt Sir Frederick Kenyon, früherer Direktor des Britischen Museums und Verfasser von *The Palaeography of Greek Papyri.*[21] „Wenn auch nur ein geringer Zweifel daran bestand, dass die Schriften des Neuen Testaments im Kern in der Form bis in unsere Zeit erhalten blieben, in der sie verfasst wurden, so ist dieser damit nun unhaltbar geworden.“[22]

Das Neue Testament ist für die Frage nach der Person Jesus von grundlegender Bedeutung. Daher habe ich, als ich noch Skeptiker war, einen großen Teil meiner zweijährigen Nachforschungen zum Christentum mit einer Analyse der Zuverlässigkeit des Neuen Testaments verbracht. Ich unterwarf die Evangelien acht verschiedenen Testverfahren, die auch vor Gericht angewandt werden könnten: der Frage nach dem Motiv, die Frage nach der Gelegenheit, die Frage nach dem Charakter, die Frage nach der Übereinstimmung, die Frage nach der Voreingenommenheit, die Frage nach der Vertuschung, die Frage nach der Bestätigung der Beweise sowie die Frage nach dem Zeugnis durch die Gegner. Mit ihrer Hilfe wollte ich feststellen, ob die Evangelien vertrauens- und glaubwürdig sind.[23] Mein Urteil lautete, dass ihre Zuverlässigkeit in Kernaussagen über jeden ernsthaften Zweifel erhaben ist.

Hat Jesus jemals behauptet, er sei Gott?

Ich höre diesen einen Einwand immer wieder: Jesus habe niemals wirklich behauptet, dass er der Sohn Gottes sei; diese Vorstellung wäre erst Jahre nach seinem Tod von übereifrigen Nachfolgern geprägt worden. Der echte Jesus hielte sich lediglich für einen

Rabbi, einen weisen Mann, einen Bilderstürmer und Aufrührer – für alles mögliche, nur nicht für Gott. Oder zumindest behaupten das die Kritiker. Die Beweislage sieht allerdings völlig anders aus. Diese Tatsache fasst der schottische Theologe H. R. Macintosh schon zu Beginn des 20. Jahrhunderts prägnant zusammen: „Das Selbstverständnis Jesu […] ist eine der bestbelegten Tatsachen der Weltgeschichte.“[24]

Kevin Vanhoozer, Professor für Systematische Theologie an der *Trinity Evangelical Divinity School*, hat es folgendermaßen formuliert: „Jesus betrachtete sich selbst als Gottes geliebten Sohn, von Gott erwählt, um das Reich Gottes aufzurichten und die Vergebung der Sünde zu bringen. Unsere Einschätzung Jesu muss mit seinem eigenen Selbstverständnis übereinstimmen. Wenn wir nicht bekennen, dass Jesus der Christus ist, dann war er sich entweder selbst im Hinblick auf seine Identität im Unklaren oder wir sind es.“[25]

Mindestens zehn Faktoren belegen, dass Jesus sich selbst für den einzigen Sohn Gottes hielt. Der erste ist die Art und Weise, wie Jesus von sich selbst sprach. Kein Wissenschaftler bezweifelt, dass Jesus sich in der Regel mit den Worten „der Menschensohn“ auf sich selbst bezog, einen Begriff, den er mehr als vier Dutzend mal für sich verwendete, unter anderem im Markus-Evangelium, das gewöhnlich als das älteste Evangelium gilt. Wenn auch manche Kritiker der irrigen Meinung sind, Jesus habe mit diesem Ausdruck lediglich seine Menschlichkeit angesprochen, sind sich doch die meisten Wissenschaftler einig, dass dieser Ausdruck auf Daniel 7, Verse 13 und 14 anspielt. Dort wird geschildert, dass der Menschensohn vor den Thron des Allmächtigen gebracht wird und dort „Macht, Ehre und Reich [erhielt], dass ihm alle Völker und Leute“ (Luther) dienen müssen. Er ist jemand, dessen Herrschaft für immer währt.

„Der Menschensohn war eine göttliche Gestalt im Buch Daniel des Alten Testaments, die am Ende der Welt kommen sollte, um über die Menschheit zu Gericht zu sitzen und für immer zu herrschen“, schreibt der Philosoph und Theologe William Lane Craig. „Wenn jemand also den Anspruch erhebt, der Menschensohn zu sein, bedeutet dies daher letztlich, dass er einen Anspruch auf Göttlichkeit erhebt.“[26]

Vanhoozer fügt einen weiteren interessanten Aspekt hinzu: „Das Erstaunliche an Jesu Gebrauch dieses Titels […] ist, dass er ihn inhaltlich nicht nur mit der künftigen Herrlichkeit verband, sondern auch mit dem Leiden und Sterben. Dadurch lehrt Jesus seine Jünger etwas Neues über den schon lange erwarteten Messias, dass nämlich seiner Herrlichkeit das Leiden vorausgehen würde (z. B. Lukas 9,22).“[27]

Zweitens stellt Vanhoozer heraus, dass Jesus auch dadurch Göttlichkeit für sich in Anspruch nahm, dass er die „Ich bin“-Worte auf sich anwendete. Einmal erklärte er dabei: „Amen, ich versichere euch: *Ich* bin – bevor Abraham überhaupt geboren wurde“ (Johannes 8,58). Das ist eine deutliche Anspielung auf Gottes Worte an Mose aus dem brennenden Dornbusch (siehe 2. Mose 3,14). Damit erklärt Jesus unmissverständlich, dass er Gott gleich ist, sodass seine Zuhörer, die das für Blasphemie halten, Steine aufheben, um ihn damit zu bewerfen.[28]

Drittens erhebt Jesus den Anspruch, göttlich zu sein, indem er die Sünden des Gelähmten vergibt (Markus 2). „Der einzige, der so etwas sagen kann, ist Gott selbst. Denn Sünde, selbst wenn sie sich gegen andere Menschen richtet, ist in erster Linie eine Verletzung Gottes und seiner Gesetze“, merkt der Theologe D. A. Carson an.[29]

Viertens veranschaulicht selbst die Art und Weise, wie Jesus seine Jünger auswählte, laut Ben Witherington, dem Verfasser von *The Christology of Jesus*, seinen übernatürlichen Anspruch. „Wenn die Zwölf ein neues Israel darstellen sollen, wie passt dann Jesus in dieses Bild?“, fragt er. „Er ist nicht nur Teil von Israel, nicht nur Teil dieser Gruppe, sondern er stellt diese Gruppe zusammen – genau wie Gott im Alten Testament sein Volk in die zwölf Stämme Israels aufteilt. Das ist ein Hinweis darauf, wie Jesus über sich selbst dachte.“[30]

Ein fünfter Hinweis auf Jesu Selbstverständnis ergibt sich aus der Art und Weise seines Lehrens. „⌊Jesus⌋ begann seine Lehre mit den Worten: ‚Amen, ich sage euch‘, was so viel bedeutet wie: ‚Ich schwöre euch, dass das, was ich gleich sagen werde, wahr ist.‘ Das war absolut revolutionär“, schreibt Witherington. Erklärend fährt er fort:

„Im Judentum brauchte man das Zeugnis von zwei Zeugen […]. *Doch Jesus bezeugte die Wahrheit seiner eigenen Aussagen. Statt seine Lehren auf die Autorität anderer zu gründen, spricht er in seiner eigenen Autorität.*

Er stellt seine eigene Autorität also über die Autorität, die die Propheten des Alten Testamentes hatten. Er glaubte, dass er nicht nur göttliche Inspiration besaß, wie etwa König David, sondern auch göttliche Autorität und Macht, konkrete göttliche Äußerungen zu machen."[31]

Sechstens gebrauchte Jesus den aramäischen Ausdruck *Abba* oder übersetzt: „Lieber Vater", wenn er mit Gott sprach. Darin spiegelt sich eine Intimität, die dem antiken Judentum fremd war, denn damals vermieden es fromme Juden, den Namen Gottes zu verwenden, aus Furcht, sie könnten ihn falsch aussprechen. Dr. Witherington merkt dazu an:

„Die besondere Tragweite des Begriffes ‚Abba' liegt auch darin, dass Jesus eine vertraute Beziehung beginnt, die zuvor nicht möglich war. Die Frage ist also hier, wer eine neue Bundesbeziehung mit Gott stiften kann? […]

Jesus sagt, dass es nur durch eine Beziehung zu ihm möglich ist, diese ‚Abba'-Beziehung zu Gott zu haben. Das spricht Bände über sein Selbstverständnis."[32]

Einen siebenten Hinweis auf Jesu Selbstverständnis erhalten wir durch seine Begegnung mit Thomas nach der Auferstehung (siehe Johannes 20). Auf die Aufforderung Jesu, sich selbst davon zu überzeugen, dass er wirklich von den Toten auferstanden sei, antwortet Thomas mit dem Bekenntnis: „Mein Herr und mein Gott!" (Vers 28). Bezeichnend ist Jesu Reaktion darauf. Wäre er nicht wirklich Gott, dann wäre es der Gipfel der Blasphemie gewesen, die Anbetung von Thomas bewusst entgegenzunehmen. Doch anstatt ihn zurechtzuweisen, sagt Jesus: „Du glaubst, weil du mich gesehen hast. Freuen dürfen sich alle, die mich nicht sehen und trotzdem glauben!" (Vers 29). Da Jesus die Anbetung von Thomas annimmt, glaubt er zweifellos, dass er Gott und diese Verehrung gerechtfertigt ist. Und die Frage Jesu: „Und ihr, für wen haltet ihr mich?“, beantwortet Simon Petrus mit den Worten „Du bist Christus, der versprochene Retter, der Sohn des lebendigen Gottes.“ Auch darauf reagiert Jesus nicht mit einer Zurechtweisung. Vielmehr bestätigt er, dass Petrus diese Erkenntnis von Gott selbst erhalten hat (Matthäus 16,15–17).

Achtens hat Jesus offenkundig geglaubt, dass das Geschick der Menschheit davon abhängt, ob sie an ihn glauben oder nicht. „Ich habe es euch ja gesagt, dass ihr in eurem Unglauben zugrunde gehen werdet. Ich bin der, an dem sich alles entscheidet. Wenn ihr das nicht glauben wollt“, sagte er, „werdet ihr in eurem Unglauben zugrunde gehen“ (Johannes 8,24). Und an anderer Stelle fügt er hinzu: „Ich sage euch: Wer sich vor den Menschen zu mir bekennt, zu dem wird sich auch der Menschensohn am Gerichtstag bekennen vor den Engeln Gottes. Wer mich aber vor den Menschen nicht kennen will, den wird auch der Menschensohn nicht kennen am Gerichtstag vor den Engeln Gottes“ (Lukas 12,8–9). Was das bedeutet, erläutert William Lane Craig: „Täuschen wir uns nicht: Wäre Jesus nicht der göttliche Sohn Gottes, dann könnte man diesen Anspruch nur als ganz engen Dogmatismus ablehnen. Denn Jesus sagt, dass die Erlösung der Menschen von ihrem Bekenntnis zu ihm abhängt.“[33]

Eine nicht weniger deutliche Bekräftigung seiner Göttlichkeit findet sich in Johannes 10, Vers 30. An dieser Stelle erklärt Jesus ganz konkret: „Der Vater und ich sind untrennbar eins.“ Es besteht wohl kein Zweifel daran, wie diese Aussage von seinen Zuhörern aufgefasst wurde: Offensichtlich entnahmen sie daraus, dass Jesus und Gott eines Wesens sind, denn sofort hoben sie Steine auf, um ihn anzugreifen: „[…] weil du ein Gotteslästerer bist. Du bist nur ein Mensch und gibst dich als Gott aus“ (Vers 33).

Wenn wir untersuchen wollen, für wen sich Jesus selbst hielt, dann verdient noch ein zehnter Faktor Beachtung – seine Wunder, auf die ich im folgenden Kapitel näher eingehen werde. Jesus betonte, dass seine Taten Zeichen für das Kommen des Reiches Gottes waren: „Nein, ich treibe die bösen Geister mit dem Finger Gottes aus, und daran könnt ihr sehen, dass Gott schon angefangen hat, mitten unter euch seine Herrschaft aufzurichten“ (Lukas 11,20). Wie Ben Witherington bemerkt, haben zwar auch andere

Personen, von denen in der Bibel berichtet wird, Wunder vollbracht. Aber diese Äußerung Jesu macht deutlich, dass Jesus sich nicht einfach nur für einen Wundertäter hielt: „Er sieht sich als denjenigen, in dem und durch den sich die Verheißungen Gottes erfüllen.“[34]

Der britische Wissenschaftler James D. G. Dunn schreibt dazu: „Was immer ‚tatsächlich‘ geschah, Jesus selbst war offenkundig der Meinung, dass er Blinde, Lahme und Taube geheilt hatte. Und es gibt keinen Grund zu bezweifeln, dass er sogar davon überzeugt war, durch sein Wirken seien Aussätzige rein geworden und Tote auferstanden.“[35]

Jesus hat die Eigenschaften Gottes

Natürlich kann sich jeder für Gott halten. Aber Jesus hat sich nicht nur für Gottes Sohn gehalten, er besaß auch die Eigenschaften, die ausschließlich Gott besitzt. Paulus weist in seinem Brief an die Philipper darauf hin, dass Jesus nicht daran festhielt, Gott gleich zu sein, sondern freiwillig auf seine Vorrechte und Fähigkeiten verzichtet hat, als er ein Mensch wurde (man bezeichnet dies als *Kenosis*). Das ist der Grund, warum er in seinem irdischen Leben nicht immer die Eigenschaften unter Beweis stellte, die Gott zugeschrieben werden – Allwissenheit, Allmacht und Allgegenwart. Dennoch bestätigt das Neue Testament, dass er all diese Eigenschaften auch besaß. Beispielsweise sagt Johannes (16,30) über Jesus: „Jetzt haben wir verstanden, dass du alles weißt“, und bestätigt damit Jesu Allwissenheit. In Matthäus 28, Vers 20 ist überliefert, dass Jesus sagte: „Ich bin immer bei euch, jeden Tag, bis zum Ende der Welt“, womit er seine Allgegenwart ausdrückte. Und er erklärte: „Gott hat mir unbeschränkte Vollmacht im Himmel und auf der Erde gegeben“ (Matthäus 28,18), und damit bestätigte er seine Allmacht.

In Kolosser 2, Vers 9 lesen wir sogar: „In Christus allein wohnt wirklich und wahrhaftig die Heilsmacht Gottes in ihrer ganzen Fülle.“ Dass er die Eigenschaften und Fähigkeiten Gottes besitzt und beispielsweise ewig lebt, wird auch in Johannes 1, Vers 1 bestätigt, wo es von Jesus heißt: „Am Anfang war das Wort. Das Wort war bei Gott, und in allem war es Gott gleich.“ Auf seine

Unveränderlichkeit geht auch der Verfasser des Hebräerbriefes ein: „Jesus Christus ist derselbe gestern und heute und in alle Ewigkeit“ (Hebräer 13,8). An anderer Stelle schreibt er, dass Jesus „die ganze Herrlichkeit Gottes [aufleuchtet]; in ihm hat Gott sein innerstes Wesen sichtbar gemacht“ (Hebräer 1,3). Und in Hebräer 1, Vers 8 erwähnt der Vater selbst ausdrücklich, dass Jesus Gott ist. Seine Sündlosigkeit kommt in Johannes 8, Vers 29 zum Ausdruck: „Er, der mich gesandt hat, steht mir zur Seite und lässt mich nicht allein; denn ich tue stets, was ihm gefällt.“ Paulus weist in seinem Brief an die Kolosser darauf hin: „[…] alles besteht durch ihn“ (Kolosser 1,17). Matthäus gewährt uns einen weiteren Blick auf die Macht Jesus, wenn er darauf eingeht, dass dieser die Menschheit richten wird (Matthäus 25,31–32).

Selbst die Bezeichnungen, die im Alten Testament für Gott gebraucht werden – solche Namen wie „A und O“, „Herr“, „Erlöser“, „König“, „Richter“, „Licht“, „Fels“, „Retter“, „Hirte“, „Schöpfer“–, werden im Neuen Testament auf Jesus angewandt. Er ist der, der Leben schenkt, Sünden vergibt und mit göttlicher Autorität spricht.

Wofür hielt Jesus sich selbst? In seinem Buch *New Approaches to Jesus and the Gospels* kommt Royce Gruenler, Professor für Neues Testament am Theologischen Gordon-Conwell-Seminar, zu dem Schluss: „Die wichtigsten Hinweise auf das unausgesprochene christologische Selbstverständnis Jesu – das ist eine überraschende Tatsache, die die moderne Erforschung des Neuen Testaments ans Licht gebracht hat – sind denkbar eindeutig.“[36]

Doch Jesus glaubte nicht nur, dass er Gott sei. Er hat es bewiesen: durch übernatürliche Taten, durch die Erfüllung der alten Prophezeiungen, die jede mathematische Wahrscheinlichkeit sprengte, und letztlich dadurch, dass er den Tod besiegt hat. Das sind die drei wichtigen Themen, die im nächsten Kapitel behandelt werden.

Fragen zur Vertiefung

1. Jesus fragte seine Jünger: „Für wen haltet ihr mich?" Wie würden Sie diese Frage beantworten? Welche Argumente würden Sie anführen, um Ihre Auffassung zu begründen?
2. Welche Argumente für die Zuverlässigkeit der Evangelien halten Sie für besonders überzeugend? Warum?
3. Jesus hielt sich selbst für Gott und schrieb sich die Eigenschaften Gottes zu. Nennen Sie bitte je drei Konsequenzen, die sich daraus für andere Religionen und für Sie selbst ergeben.

5. Kapitel

Weitere schwierige Fragen zum Thema „Jesus Christus"

Lee Strobel

Jesus hat sich ganz klar zu dem Verhältnis zwischen ihm und Gott geäußert. Um es mit den Worten des britischen Pastors John Stott zu sagen: „Ihn zu kennen heißt Gott zu kennen; ihn zu sehen heißt Gott zu sehen; an ihn zu glauben heißt an Gott zu glauben; ihn in das eigene Leben aufnehmen heißt Gott aufzunehmen; ihn abzulehnen heißt Gott abzulehnen und ihn zu ehren heißt Gott zu ehren."[1] Die entscheidende Frage ist nur: Woher wissen wir, ob Jesus damit die Wahrheit gesagt hat?

Als ich als Journalist bei der *Chicago Tribune* arbeitete, begegneten mir viele etwas seltsame Menschen, die von sich behaupteten, sie seien Gott. Trotzdem bin ich aber noch lange nicht vor ihnen niedergefallen, um sie anzubeten. Ich brauchte mehr als nur die bloße Behauptung; ich brauchte Beweise. Bei meiner geistlichen Suche nach der Wahrheit über Jesus war es nicht anders. Er stellte ja vielleicht die Behauptung auf, dass er der einzige Sohn Gottes sei, aber erbrachte er irgendwelche Beweise, die diese Behauptung stützten?

Damit komme ich zu drei weiteren kniffligen Fragen über Jesus, die oft gestellt werden. Dabei geht es darum, ob er Wunder vollbringen konnte, ob er die alten Prophetien über den Messias erfüllt hat und ob er von den Toten auferstanden ist. Denn wenn er das alles wirklich getan hat, dann ist das die unzweifelhafte Bestätigung für seinen Anspruch, der einzige Sohn Gottes zu sein.

Die Naturwissenschaft ist seit dem 20. Jahrhundert in der Lage, das komplette menschliche Erbgut zu entschlüsseln, Atome in noch kleinere Teile zu zerlegen und durch das Hubble-Teleskop in Bereiche des Universums zu blicken, die noch nie ein Mensch zuvor gesehen hat. Aus diesem Grund glauben viele Menschen, dass es auch für Wunder gute, glaubwürdige wissenschaftliche Erklärungen gibt.

Der kürzlich verstorbene agnostische Astronom Carl Sagan vertrat deshalb auch die Auffassung: „Das Universum ist alles, was es gibt oder jemals geben wird."[2] Charles Templeton, der zunächst ebenfalls Christ war, dann jedoch den Glauben aufgab, pflichtete ihm bei: „Es ist Zeit, dass wir unsere primitiven Spekulationen und unseren Glauben an das Übersinnliche zu den Akten legen und das Leben endlich aus einer realistischen Perspektive betrachten."[3] Der atheistische Evolutionsforscher Richard Dawkins machte sich über die Schilderungen der alttestamentlichen Wunder lustig und sagte: „Sie verfehlen bei einem ungebildeten Publikum und Kindern sicher nicht ihre Wirkung."[4] Der liberale Universitätsprofessor John Dominic Crossan höhnte: „Ich glaube nicht, dass irgendjemand irgendwo jemals tote Menschen wieder zum Leben erweckt hat."[5]

Die Verfasser des Buches *The Five Gospels* schenken den knallharten wissenschaftlichen Fakten ebenfalls mehr Glauben als den übernatürlichen Schilderungen der Bibel und erklären rundheraus: „Der Christus des Glaubensbekenntnisses und des kirchlichen Dogmas, der im Mittelalter fest etabliert war, kann nicht länger befehlen, dass die Menschen, die die Himmel durch das Teleskop von Galileo gesehen haben, an ihn glauben. Die alten Gottheiten und Dämonen wurden durch dieses bemerkenswerte Fernglas vom Himmel gefegt."[6]

Diese Auffassungen widersprechen völlig dem biblischen Anspruch, dass Gott während der gesamten Menschheitsgeschichte ein Wunder nach dem anderen vollbracht hat. Gleich im 1. Buch Mose geht es schon damit los, wenn die Behauptung aufgestellt wird, dass Gott alles aus nichts erschaffen hat. Und im Falle Jesu dienen die von ihm vollbrachten Wunder dazu, seine Göttlichkeit zu untermauern. Er war sogar so verwegen zu behaupten: „Wenn das, was ich tue, nicht die Taten meines Vaters sind, braucht ihr mir nicht zu glauben“ (Johannes 10,37). Bereits der Prophet Jesaja hatte angekündigt, dass die Wunder ein Beweis wären, die der Messias erbringen würde, um zu zeigen, dass er der wäre, der er zu sein behauptete (siehe Jesaja 35,5–6). Und auch im Neuen Testament finden wir viele Schilderungen aus dem Leben Jesu, in denen berichtet wird, wie dieser Kranke heilte, Wasser in Wein verwandelte, Fische und Brote vervielfachte, auf dem Wasser ging und sogar die Toten ins Leben zurückholte.

Grundlegend ist zunächst einmal aber folgende Einsicht: Wenn wir daran glauben, dass es Gott gibt, dann dürfte es auch kein Problem sein, daran zu glauben, dass er in der Lage ist, mit Wundern in seine Schöpfung einzugreifen. Schon lange verwenden Christen den kosmologischen, den teleologischen und den ontologischen Gottesbeweis, den Beweis auf Grund moralischer Gesetze und auf Grund menschlicher religiöser Bedürfnisse sowie weitere Argumente und Hinweise, um ihre Überzeugung von der Existenz Gottes zu begründen.[7]

„Es gibt nur eine Methode, wie man die Unmöglichkeit von Wundern beweisen kann“, bemerkt Norman Geisler. „Man müsste den Beweis erbringen, dass Gott gar nicht existiert. Aber diesen Beweis hat noch niemand führen können.“[8] Hingegen lassen sich die Beweise dafür, dass Jesus seinen Anspruch, er sei Gott, durch Wunder untermauert hat, in sechs Punkten zusammenfassen.

1. Die Zuverlässigkeit des Neuen Testaments

Im vorigen Kapitel haben wir gesehen, dass die Evangelien, die Jesu Wunder schildern, auf Augenzeugenberichte zurückgeführt werden können, dass sie da, wo die Überprüfung möglich ist, durch archäologische Entdeckungen bestätigt wurden und dass sie durch die Jahrhunderte hindurch zuverlässig überliefert worden sind. Zusätzlich hat der Historiker Gary Habermas, der Verfasser von *The Historical Jesus*, ausführlich 39 antike Quellen außerhalb der Bibel beschrieben, die zusätzliche Bestätigung für mehr als 100 Fakten über Leben und Lehre, Tod und Auferstehung Jesu beinhalten.[9]

Und hinsichtlich der Grundlagen, auf denen das „Jesus Seminar" und andere Forscher ihre Darstellungen aufbauen, in denen sie alles Übernatürliche kategorisch ablehnen, ist folgende Einschätzung der Evangelien durch den britischen Neutestamentler R. T. France besonders wichtig:

„Hinsichtlich des literarischen und historischen Charakters der Evangelien haben wir gute Gründe, sie als ernst zu nehmende Informationsquellen über das Leben und die Lehre Jesu und damit über den historischen Ursprung des Christentums zu betrachten. [...] *Darüber hinaus wird die Entscheidung, wie weit ein einzelner Wissenschaftler bereit ist, die Berichte der Evangelien zu akzeptieren, durch seine Offenheit für eine ‚übernatürliche' Weltsicht vermutlich stärker beeinflusst als durch streng historische Erwägungen."*[10]

Wunder findet man in allen Schichten der Evangelienüberlieferung. So vermuten zum Beispiel viele Forscher, dass eine weitere noch ältere Quelle mit Aussprüchen Jesu – die so genannten Logienquelle „Q"– von Matthäus und Lukas als Quelle verwendet wurde. Diese Quelle würde also sehr ursprüngliche Informationen enthalten, deren Vertrauenswürdigkeit noch nicht durch Legendenbildung zerstört wäre. „Selbst in Q findet man [...] ein klares Bewusstsein der Wunder Jesu", schreibt Craig Blomberg, der Verfasser von *The Historical Reliability of the Gospels.*[11] Als beispielsweise Johannes der Täufer Jesus fragte, ob er wirklich der Christus sei, verwies Jesus in seiner Antwort im Wesentlichen auf seine Heilungswunder und Totenauferweckungen (siehe Matthäus 11,2–6; Lukas 7,18–23).

Hinzu kommt, dass in allen Evangelien über das Wunder der Speisung der Fünftausend berichtet wird, „das heißt, es gibt unabhängig voneinander Mehrfachbestätigungen für diese Ereignisse", sagt William Lane Craig, Forschungsprofessor für Philosophie an der *Talbot School of Theology*. Er betont: „Keine einzige der Quellen beschreibt einen Jesus, der keine Wunder vollbracht hat."[12] Das gilt sogar für die vier voneinander unabhängigen Quellen, bei denen sich Matthäus, Markus und Lukas laut „Jesus Seminar" bedient haben.[13]

Daher sehen sich die meisten Kritiker des Neuen Testaments – darunter einige der skeptischsten – gezwungen, zuzugestehen, dass Jesus wirklich Wunder vollbracht hat. „Sie glauben vielleicht nicht alle, dass es sich um echte Wunder gehandelt hat, [doch] wird von den Kritikern heutzutage der Gedanke an Jesus von Nazareth als Wundertäter und Dämonenaustreiber als Teil des historischen Jesus allgemein akzeptiert“, bemerkt William Lane Craig.[14]

2. Die Erwähnung historischer Details verstärkt die Glaubwürdigkeit

Forschern ist aufgefallen, dass einige Wunderberichte nebensächliche historische Einzelheiten enthalten, die den Berichten Überzeugungskraft verleihen. Dadurch, dass zum Beispiel Lazarus als der Name des von den Toten Auferweckten festgehalten wurde, konnten Skeptiker im ersten Jahrhundert die Geschichte selbst nachprüfen. Die Berichte in den Evangelien sind zudem nüchtern und einfach, sie sind im Gegensatz zu den fantastischen übernatürlichen Geschehnissen, die in den späteren apokryphen Schriften beschrieben werden, in einem fast journalistischen Stil abgefasst.[15]

Der Wissenschaftler Stephen Davis weist darauf hin, dass beispielsweise in der Geschichte von der Verwandlung des Wassers in Wein Aspekte enthalten sind, die Jesus in einem nicht sehr positiven Licht erscheinen lassen. So ist etwa der scheinbar harsche Ton, in dem er mit seiner Mutter spricht, schwer zu erklären. Schon allein durch die Tatsache, dass die Geschichte überhaupt erzählt wurde, bestand die Gefahr, dass man ein schiefes Bild von Jesus bekam und ihn für einen Fresser und Weinsäufer hielt, wie manche behaupteten (siehe Matthäus 11,19). Daher ist es unwahrscheinlich, dass die frühe Kirche eine solche Geschichte erfunden hätte.[16]

3. Jüdische Führungspersönlichkeiten und Gegner Jesu haben bestätigt, dass Jesus Wunder vollbracht hat

Im 3. Kapitel des Johannes-Evangeliums wird berichtet, dass Nikodemus, ein Mitglied des jüdischen Hohen Rates, nachts zu Jesus kommt, um sich mit diesem zu unterhalten: „Rabbi, wir wissen, dass Gott dich gesandt und dich als Lehrer bestätigt hat. Nur mit Gottes Hilfe kann jemand solche Wunder vollbringen, wie du sie tust“ (Johannes 3,2). Diese Aussage von jemandem, der nicht zum Kreis der Anhänger Jesu gehört, bestätigt, dass er als Wundertäter bekannt war. Paulus hält in 1. Korinther 15, Verse 7 und 8 die Tatsache fest, dass sowohl er, der die Christen ursprünglich verfolgt hatte, und Jakobus, der Jesus skeptisch gegenübergestanden hatte, Jesus nach dem Wunder seiner Auferstehung begegnet und dadurch von seiner Göttlichkeit überzeugt worden waren.

4. Gegnerische Quellen außerhalb der Bibel bestätigen die Wunder Jesu

Antike jüdische Schriften, die man als „Talmud“ bezeichnet, enthalten zwar auch einige spöttische Kommentare über Jesus, bestätigen aber ebenfalls einige historische Tatsachen über ihn, unter anderem, dass er mit übernatürlichen Kräften wirkte (allerdings versucht der „Talmud“, Jesus zu verunglimpfen, indem er seine Kräfte als „Zauberei“ bezeichnet).[17]

Norman Geisler hat ferner darauf hingewiesen, dass auch Mohammed glaubte, Jesus sei ein Prophet gewesen, der Wunder vollbrachte und sogar Tote auferweckte. Geisler fügt hinzu: „Das ist sehr interessant, weil im Koran steht, dass Mohammed es ablehnte, Wunder zu vollbringen, als Ungläubige ihn dazu herausforderten. Er gab ihnen lediglich zur Antwort, sie sollten ein Kapitel im Koran lesen.“[18]

Es gibt sogar gewisse Hinweise darauf, dass selbst Pilatus, der Jesus hinrichten ließ, von dessen übernatürlichen Fähigkeiten Bericht erstattete. Der christliche Apologet Justinus Martyr berichtete um 150 n. Chr., dass in den Pilatus-Akten – einem offiziellen Dokument, das nach Rom gesandt worden sein soll – sowohl die Kreuzigung als auch mehrere Heilungswunder Jesu erwähnt worden seien.[19] Diese Versicherung von Justinus hat heute jedoch nicht mehr viel Bedeutung, denn uns liegt der authentische Bericht von Pilatus, wenn er denn je existiert haben sollte, nicht mehr vor. Dennoch ist es faszinierend zu sehen, dass Justinus seine Leser auffordert, seine Behauptungen zu hinterfragen und selbst in den Pilatus-Akten nachzulesen. Warum hätte er dies tun sollen, wenn er nicht absolut davon überzeugt gewesen wäre, dass die Schriften des Pilatus seine Aussagen bestätigen würden?[20]

5. Das Wunder der Auferstehung ist eines der am besten bezeugten Ereignisse der Antike

Das größte Wunder Jesu war seine Wiederkehr von den Toten nach seiner brutalen Hinrichtung durch die Römer. Es gibt überzeugende historische Gründe dafür, dass die Auferstehung sich wirklich ereignet hat. Aber darauf möchte ich erst im letzten Teil dieses Kapitels näher eingehen.

6. Andere Erklärungsversuche überzeugen nicht

Manche Kritiker stellen eigene Theorien auf und versuchen so, andere Erklärungen für die vermeintlichen Wunder Jesu zu finden. Aber bei näherer Überprüfung fällt das Kartenhaus dieser Theorien in sich zusammen. So hat etwa Charles Templeton erwogen, Jesus habe Menschen heilen können, da deren Erkrankungen sowieso nur psychosomatischer Natur gewesen seien.[21] Dazu sagt Gary Collins, der mehr als 20 Jahre an einer Universität Psychologie gelehrt hat, dass zwar nicht auszuschließen sei, dass Jesus manchmal auch durch Suggestion geheilt haben könnte, dass man damit aber keinesfalls eine Erklärung für alle Wunder Jesu habe. In einem Interview äußerte er sich dazu:

„Eine psychosomatische Heilung braucht oft Zeit; die Heilungen Jesu geschahen jedoch spontan. Bei Menschen, die von psychisch bedingten Krankheiten geheilt werden, treten die alten Symptome oft nach ein paar Tagen wieder auf. Doch bei Jesus finden wir nichts dergleichen. Jesus heilte Menschen, die ihr Leben lang blind gewesen waren oder an Lepra gelitten hatten – und es ist

sehr unwahrscheinlich, dass diesen Krankheiten eine psychische Ursache zu Grunde lag.

Und dann, um dem Ganzen noch die Krone aufzusetzen, brachte er Menschen vom Tod zurück ins Leben. Und der Tod ist kein Zustand, der psychische Ursachen hat! Dazu kommen alle seine Naturwunder – das Stillen des Sturmes, die Verwandlung von Wasser in Wein. Diese Wunder widersetzen sich allen natürlichen Erklärungen."[22]

Collins hat Recht. Rein wissenschaftliche Erklärungen werden Umfang, Eigenart und Umstände der Wunder Jesu nicht gerecht. Auch die Behauptung, die Berichte über die Wunder Jesu seien Mythen, die durch ältere Erzählungen von hellenistischen „göttlichen Menschen" oder von antiken jüdischen Heiligen inspiriert worden seien, hält der Überprüfung nicht stand. Nachdem er die Gemeinsamkeiten und Unterschiede zwischen solchen Erzählungen und den Evangelien untersucht hatte, kam Gary Habermas zu dem Schluss: „Es gibt keinen Beweis dafür, dass es antike Parallelen gibt, die den Evangelienberichten zugrunde liegen."[23]

Vor diesem Hintergrund komme ich zu dem Schluss, dass die historischen Berichte über die Heilungen, Dämonenaustreibungen und Jesu Beherrschung der Naturgegebenheiten authentisch sind und dass sie seine Identität als Sohn Gottes unterstreichen. „Nimmt man alle Argumente zusammen", sagt Habermas, „dann zeigt sich, dass die Berichte der Evangelien über die Wundertaten Jesu zutreffend sind."[24]

Hat Jesus die Prophezeiungen über den Messias erfüllt?

Norman Geisler, der eine große Sammlung mit Zitaten von Skeptikern besitzt, erzählte mir einmal in einem Gespräch, was der Agnostiker Bertrand Russell auf die Frage antwortete, was passieren müsse, damit er an Gott glauben könne:

„Also, wenn ich eine Stimme aus dem Himmel hören würde, die eine Reihe von Dingen vorhersagen würde und diese Dinge würden dann auch tatsächlich eintreten, dann, so nehme ich an,

müsste ich daran glauben, dass es ein übernatürliches Wesen gibt.“[25]

Auf meine Frage, was er Bertrand Russell erwidert hätte, lächelte Norman Geisler und antwortete: „Ich hätte gesagt: ‚Mr. Russell, es hat eine Stimme aus dem Himmel gegeben; sie hat viele Dinge vorhergesagt, und wir haben erlebt, wie sie eingetreten sind.“[26]

Geisler bezog sich in diesem Kontext darauf, dass die alttestamentlichen Propheten bestimmte Ereignisse und Zusammenhänge vorausgesagt haben, die Hunderte von Jahren später durch den Messias („Gesalbten“) in Erfüllung gingen, der Israel und die Welt erlösen sollte. Selbst ein abgebrühter Skeptiker wie Russell müsste erkennen, dass Gott wohl seine Finger im Spiel hatte, wenn jemand klare Voraussagen über Ereignisse macht, die jeder Wahrscheinlichkeit widersprechen, aber dennoch in der Zukunft dann auch eintreten. Daher sind die Weissagungen über den Messias, die durch Jesus Christus erfüllt wurden, ein weiterer Beweis für seine göttliche Identität.

Das Alte Testament enthält Dutzende von Prophetien über das Kommen des Messias. *Barton Payne's Encyclopedia of Biblical Prophecy* zählt 191 davon auf, während der Oxforder Gelehrte Alfred Edersheim sogar 400 nennt. „Das Wichtigste ist dabei, dass man die organische *Einheit* des Alten Testaments im Blick behält“, schrieb Edersheim. „Die einzelnen Voraussagen stehen nicht isoliert nebeneinander, sondern sie bilden ein großartiges prophetisches Gesamtbild.“[27]

Darüber hinaus bezweifelt niemand, dass diese Voraussagen bereits Hunderte von Jahren vor der Geburt Jesu in Bethlehem aufgeschrieben wurden. „Selbst die liberalsten Kritiker geben zu, dass die prophetischen Bücher etwa 400 Jahre vor Christus (das Buch Daniel etwa um 167 v. Chr.) abgeschlossen waren“, sagt Geisler. Er fügt hinzu, dass es gute Gründe dafür gibt, die Entstehungszeit der meisten Bücher wesentlich früher anzusetzen, wobei einige Psalmen und frühe Propheten aus dem 8. bzw. 9. Jahrhundert vor Christus stammen.[28]

Geisler legt dar, dass allein schon der Abschnitt aus Jesaja 53, Verse 2 bis 12 zwölf Aspekte der Leidensgeschichte Christi voraussagt, die alle erfüllt wurden: dass die Menschen ihn verachten und meiden würden; dass sie sich von ihm abwenden würden; dass er von Schmerzen und Krankheit gezeichnet sein würde – an unserer Statt; dass er gequält und geschlagen werden würde; dass man ihn misshandeln, er angesichts dessen jedoch schweigen würde; dass er leiden würde wie ein Lamm; dass Gott unsere Schuld auf ihn lud; dass sein Tod uns Rettung bringen würde; dass er zwischen Verbrechern getötet werden würde; dass er wegen all der Misshandlungen sterben würde.

Die meisten Rabbiner lehnen heute die Auffassung ab, dass Jesaja 53 ein Hinweis auf den Messias ist. Stattdessen bestehen sie darauf, dass Jesaja in diesem Abschnitt vom jüdischen Volk gesprochen habe. Doch Geisler wendet ein: „In vorchristlicher Zeit war es unter jüdischen Auslegern üblich, Jesajas Prophetie auf den Messias auszulegen. Erst seit die frühen Christen begonnen hatten, diesen Text sehr wirkungsvoll für ihre Apologetik zu verwenden, kam die rabbinische Lehre auf, dass es in diesem Abschnitt sinnbildlich um das Leiden des jüdischen Volkes ginge. Doch wenn man den Kontext betrachtet, erscheint diese Auslegung nicht sehr plausibel.“[29]

Ich möchte noch einige weitere wichtige Voraussagen über den Messias nennen, die ebenfalls alle erfüllt wurden: Er sollte von einer Frau geboren werden (1. Mose 3,15), die eine Jungfrau sein würde (Jesaja 7,14), und zwar aus der Familie Abrahams (1. Mose 12,1–3; 22,18), aus dem Stamm Juda (1. Mose 49,10), aus dem Hause Davids (2. Samuel 7,12–16). Die Geburt sollte in Bethlehem stattfinden (Micha 5,2). Dem Messias würde ein Bote vorangehen (Jesaja 40,3). Er würde in den Tempel einziehen (Maleachi 3,1), und 483 Jahre nach der Ankündigung (im Jahre 444 v. Chr.), dass Jerusalem wieder geweiht werden solle, würde durch ihn die Schuld vergeben (Daniel 9,24–27). Seine Hände und Füße sollten durchbohrt werden (Psalm 22,17) sowie auch sein Körper (Sacharja 12,10), er würde von den Toten auferstehen (Psalm 16,10), in den Himmel auffahren (Psalm 68,18) und zur Rechten Gottes sitzen (Psalm 110,1).[30]

Die exakte Erfüllung so vieler spezifischer Voraussagen ist ein so überzeugender Beweis für die Ansprüche Jesu, dass Kritiker immer wieder Einwände vorgebracht haben, um sie zu widerlegen. Die häufigsten sind Folgende:

Jesus hat die Prophetien nur durch Zufall erfüllt. Die Wahrscheinlichkeit, dass Jesus die Prophetien nur durch Zufall erfüllt hat, ist extrem gering. Professor Peter Stoner – er war während der 1950er Jahre Dekan des Fachbereichs Naturwissenschaften am *Westmont College* – ließ 600 Studenten schätzen, wie groß die mathematische Wahrscheinlichkeit wäre, dass nur acht Prophetien des Neuen Testaments durch eine einzige Person erfüllt würden. Stoner errechnete dann, dass die Wahrscheinlichkeit bei nur 1:hundert Millionen Milliarden steht.[31]

Natürlich kann man über die Schätzungen der Studenten unterschiedlicher Meinung sein. Prophezeiungen sind nicht leicht in Zahlen zu fassen, und da werden die Einschätzungen auseinander gehen. Stoner forderte Skeptiker heraus, ihre eigenen Schätzungen zu machen und dann auch eigene Berechnungen anzustellen. Als ich die Prophetien untersuchte, musste ich Stoners Schlussfolgerungen zustimmen: Die Wahrscheinlichkeit, dass irgendjemand rein zufällig diese alten Voraussagen erfüllt, ist mit Sicherheit verschwindend gering.

„Die Statistik alleine macht schon deutlich, dass es für einen Menschen unmöglich ist, die alttestamentlichen Prophetien zu erfüllen. Und doch schaffte es Jesus – und nur Jesus!", sagt Louis Lapides, der in einem konservativen jüdischen Elternhaus aufgewachsen ist, später aber Christ und dann Pastor wurde, nachdem er sich mit den Prophetien beschäftigt hatte.[32]

Jesus hat die Prophetien vorsätzlich erfüllt. Jesus hätte zweifellos sein Leben so einrichten können, dass einzelne Prophetien dadurch erfüllt wurden, aber viele lagen schlicht und ergreifend außerhalb seiner Kontrolle, so etwa sein Geburtsort, seine Vorfahren, der Verrat für 30 Silberlinge, die Art seiner Hinrichtung oder auch, dass seine Beine am Kreuz nicht gebrochen wurden und dass die Soldaten um seine Kleider würfelten.

Die Verfasser der Evangelien haben Einzelheiten erfunden. Manche Kritiker beharren darauf, dass die Evangelien einfach die Einzelheiten ausgetauscht hätten, damit es den Anschein bekäme, als hätte Jesus die Prophetien erfüllt, obwohl er es gar nicht tat. Louis Lapides wendet dagegen ein: „Als die Evangelien in Umlauf kamen, lebten noch Augenzeugen der Ereignisse. Einer von ihnen hätte sicher zu Matthäus gesagt: ‚Es war nicht so, wie du es geschrieben hast. Wir bemühen uns hier zu vermitteln, dass die Menschen ehrlich sein sollen, also verdirb es nicht mit einer Lüge.'" Auch stellte sich Lapides die Frage: Wenn Matthäus die Erfüllung der Prophetien erfunden hätte, warum hätte er sich dann dafür hinrichten lassen sollen, dass er jemand nachfolgte, der, wie er doch wusste, gar nicht der Messias war? Und mehr noch: Obwohl der Talmud verächtlich von Jesus spricht, stellt er doch trotz allem niemals die Behauptung auf, die Erfüllung der Prophetien sei gefälscht worden.[33]

Die Evangelien deuten die Prophetien falsch. Matthäus berichtet, dass die Eltern Jesu ihn nach Ägypten und von dort aus nach dem Tode des Herodes nach Nazareth brachten: „So sollte in Erfüllung gehen, was der Herr durch den Propheten angekündigt hatte: ‚Aus Ägypten habe ich meinen Sohn gerufen'" (Matthäus 2,15). Kritiker weisen aber darauf hin, dass es in der zitierten Stelle aus dem Alten Testament darum ging, dass die Kinder Israel beim Exodus aus Ägypten auszogen. Sie behaupten, dies sei ein Beispiel dafür, dass die Aussagen der Prophetien falsch gedeutet würden, um den Anspruch zu untermauern, Jesus habe ihre Voraussagen erfüllt.

„Es ist wahr, dass das Neue Testament bestimmte Abschnitte aus dem Alten Testament auf Jesus bezog, die nicht direkt Vorhersagen auf seine Person waren", erklärt Norman Geisler. „Andere Wissenschaftler betrachten diese Verweise als ‚typologisch' in Christus erfüllt, ohne dass sie direkt vorhersagend wären. [...] Mit anderen Worten: Ein Teil der Wahrheit aus dem betreffenden Abschnitt kann gegebenenfalls auf Jesus angewandt werden, obwohl es sich nicht um eine konkrete Vorhersage handelt, die in direktem Zusammenhang mit ihm steht. Andere Wissenschaftler sagen, dass es in bestimmten Abschnitten des Alten Testamentes eine allgemeine Bedeutung gibt, die sowohl auf Israel als auch auf Christus anwendbar ist, die ja auch beide als ‚Gottes Sohn' bezeichnet wurden. Das wird manchmal als ‚Präfiguration' bezeichnet."[34]

Viele Hellseher haben die Zukunft erfolgreich vorausgesagt. Eine sorgfältige Untersuchung der Erfolgsquote von Hellsehern – von Nostradamus bis zu Jeane Dixon – zeigt, dass ihre Vorhersagen (anders als die biblische Prophetie) extrem vage sind, sich manchmal widersprechen und sich sehr häufig als falsch erweisen. Joan Dixon hat einen gewissen Bekanntheitsgrad erreicht, weil sie 1960 die Wahl von John F. Kennedy zum Präsidenten vorhergesagt hatte. Man vergisst dabei allerdings, dass sie später behauptete, Richard Nixon würde gewinnen! Eine Analyse der Prophezeiungen von 25 Hellsehern zeigt, dass 92 Prozent davon völlig verkehrt waren, anders bei den Propheten der Bibel, die ausnahmslos recht behalten haben.[35]

Dass Jesus durch ein Wunder die alten Prophetien erfüllt hat, ist und bleibt eines der eindrücklichsten Argumente zur Bestätigung seiner Identität. Wer sich intensiver mit diesem Thema auseinander setzt, wird feststellen, dass man diese Voraussagen nicht einfach wegargumentieren kann. Eines meiner Lieblingsbeispiele hat mit Dr. Peter Greenspan zu tun, einem jüdischen Arzt für Geburtshilfe und Gynäkologie, der auch an einer medizinischen Fakultät lehrt. Je mehr Bücher er las, in denen Kritiker die Prophetien in Frage stellten, desto deutlicher erkannte er die Schwächen in ihrer Argumentation. Witzigerweise kam Greenspan, wie er selbst schreibt, „letztlich dadurch zum Glauben an *Y'shua* [Jesus], dass ich las, was die Kritiker geschrieben hatten“.[36]

Ist Jesus von den Toten auferstanden?

Wenn man Christen auffordert, nachzuweisen, dass ihr Glaube auf der Wahrheit beruht und nicht bloß auf Legenden und Wunschdenken, dann verweisen sie immer wieder auf die Auferstehung Jesu. Dafür gibt es viele wesentliche Gründe, sagt J. I. Packer, emeritierter Professor am *Regent College*:

„Das Osterereignis, so bekräftigen sie, war der Beweis für die Göttlichkeit Jesu. Es bestätigte seine Lehre und zeigte die Vollkommenheit seines Wirkens zur Sühne für die Sünden. Es begründete seine gegenwärtige kosmische Herrschaft und seine zukünftige Wiederkunft als Richter. Es gibt uns die Gewissheit, dass seine Vergebung, seine Gegenwart und seine Macht in unserem heutigen menschlichen Leben Wirklichkeit sind. Und es garantiert eine neue Leiblichkeit für jeden einzelnen Gläubigen in Gottes neuer Welt durch die Auferstehung.“[37]

Da von der Auferstehung Jesu so viel abhängt, ist es gut zu wissen, dass dieses übernatürliche Ereignis in der historischen Überlieferung sehr gut dokumentiert ist. Selbst Sir Lionel Luckman, den das „Guinness-Buch der Rekorde“ als den erfolgreichsten Rechtsanwalt der Welt bezeichnet und der dem Christentum früher ablehnend gegenüberstand, sah sich nach einer ausführlichen Analyse der Beweismittel zu der Schlussfolgerung gezwungen: „Ich sage ohne jede Einschränkung, dass die Beweise für die Auferstehung Jesu Christi schier überwältigend sind. Bei so zwingenden Argumenten bleibt für Zweifel kein Raum; man kann die Nachweise nur akzeptieren.“[38]

Zu Beginn unserer Beweisaufnahme steht die Hinrichtung Jesu, während der er brutal ausgepeitscht und dann gekreuzigt wurde. Das widerlegt Theorien, wonach er am Kreuz lediglich in Ohnmacht fiel und später durch die kühle Luft im Grab wiederbelebt wurde. „Das Gewicht historischer wie medizinischer Erkenntnisse spricht deutlich dafür, dass Jesus schon tot war, bevor ihm die Seitenwunde zugefügt wurde“, heißt es in einem maßgeblichen Artikel in dem angesehenen *Journal of the American Medical Association*. „Die Interpretationen, die davon ausgehen, dass Jesus gar nicht am Kreuz gestorben ist, scheinen daher modernen medizinischen Kenntnissen zu widersprechen.“[39]

Und im Gegensatz zu der Unterstellung von John Dominic Crossan im Dokumentarfilm von Jennings (siehe Seite 99), der Leichnam Jesu sei vermutlich „für Aasfresser, Krähen und streunende Hunde“ am Kreuz hängen gelassen worden, bezeichnete der verstorbene liberale Gelehrte John A. T. Robinson von der Universität Cambridge die Grablegung Jesu als „eine der frühesten und am besten belegten Fakten über Jesus“.[40]

Es gibt viele Bücher und wissenschaftliche Zeitschriften, in denen die Argumente für die Auferstehung Jesu ausführlich dargelegt wurden. In den folgenden vier Abschnitten gebe ich einen Überblick über die wesentlichen Punkte. Sie bilden auch die Grundlage für das Urteil von William Lane Craig, das dieser mit der für ihn typischen Zurückhaltung formuliert hat: „Jener Skeptizismus, den man bei Mitgliedern des ‚Jesus Seminars‘ findet, entspricht nicht nur nicht dem Konsens der Forschung, sondern er ist auch gänzlich unsachgemäß.“[41]

Der älteste Bericht über die Auferstehung Jesu entstand so kurze Zeit nach den Ereignissen selbst, dass er nicht durch Legendenbildung verfälscht worden sein kann. In 1. Korinther 15, Verse 3 bis 8 gibt Paulus ein Glaubensbekenntnis von kaum überschätzbarer Bedeutung wider, das die Urchristen gesprochen haben. Es weist ausdrücklich darauf hin:

„[…] *und* [er] *hat sich Petrus gezeigt, danach dem ganzen Kreis der Zwölf. Später sahen ihn über fünfhundert Brüder auf einmal; einige sind inzwischen gestorben, aber die meisten leben noch. Dann erschien er Jakobus und schließlich allen Aposteln. Ganz zuletzt ist er auch mir erschienen, der ‚Fehlgeburt'.*"

Wissenschaftler unterschiedlichster theologischer Richtungen haben dieses Bekenntnis auf zwei bis acht Jahre nach der Auferstehung Jesu datiert. Paulus hatte es entweder in Damaskus oder in Jerusalem gehört. Der Auferstehungs-Experte Gary Habermas sagt: „Ich stimme den Wissenschaftlern zu, die davon ausgehen, dass Paulus dieses Material drei Jahre nach seiner Bekehrung erhielt, als er eine Reise nach Jerusalem unternahm und dort mit Petrus und Jakobus zusammentraf."[42]

Einige Abschnitte in den Kapiteln 1 bis 5, 10 und 13 der Apostelgeschichte beinhalten ebenfalls Bekenntnisse, die frühe Angaben zu Tod und Auferstehung Jesu enthalten. „Die ältesten Aussagen zur Auferstehung, die wir besitzen, gehen sehr weit zurück. Sie stammen – das ist so gut wie sicher – noch aus der Zeit unmittelbar nachdem die Auferstehung stattgefunden haben soll", sagt der Wissenschaftler John Drane. „Diese Angaben finden sich in den frühen Predigten der Apostelgeschichte […]. Unzweifelhaft hat der Verfasser in den ersten Kapiteln der Apostelgeschichte Material aus sehr alten Quellen überliefert."[43]

Hinzu kommt, dass es Belege dafür gibt, dass die Passionsgeschichte von Markus auf einer älteren Quelle basiert, die vor 37 nach Christus geschrieben wurde, nur vier Jahre nach Jesu Auferstehung.[44] Diese Berichte stammen direkt von den Schauplätzen des historischen Geschehens selbst. Zusammen mit den glaubwürdigen Aussagen der anderen Evangelien widerlegt das alle Behauptungen, die Auferstehung Jesu sei lediglich das Ergebnis einer Legendenbildung, die erst Jahrzehnte nach dem Leben Jesu begann.

Das leere Grab: Unbestritten – der Leichnam fehlt

Dass das Grab Jesu leer war, von dem in den frühen Quellen berichtet wurde, auf denen das Markus-Evangelium und das Bekenntnis aus 1. Korinther 15 basieren bzw. die dort vorausgesetzt werden, wurde von niemandem bestritten. Noch nicht einmal die römischen Behörden oder die jüdischen Anführer behaupteten, dass der Leichnam Jesu noch im Grab sei. Stattdessen sahen sie sich gezwungen, die absurde Geschichte zu erfinden, wonach die Jünger, die dafür weder ein Motiv noch eine Gelegenheit gehabt hätten, den Leichnam gestohlen hätten – eine Theorie, die heute noch nicht einmal der skeptischste Kritiker glaubt.

Dass das Grab wirklich leer war, wird darüber hinaus durch den Umstand bestätigt, dass Frauen das Fehlen des Leichnams Jesu entdeckten. Das Zeugnis von Frauen galt in der jüdischen Kultur des ersten Jahrhunderts als so unzuverlässig, dass sie nicht vor Gericht Aussagen durften. „Es [wäre] für die Jünger sehr peinlich gewesen, dies zugeben zu müssen", bemerkt William Lane Craig, „und dieser Teil [wäre] am ehesten durch Legendenbildung verschleiert worden, und ganz sicher hätte man es vertuscht, wenn es sich um Legenden handelte." Craig nennt einen weiteren wesentlichen Umstand: „Christen und Juden [wussten], wo Jesus begraben wurde. Wenn das Grab nicht leer gewesen wäre, hätte sich unmöglich in der Stadt, in der dieser Mann öffentlich gekreuzigt und begraben wurde, eine Bewegung ausbreiten können, die sich auf den Glauben an seine Auferstehung stützte."[45]

Augenzeugenberichte: Sehen heißt glauben

Das Grab Jesu war nicht nur leer. Das Neue Testament berichtet auch, dass der wieder auferstandene Jesus über einen Zeitraum von 40 Tagen bei mehr als einem Dutzend Gelegenheiten vor insgesamt mehr als 515 Personen erschienen ist. Er erschien Männern und Frauen, Gläubigen und Zweiflern, abgebrühten Menschen und treuherzigen Seelen, Gruppen und einzelnen Personen, manchmal in Häusern und manchmal draußen, im vollen Tageslicht.

Die Evangelien berichten, dass Jesus mit Menschen gesprochen und gegessen hat, ja, dass er sogar einen Zweifler aufforderte, seine Finger in die Nagelwunden in seinen Händen und seine Hand in die Speerwunde in seiner Seite zu legen, um zu zeigen, dass er es wirklich war. Diese Erfahrung stellte das Leben von Thomas völlig auf den Kopf. So berichtet die Kirchengeschichte, dass Thomas bis zu seinem gewaltsamen Tod in Südindien die Nachricht verkündigte, dass Jesus wirklich auferstanden war.

C. H. Dodd von der Universität Cambridge hat die historischen Überlieferungen sorgfältig untersucht und kam zu dem Ergebnis, dass einige der Erscheinungsberichte auf besonders früh entstandenem Material beruhten. Dazu gehören die Berichte über Jesu Begegnung mit den Frauen in Matthäus 28, Verse 8 bis 10, über seine Begegnung mit den elf Jüngern in Matthäus 28, Verse 16 bis 20 und über seine Begegnung mit den Jüngern in Johannes 20, Verse 19 bis 23.[46]

Kritiker haben dagegen eingewandt, diese Erscheinungen seien das Ergebnis von Halluzinationen oder „Gruppendynamik“ gewesen, bei der man sich gegenseitig einredet, man sähe etwas, das gar nicht da ist. Psychologen haben diese Möglichkeit jedoch mit überzeugenden Gründen ausgeschlossen: Sie konnten beweisen, dass Halluzinationen stets individuelle Ereignisse sind und nicht bei einer ganzen Menge von Menschen gleichzeitig auftreten können. Auch waren die Bedingungen für Gruppendynamik denkbar ungünstig.[47] Und ganz abgesehen davon: Selbst wenn die Jünger sich nur eingebildet hätten, dass der auferstandene Jesus ihnen begegnet war: Wo war dann der Leichnam geblieben?

Nicht überzeugend sind auch die Behauptungen, wonach der Glaube an den auferstandenen Jesus sich aus der antiken Mythologie entwickelt haben soll, wo diese Themen häufig behandelt werden. Doch bei dieser Mythologie geht es im Grunde um den Kreislauf der Natur: Die Pflanzenwelt stirbt im Herbst und erwacht im Frühjahr zu neuem Leben. „Vergleichen Sie im Gegensatz dazu, wie Jesus in den Evangelien beschrieben wird", sagt Gregory Boyd, Verfasser von *Cynic Sage or Son of God?*. „Die Autoren reden über einen Menschen, der vor einigen Jahrzehnten gelebt hat. Sie nennen Namen – gekreuzigt unter Pontius Pilatus, als Kaiphas Hoher Priester war, der Vater von Alexander und Rufus trug sein Kreuz, um nur einige Beispiele zu nennen. Das ist konkretes geschichtliches Material, das keineswegs Geschichten ähnelt über etwas, das unter Umständen ‚vor sehr langer Zeit' passierte."[48]

Der Theologe und Historiker Carl Braaten gibt Folgendes zu bedenken: „Selbst skeptische Historiker stimmen der Einschätzung zu, dass die Auferstehung Jesu von den Toten [...] für die ersten Christen ein echtes historisches Ereignis war. Sie war keine mythische Vorstellung, die in der Fantasie der Gläubigen entstanden war, sondern bildete die Grundlage des Glaubens."[49]

Die Entstehung der Kirche oder: Wie stopft man ein Loch in der Geschichte?

J. P. Moreland argumentiert sehr überzeugend, man müsse schon davon ausgehen, dass etwas so Einschneidendes wie die Auferstehung Jesu vorgefallen sei, wenn man erklären will, was bei der Entstehung der Kirche geschah: Juden verlegten im ersten Jahrhundert n. Chr. ihren Gottesdienst vom Samstag auf den Sonntag, sie gaben das System des Tieropfers zur Vergebung der Sünden auf, sie bauten ihr Verhältnis zu Gott nicht mehr auf der Einhaltung des mosaischen Gesetzes auf und sie nahmen den Glauben an einen dreifaltigen Gott an. Damit nahmen die Gründer der Kirche das Risiko auf sich, gesellschaftliche Außenseiter zu werden und, nach den Glaubensgrundsätzen der jüdischen Theologie, in der Hölle zu landen.

„Wie konnte so etwas geschehen?", fragt Moreland. „Die einzige vernünftige Erklärung ist die Auferstehung."[50]

Ähnliches sagt auch C. F. D. Moule, der Neutestamentler an der Universität Cambridge: „Wenn die Entstehung der Kirche – ein Ereignis, das vom Neuen Testament ganz eindeutig bezeugt wird – ein großes Loch in die Geschichte reißt, ein Loch, in das die Auferstehung nach Form und Größe genau hineinpasst, womit sollte man es nach Meinung des säkularen Historikers denn sonst stopfen?“[51]

Denken wir doch einmal über die extremsten Beispiele für die Veränderung eines Lebens durch die Auferstehung nach. Jakobus war zu Lebzeiten Jesu ein Skeptiker; Saulus von Tarsus verfolgte die Christen. Was könnte die beiden Männer so sehr verändert haben, dass sie die Leitung der Urkirche übernahmen, ja sogar bereit waren, für ihre Überzeugung, dass Jesus der Sohn Gottes ist, zu sterben – was, wenn nicht die Begegnung mit dem auferstandenen Christus selbst? Und die Jünger Jesu? Zuerst hatten sie sich voller Angst verkrochen, dann aber verkündeten sie mit einem Mal mutig und voller Überzeugung, dass Jesus den Tod besiegt und damit bewiesen hat, dass er Gott ist.

„Das radikal veränderte Verhalten der Jünger nach der Auferstehung ist der überzeugendste Beweis für die Auferstehung“, erklärt Thomas C. Oden von der Drew-Universität. „Die Veränderung der Jünger, die zunächst trauernde Nachfolger eines gekreuzigten Messias waren und dann zu Menschen wurden, deren Verkündigung die Welt auf den Kopf stellte, verlangt zwingend nach einer erklärenden Hypothese. Nach dem Zeugnis der Kirche wäre diese Veränderung ohne die Auferstehung gar nicht möglich.“[52]

Wenn ich persönlich über die Frage Jesu – „Und für wen haltet ihr mich?“ (Matthäus 16,15) – nachdenke, dann stehen mir sofort diese fünf Argumentationsstränge vor Augen: die Zuverlässigkeit des Neuen Testaments, Jesu unüberbietbares Selbstbild, seine Wunder, die Erfüllung der Prophetien durch ihn und seine Auferstehung. Für mich ist die Antwort eindeutig. Jesus hat tatsächlich gelebt und war der, der er zu sein behauptete. In den Evangelien sind uns seine Reden, die uns einen Spiegel vorhalten und uns eine Lebensperspektive geben, glaubwürdig überliefert, und sie haben seine Ehrfurcht gebietenden Taten und sein Wirken geschildert, die nur das Beste für uns wollen. Jesus Christus hat nicht nur selbst gedacht, dass er Gott, der Messias ist, er hat auch alle Eigenschaften an den Tag gelegt, die beweisen, dass er Gott ist.

Jesus hat Wunder vollbracht und die Blinden und Lahmen voller Liebe geheilt. Sein übernatürliches Wirken gab den Menschen einen Vorgeschmack auf das anbrechende Reich Gottes. Er ist der lang ersehnte Messias, durch den Gott Israel und der Welt Erlösung und Hoffnung gebracht hat. Und er ist der auferstandene Herr, dessen leeres Grab seinen Nachfolgern die felsenfeste Gewissheit gibt, dass auch sie, ebenso wie er, das Grab überwinden werden.

Wenn Sie noch auf der Suche nach Gott sind, dann hoffe ich, dass Sie bereit sind, ernsthaft und ehrlich über die hier angeführten Argumente nachzudenken, und dann den Mut haben, eine Entscheidung zu fällen, indem Sie Jesus als Erlöser und Herrn in Ihr Leben aufnehmen. Sind Sie bereits Christ, dann gibt es ebenfalls eine Aufgabe für Sie: die Wahrheit über Christus zu verbreiten, sie zu verteidigen, sie zu bewahren und an die nächste Generation weiterzugeben. Lassen Sie sich von Paulus' Begeisterung anstecken: „Gott hat einst gesagt: ‚Licht strahle auf aus der Dunkelheit!' So hat er auch sein Licht in meinem Herzen aufleuchten lassen und mich zur Erkenntnis seiner Herrlichkeit geführt, der Herrlichkeit Gottes, wie sie aufgestrahlt ist in Jesus Christus"
(2. Korinther 4,6).

Fragen zur Vertiefung

1. Wenn jemand behaupten würde, er sei der Sohn Gottes, mit welchen Beweisen müsste er dann Ihrer Meinung nach seinen Anspruch untermauern? Für wie überzeugend halten Sie die Beweise für die Identität Jesu, die wir durch seine Wunder, die Erfüllung der Prophetien und durch seine Auferstehung erhalten? Welche der genannten Beweise überzeugen Sie besonders? Warum?
2. Die Jünger Jesu waren am besten in der Lage zu beurteilen, ob Jesus wirklich von den Toten auferstanden war, und sie waren bereit, für ihre Überzeugung zu sterben. Wissen Sie, ob jemals irgendjemand wissentlich und willentlich für eine Lüge gestorben ist? Wel-

chen Grad an Sicherheit würden Sie verlangen, bevor Sie bereit wären, Ihr Leben für eine Glaubensüberzeugung zu opfern? Wie genau würden Sie etwas unter die Lupe nehmen, wenn Sie Ihr Leben darauf aufbauen sollten? Was sagt Ihnen das über die Beweiskraft des Zeugnisses der Jünger?

3. Welche anderen Erklärungen (abgesehen von der Auferstehung Jesu) gibt es für das leere Grab, für die Begegnungen mit dem zuvor gestorbenen Jesus und für das radikal veränderte Verhalten der Jünger? Wie würden wohl die Forscher, die in diesem Kapitel zitiert worden sind, auf solche Hypothesen antworten? Wenn die Auferstehung wirklich geschehen ist, was bedeutet das für Sie persönlich?

6. Kapitel

Schwierige Fragen zum Thema „Bibel"

Norman Geisler

Die meisten Christen und selbst viele Pastoren sind nicht darauf vorbereitet, ihren Glauben zu verteidigen (Apologetik), und können daher die schwierigen Fragen, die man ihnen stellt, nicht immer beantworten. Dennoch fordert die Bibel von uns: „Wenn ihr Außenstehenden Auskunft über euren Glauben gebt, so tut es immer freundlich und in ansprechender Weise. Bemüht euch, für jeden und jede die treffende Antwort zu finden" (Kolosser 4,6). Auch Petrus ermahnt uns: „Seid immer bereit, Rede und Antwort zu stehen, wenn jemand fragt, warum ihr so von Hoffnung erfüllt seid" (1. Petrus 3,15). In diesen Bibelstellen werden alle Gläubigen angesprochen – nicht nur die Pastoren oder theologische „Überflieger". Der Apostel Paulus bestand darauf, dass jeder Gemeindeleiter „sich an die zuverlässigen Botschaften halten" soll. „Dann wird er in der Lage sein, die Gemeinde auf dem rechten Weg zu halten und den Gegnern ihren Irrtum nachzuweisen" (Titus 1,9).

In einer Zeit, in der immer mehr Menschen dem christlichen Glauben skeptisch gegenüberstehen, immer mehr Zweifel an der Existenz Gottes haben oder sich Sekten zuwenden, sind wir umso mehr gefordert, Antworten auf die Fragen zu finden, die den Menschen unter den Nägeln brennen. Das gilt nicht nur für Fragen von Außenstehenden, denen wir von unserem Glauben erzählen, sondern auch für Mitchristen, die selbst unbeantwortete Fragen zum Glauben haben. Einer der Bereiche, die am häufigsten aggressiv hinterfragt werden, ist unser Glaube an die Bibel als Wort Gottes. Im Folgenden versuche ich, Antworten auf einige der kniffligsten Fragen zu finden, die dazu gestellt werden.

Fragen über die Herkunft der Bibel

Evangelikale glauben, dass uns die Heilige Schrift von Gott durch Männer Gottes übermittelt wurde und dass diese seine ureigensten Worte aufgeschrieben haben.[1] Das heißt, dass die Bibel göttlichen Ursprungs ist, obwohl Menschen sie verfasst haben. Aber viele Menschen in unserer Gesellschaft haben da so ihre Fragen und Zweifel.

Woher kommt die Bibel?

Die Bibel nimmt für sich in Anspruch, dass sie von Gott kommt. Paulus schrieb in seinem 2. Brief an Timotheus über das gesamte Alte Testament: „Denn jede Schrift, die von Gottes Geist eingegeben wurde, ist nützlich für die Unterweisung im Glauben, für die Zurechtweisung und Besserung der Irrenden, für die Erziehung zu einem Leben, das Gott gefällt“ (2. Timotheus 3,16). Auch das Neue Testament wird als „Heilige Schriften“ oder auch nur „Schrift“ bezeichnet. In 1. Timotheus 5, Vers 18 spricht Paulus von den Evangelien, wenn er die Worte „Heilige Schriften“ verwendet. Und Petrus bezieht sich in 2. Petrus 3, Verse 15 und 16 auf die Paulus-Briefe als Heilige Schriften. So werden sowohl das gesamte Alte und Neue Testament als auch die Evangelien und Briefe als Schriften bezeichnet, die von Gott bzw. seinem Heiligen Geist „eingegeben“ wurden. Jesus hat einen ähnlichen Ausdruck verwendet, als er sich auf das Wort Gottes bezog, das aus dem „Munde Gottes“ kommt. Er sagte zu dem Versucher: „Der Mensch lebt nicht nur vom Brot; er lebt von jedem Wort, das Gott spricht“ (Matthäus 4,4).

Wer hat die Bibel geschrieben?

Die Bibel nimmt nicht nur für sich in Anspruch, dass Gott selbst sie inspiriert hat. Sie wurde von Menschen geschrieben, die die Texte vom Geist Gottes erhalten haben. Petrus bezieht sich auf die alttestamentlichen Propheten als Männer, die vom Heiligen Geist inspiriert wurden. „Die Propheten sind vom Geist Gottes ergriffen worden und haben verkündet, was Gott ihnen aufgetragen hatte" (2. Petrus 1,21). David fügt hinzu: „Der Geist des Herrn ist es, der durch mich spricht; er hat sein Wort in meinen Mund gelegt" (2. Samuel 23,2). Also nimmt die Bibel für sich in Anspruch, dass sie direkt von Gott kommt, aber von Menschen aufgeschrieben wurde.

Die Bibel wurde von Propheten Gottes geschrieben. Gott ist die eigentliche Quelle der Bibel, obwohl Männer Gottes, die auch Propheten genannt werden, die Instrumente waren, die Gott gebrauchte, um seine Worte festzuhalten. Die Rolle der biblischen Propheten war einmalig. Sie waren Gottes Sprachrohr, das er zu den Menschen sandte, damit sie seine Worte verkündigen sollten – nicht mehr und nicht weniger (Sprüche 30,6; Offenbarung 22,18–19). Gott sagte zu Bileam: „[…] Aber du darfst nur sagen, was ich dir auftrage" (4. Mose 22,35). Bileam antwortete: „Ich kann nur sagen, was Gott mir zu sagen befiehlt" (4. Mose 22,38). Amos formulierte es so: „Der Herr, der mächtige Gott, redet – wer wird da nicht zum Propheten?" (Amos 3,8).

Das gesamte Alte Testament wurde von Propheten verfasst. Einige der alttestamentlichen Autoren waren von Beruf Propheten. So beispielsweise Mose (5. Mose 18,15). Er schrieb die ersten fünf Bücher der Bibel, die als das „Buch Moses" (Markus 12,26) oder als die „Bücher Moses" bekannt sind (Lukas 24,27). Alle Bücher, die auf die fünf Bücher Moses folgen, wurden zuerst „die Propheten" genannt (Matthäus 5,17; Lukas 24,27). Das Neue Testament bezieht sich auf das gesamte Alte Testament als Heilige Schriften der Propheten (2. Petrus 1,20–21; vergleiche Hebräer 1,1). Seit der Zeit Samuels (1. Samuel 10,10–12) gab es eine Gemeinschaft von Propheten. Männer wie Elija (1. Könige 18,36; Maleachi 3,23) oder Elischa (2. Könige 9,1) waren als Propheten bekannt.

Andere Autoren des Alten Testaments waren nicht von Berufs wegen Propheten, sondern weil Gott ihnen diese Gabe geschenkt hatte. Das heißt, dass sie nicht zu der Gruppe oder Gemeinschaft der Propheten gehörten, sondern dass Gott zu ihnen sprach und ihnen Botschaften übermittelte, die sie dem Volk verkündigen sollten (Amos 7,14–15). Daniel war von Haus aus ein Adliger

(Daniel 1,3–6), aber er wurde durch Berufung und Begabung Prophet. Jesus nannte ihn „den Propheten Daniel“ (Matthäus 24,15). David hingegen war ein Hirtenjunge, aber Gott sprach dennoch zu ihm. David schreibt: „Der Geist des Herr ist es, der aus mir spricht; er hat sein Wort in meinen Mund gelegt“ (2. Samuel 23,2). Und auch Salomo, der die Sprüche, das Buch Prediger und das Hohelied verfasste, empfing von Gott Offenbarungen, so wie es bei Propheten üblich ist (1. Könige 3,5). Die übrigen alttestamentlichen Autoren gehören ebenfalls in diese Gruppe, weil ihre Schriften auch in dem Teil des Alten Testaments zu finden sind, der unter dem Titel „die Propheten“ (Matthäus 5,17; Lukas 24,27) bekannt war, und weil das Alte Testament als Schriften der Propheten anerkannt war (Hebräer 1,1; 2. Petrus 1,20–21).

Entsprechend sind auch alle neutestamentlichen Autoren „Apostel und Propheten“, weil sie das Fundament darstellen, auf das die Gemeinde Jesu gebaut wurde (Epheser 2,20). Auch diese Autoren nehmen für sich in Anspruch, dass sie ihre Botschaft von Gott empfangen haben. Paulus, der ungefähr die Hälfte der neutestamentlichen Bücher verfasst hat, war in den Augen der Menschen jemand, dessen Schriften ebenso von Gott inspiriert waren wie die des Alten Testaments (2. Petrus 3,15–16). Matthäus und Johannes gehörten zu denjenigen, denen Jesus versprochen hatte, sie in die volle Wahrheit zu leiten und ihnen alles ins Gedächtnis zu rufen, was er sie bereits gelehrt hatte (Johannes 16,13; 14,26). Petrus, einer der führenden Apostel, schrieb zwei Bücher, die auf seinen Erfahrungen als Apostel und Augenzeuge Jesu basieren (siehe 1. Petrus 1,1; 2. Petrus 1,1.16). Die anderen neutestamentlichen Autoren waren auf Grund ihrer besonderen Begabung Mitarbeiter der Apostel und der Propheten und deshalb sprach Gott auch durch diese Diener Jesu (siehe Jakobus 1,1; Judas 1–3).

Haben die biblischen Autoren alles lediglich aufgeschrieben?

Die biblischen Autoren bekamen nicht einfach alles von Gott diktiert. Sie waren nicht bloße Sekretäre oder Schreibautomaten. Dennoch haben sie die vollständige Botschaft Gottes getreu verkündigt, ohne etwas auszulassen oder etwas hinzuzufügen (Sprüche 30,6; Offenbarung 22,18–19). Gott gebrauchte die eigenständigen Persönlichkeiten der biblischen Autoren genauso wie ihren Wortschatz, ihren literarischen Stil und ihre bewussten Wünsche, um sein Wort zu den Menschen zu bringen. Daher sind die Worte der Bibel, obwohl sie in ihrer Gänze von Gott stammen, auch menschliche Worte in bestimmten menschlichen Sprachen (Hebräisch, Griechisch, Aramäisch) und in unverwechselbaren literarischen Formen. Unter diesen Formen finden sich Erzählungen (Samuel), Dichtung (Psalmen) und Gleichnisse (Evangelien). Zu diesen literarischen Formen gehören auch Metaphern (Johannes 15,1–8), einige Allegorien (Galater 4,21–5,1) und sogar Übertreibungen (Psalm 6,6; Lukas 14,26). Nichtsdestoweniger ist das Endprodukt genau so, wie Gott es haben wollte und in seiner Vorsehung beaufsichtigt hat – als das göttliche, verbindliche, unfehlbare Wort Gottes, das nicht irrt. Denn das Wort Gottes ist unumstößlich (Johannes 10,35) und keines seiner Kommata oder i-Punkte wird gestrichen (Matthäus 5,18). Es ist der Schlüssel zur Wirklichkeit (Johannes 17,17), den Gott, der nicht lügen kann, uns gegeben hat (Hebräer 6,18). Kurzum: Das Wort Gottes enthält keine Fehler, egal, um was es auch geht – und das gilt nicht nur für geistliche Fragen, sondern auch was Naturwissenschaften (Matthäus 19,12; Johannes 3,12) und Geschichte (vergleiche Matthäus 12,40–42; 24,37) anbelangt.[2] Die biblischen Autoren waren demnach also Menschen, die Gott dazu auserwählt hat, seine Sprachrohre zu sein; Sprachrohre, die die menschliche Sprache und unterschiedliche literarische Formen verwendet haben.[3]

Was verstand man in biblischer Zeit unter einem Propheten?

Die biblischen Autoren waren Propheten und Apostel Gottes. Betrachtet man die Kennzeichen und Charakteristika eines Propheten, dann erkennt man, welchen Beitrag sie bei der Entstehung der Bibel geleistet haben. Einige dieser Merkmale sind im Folgenden aufgelistet:

- Mann Gottes (1. Könige 13,14): bedeutet, dass er von Gott auserwählt wurde.
- Diener des Herrn (Josua 22,2): hebt hervor, dass er Gott treu war.
- Boten des Herrn (Jesaja 42,19): zeigt, dass Gott ihn gesandt hatte.
- Seher (Jesaja 30,10): veranschaulicht, dass seine Einsicht von Gott kommt.
- Mann des Geistes (Hosea 9,7; siehe auch Micha 3,8): besagt, dass seine Worte vom Geist Gottes eingegeben waren.
- Wächter (Ezechiel 3,17): illustriert, dass seine Aufmerksamkeit Gott gilt.
- Prophet (so wird er am häufigsten genannt): zeichnet ihn als Sprachrohr Gottes aus.

Kurz gesagt ist ein Prophet also ein Sprachrohr Gottes. Er ist jemand, den Gott auserwählt und vorbereitet hat und den er als Instrument gebraucht, um seinem Volk sein Wort zu übermitteln.

Konnten die Propheten ihre eigenen Gedanken zur Botschaft Gottes hinzufügen?

Nein! Es war ihnen verboten, das zu tun. Gott sagte: „Fügt nichts hinzu und nehmt nichts davon weg. Befolgt die Gebote des Herrn, eures Gottes, genau so, wie ich sie euch sage“ (5. Mose 4,2). Jeremia wurde befohlen: „Stell dich in den Vorhof des Tempels und verkünde allen […], was ich dir jetzt auftrage. Lass nichts aus!“ (Jeremia 26,2).

Eine der Eigenschaften des biblischen Propheten garantiert, dass er seine eigenen Gedanken gerade *nicht* in Gottes Botschaft einfließen ließ, denn er war jemand, der alles berichtete, was Gott gesagt hatte (siehe 2. Mose 4,30). Mose gegenüber beschrieb Gott einen Propheten folgendermaßen: „Ich will Propheten […] aus ihrer Mitte berufen und durch ihren Mund zu ihnen sprechen. Sie werden dem Volk sagen, was ich von ihm verlange" (5. Mose 18,18). Und Amos schrieb: „Der Herr, der mächtige Gott, redet – wer wird da nicht zum Propheten?" (Amos 3,8). Um es kurz zu fassen: Ein Prophet war jemand, der sagte, was Gott von ihm zu sagen verlangte, nicht mehr und nicht weniger.

Es war eine der Eigenschaften eines Propheten, dass seine prophetischen Schriften genau das mitteilten, was Gott der Menschheit sagen wollte. Und in zahlreichen Stellen der Bibel wird darauf hingewiesen, dass sie die Schriften der Propheten enthält (Matthäus 5,17–18; 2. Petrus 1,20–21; Offenbarung 22,9). Aus diesem Grund kann man darauf schließen, dass die Berichte, die die Propheten niedergeschrieben haben, direkt von Gott kamen. Das ist in der Tat genau das, was der Prophet Sacharja verkündet, wenn er schreibt: „Sie machten ihre Herzen so hart wie Diamant und weigerten sich, auf die Worte und Weisungen zu hören, die ich, der Herrscher der Welt, ihnen durch meinen Geist – durch den Mund der früheren Propheten – sagen ließ. Deshalb traf sie mein Zorn mit voller Wucht" (Sacharja 7,12).

Wie haben die Propheten ihre Botschaften von Gott bekommen?

Die Propheten empfingen ihre jeweilige Botschaft auf unterschiedliche Weise von Gott. Einige bekamen sie in ihren Träumen (1. Mose 37,1–11), andere in Visionen (Daniel 7) und wieder andere sogar durch eine Stimme, sei es durch eine hörbare (1. Samuel 3) oder eine innere Stimme (Hosea 1; Joel 1). Andere empfingen Offenbarungen von Engeln (1. Mose 19,1–29), manche durch Wunder (2. Mose 3) und wieder andere durch das Los (Sprüche 16,33). Der Hohepriester verwendete Edelsteine, die als Urim und Thumim bekannt waren (2. Mose 28,30; Luther). Zu weiteren sprach Gott, als sie über die Natur nachdachten (Psalm 8; 19,1–6). Gott ist also ausgesprochen kreativ, wenn es darum geht, Menschen zu erreichen. Der Verfasser des Hebräerbriefes weist darauf hin, wenn er schreibt: „In der Vergangenheit hat Gott in vielfältigster Weise durch die Propheten zu unseren Vorfahren gesprochen" (Hebräer 1,1).

Durften die Propheten die Worte ändern, die Gott ihnen mitgeteilt hatte?

Propheten war es verboten, die heiligen Schriften zu verfälschen. Gott hat jeden streng bestraft, der versuchte, seine Aussagen zu ändern. Als König Jojakim von der Schriftrolle mit den Worten Gottes einen Abschnitt nach dem anderen abschnitt und verbrannte, erhielt Jeremia den Auftrag: „Nimm eine neue Rolle und lass alles darauf schreiben, was in der ersten Rolle stand!" (Jeremia 36,28). Niemand sollte etwas hinzufügen oder wegnehmen von dem, was Gott gesagt hatte. Agur schrieb: „Alles, was Gott sagt, ist unzweifelhaft wahr. […] Füge zu seinen Worten nichts Eigenes hinzu, sonst weist er dich zurecht und überführt dich als Lügner!" (Sprüche 30,5–6). Und auch Johannes schrieb über seine prophetischen Worte: „Wer diesen Worten etwas hinzufügt, dem wird Gott die Qualen zufügen, die in diesem Buch beschrieben sind. Wenn aber jemand von diesen Worten etwas wegnimmt, wird Gott ihm seinen Anteil an der Frucht vom Baum des Lebens und an der Heiligen Stadt wegnehmen, die in diesem Buch beschrieben sind" (Offenbarung 22,18–19). Das heißt nicht, dass die Propheten keine neuen Offenbarungen bekommen konnten, aber sie durften an den bereits empfangenen nichts verändern.

Fragen zum Wesen der Bibel

Da die Bibel für sich in Anspruch nimmt, dass sie direkt von Gott kommt, nimmt sie ebenfalls göttliche Autorität für sich in Anspruch. Sie behauptet tatsächlich, Gottes Wort zu sein (Johannes 10,34–35). Aber da die Bibel auch von Menschen geschrieben wurde, muss man sich fragen, was wirklich gemeint ist, wenn wir die Bibel „Gottes Wort" nennen.

Was ist gemeint, wenn man sagt: „Die Bibel ist Gottes Wort"?

Da Gott der Urheber der Bibel ist, ist es angemessen, die Bibel als „sein Wort" zu bezeichnen. Weil aber menschliche Verfasser jedes Wort der Bibel niedergeschrieben haben, trifft es demnach auch zu, dass sie ebenfalls deren Wort ist. Eine Möglichkeit, zu beschreiben, was gemeint ist, wenn die Bibel für sich in Anspruch nimmt, von Gott inspiriert zu sein (2. Timotheus 3,16), ist daher folgende: „Was die Bibel sagt, sagt Gott." Gestützt wird diese Auffassung dadurch, dass alttestamentliche Bibelstellen oft behaupten, dass Gott sie gesprochen habe. Wenn aber derselbe Text im Neuen Testament zitiert wird, heißt es dort meist, dass die „Heiligen Schriften" die betreffenden Aussagen gemacht haben. Manchmal trifft der umgekehrte Fall zu. Dann heißt es im Alten Testament, dass die Bibel den betreffenden Sachverhalt so überliefert. Das Neue Testament hingegen erklärt, dass Gott es war, der es gesagt hat. Betrachten Sie einmal die folgende Gegenüberstellung:

Was Gott sagt …	**… sagt die Bibel**
1. Mose 12,3	Galater 3,8
2. Mose 9, 13.16	Römer 9,17

In 1. Mose 12,1 und 3 heißt es: „Da sagte der Herr zu Abram: ‚Verlass deine Heimat, deine Sippe und die Familie deines Vaters und zieh in das Land, das ich dir zeigen werde! […] Alle, die dir und deinen Nachkommen Gutes wünschen, haben auch von mir Gutes zu erwarten. Aber wenn jemand euch Böses wünscht, bringe ich Unglück über ihn. Alle Völker der Erde werden Glück und Segen erlangen, wenn sie dir und deinen Nachkommen wohlgesonnen sind'" (1. Mose 12,1.3). Wenn dies aber in Galater 3, Vers 8 zitiert wird, lesen wir: „In den Heiligen Schriften ist auch vorausgesehen, dass Gott die nichtjüdischen Völker auf Grund

des Glaubens annehmen werde. Deshalb wird dort Abraham im Voraus die Gute Nachricht verkündet: ‚Durch dich werden alle Völker der Erde gesegnet werden.‘“

Vergleichbares findet sich in 2. Mose 9, Vers 13 und 16: „Der Herr befahl Mose: ‚Geh morgen früh zum Pharao und sage zu ihm: So spricht der Herr, der Gott der Hebräer: Lass mein Volk ziehen, damit es mir Opfer darbringen kann! […] Aber ich habe dich noch am Leben gelassen, um dir meine Macht zu zeigen und meinen Namen in der ganzen Welt bekannt zu machen.‘„ Wenn nun aber im Neuen Testament dieser Passus zitiert wird, heißt es dort: „Denn die Schrift sagt zum Pharao: ‚Eben dazu habe ich dich erweckt, damit ich an dir meine Macht erweise und damit mein Name auf der ganzen Erde verkündigt werde‘“ (Römer 9,17; Luther).

Was die Bibel sagt …	**… sagt Gott**
1. Mose 2,24	Matthäus 19,4–5
Psalm 2,1	Apostelgeschichte 4,24–25
Jesaja 55,3	Apostelgeschichte 13,34
Psalm 16,10	Apostelgeschichte 13,35
Psalm 2,7	Hebräer 1,5

Im 1. Buch Mose ist zu lesen: „Deshalb verlässt ein Mann Vater und Mutter, um mit seiner Frau zu leben. Die zwei sind dann eins, mit Leib und Seele“ (1. Mose 2,24). Als Jesus diese Stelle zitierte, sagte er: „Habt ihr nicht gelesen, was in den Heiligen Schriften steht? Dort heißt es, dass Gott am Anfang den Menschen als Mann und Frau geschaffen hat. Und er hat gesagt: Deshalb verlässt ein Mann Vater und Mutter, um mit seiner Frau zu leben. Die zwei sind dann eins, mit Leib und Seele“? (Matthäus 19,4–5). Das Gleiche gilt für Psalm 2, Vers 1 im Alten Testament. Dieses Mal ist es David, der schreibt: „Was soll der Aufruhr unter den Völkern? Wozu schmieden sie vergebliche Pläne?“ Wenn diese Stelle nun im Neuen Testament zitiert wird, lesen wir: „Darauf beteten alle miteinander einmütig zu Gott: ‚Herr, […] Durch den Heiligen Geist hast du unseren Vater David, deinen Diener, sagen lassen: ‚Was soll das Toben der Völker? Wozu schmieden die Menschen im Land vergebliche Pläne?‘“ (Apostelgeschichte 4,24–25).

Der bekannte Theologe B. B. Warfield merkt dazu an: „In der einen Gruppe von Bibelstellen wird von der Bibel gesprochen, als wäre sie Gott. In der anderen Gruppe von Stellen wird von Gott gesprochen, als wäre er die Heiligen Schriften. [...] Wenn man nun beide Gruppen zusammen betrachtet, dann wird deutlich, dass eine Wechselbeziehung zwischen Gott und der Bibel entsteht: Im Hinblick auf die Autorität wurde zwischen Gott und der Bibel kein Unterschied gemacht."[4]

Inwiefern behauptet die Bibel darüber hinaus, Gottes Wort zu sein?

Durch Wendungen wie „der Herr sagt/fragt" (z. B. Jesaja 1,11.18), „verkündet der Herr" (z. B. 4. Mose 24,15–16), „sprach Gott" (z. B. 1. Mose 1,3.6), „Da erging das Wort des Herrn an Jeremia" (Jeremia 34,1) oder „Das Wort des Herrn erging an mich" (z. B. Ezechiel 30,1) nimmt die Bibel für sich in Anspruch, direkt von Gott zu kommen. In unzähligen Bibelstellen finden sich solche und ähnliche Wendungen. Ohne Zweifel bestätigen dadurch die jeweiligen Verfasser, dass sie tatsächlich die Worte Gottes wiedergeben. Allein im 3. Buch Mose kommen Ausdrücke wie „der Herr sagte zu Mose" (z. B. 4,1; 5,14; 6,1; 8,1; 7,22) etwa 66-mal vor. Im Buch Ezechiel finden sich Redewendungen wie „Ich sah" oder „Das Wort des Herrn erging an mich" unzählige Male. In den 28 Versen des 12. Kapitels sagt Ezechiel 5-mal: „Das Wort des Herrn erging an mich" (Verse 1.8.17.21.26). Darüber hinaus heißt es mehrfach: „Der Herr hat zu mir gesprochen!" oder: „Der Herr, der mächtige Gott, hat zu mir gesprochen!" Jesaja (z. B. 1,1.11.18.24; 2,1), Jeremia (z. B. 1,2.13; 2,1.3.5) und andere Propheten machen vergleichbare Aussagen. Was also den Ursprung der Botschaft der Propheten angeht, lässt der Gesamteindruck keinen Zweifel zu: Die Propheten machen unverblümt deutlich, dass Gott selbst der Verfasser ihrer Botschaft ist.

Behauptet die Bibel wirklich ausdrücklich, dass sie „Gottes Wort" ist?

Ja, das tut sie! An vielen Stellen behauptet die Bibel, „Gottes Wort" zu sein – in genau dieser Formulierung oder mit vergleichbaren Ausdrücken. Jesus sagte zu einigen jüdischen Führungspersönlichkeiten seiner Zeit: „So habt ihr das Wort Gottes außer Kraft gesetzt mit euren Überlieferungen" (Matthäus 15,6). Paulus spricht von der Schrift als dem „Wort Gottes" (Römer 3,2). Und Petrus beteuert: „Ihr seid doch als neue Menschen wiedergeboren worden, aber diesmal nicht gezeugt durch den Samen von sterblichen Menschen, sondern durch das Wort Gottes, das lebt und für immer bestehen bleibt" (1. Petrus 1,23). Auch der Verfasser des Briefes an die Hebräer bestätigt: „Das Wort Gottes ist lebendig, es ist eine wirkende Macht. Es ist schärfer als das schärfste beidseitig geschliffene Schwert. So wie ein Schwert tief einschneidet, die Gelenke durchtrennt und das Mark der Knochen freilegt, so dringt das Wort Gottes ins Innerste von Seele und Geist. Es deckt die geheimen Wünsche und Gedanken des Menschenherzens auf und hält über sie Gericht" (Hebräer 4,12). Jesus verwendet den Ausdruck „Wort Gottes" gleichbedeutend mit „das Gesetz" (Thora) und „die Heiligen Schriften", als er sagte: „In eurem eigenen Gesetz heißt es doch: Ich habe zu euch gesagt: Ihr seid Götter. Und was in den Heiligen Schriften steht, ist unumstößlich, das wissen wir" (Johannes 10,34–35).

Behauptet die Bibel wirklich, dass sie göttliche Autorität besitzt?

Die Bibel verwendet viele verschiedene Wörter und Ausdrücke, um sich so zu beschreiben, dass ihre göttliche Autorität deutlich wird. Jesus sagte, dass die Bibel unzerstörbar ist: „Ich versichere euch: Solange Himmel und Erde bestehen, wird kein i-Punkt und kein Komma im Gesetz gestrichen. Das ganze Gesetz muss erfüllt werden" (Matthäus 5,18). Sie ist unfehlbar (absolut verlässlich und verbindlich), „und was in den Heiligen Schriften steht, ist unumstößlich" (Johannes 10,35); sie verfügt über eine endgültige und entscheidende Autorität (Matthäus 4,4.7.10), und sie hat zu allen Fragen des Glaubens und Lebens etwas zu sagen. Jesus sprach davon, dass die jüdische Bibel zur Erkenntnis der Wahrheit ausreichend ist: „Wenn sie auf Mose und die Propheten nicht hören, dann lassen sie sich auch nicht überzeugen, wenn jemand vom Tod aufersteht“ (Lukas 16,31). Paulus fügte dem hinzu: „Sie dienen dir aber auch bei deiner Aufgabe als Lehrer der Gemeinde. Denn jede Schrift, die von Gottes Geist eingegeben wurde, ist nützlich für die Unterweisung im Glauben, für die Zurechtweisung und Besserung der Irrenden, für die Erziehung zu einem Leben, das Gott gefällt. Mit den Heiligen Schriften in der Hand ist der Mensch, der sich Gott zur Verfügung gestellt hat, ausgerüstet für alle Aufgaben seines Dienstes“ (2. Timotheus 3,16–17).

Wie weit erstreckt sich diese göttliche Autorität?

Die göttliche Autorität umfasst alles, was in der Bibel steht (2. Timotheus 3,16). Sie schließt auch die einzelnen Worte (Matthäus 22,43; 1. Korinther 2,13), ja sogar die kleinsten Wortteile ein (Matthäus 5,17–18) – und sogar die Zeitformen der Verben (Matthäus 22,31–32). Obwohl Gott den Menschen die Bibel nicht wortwörtlich diktiert hat, ist das Resultat dennoch so vollkommen, als wäre es ein Diktat gewesen. Die Verfasser der biblischen Bücher nehmen in Anspruch, dass Gott der Urheber aller Worte ist. Die Bibel wurde von ihren Verfassern niedergeschrieben, um Gottes Botschaft aufzuzeichnen. Dabei haben sie ihre eigenen Worte und ihren eigenen Stil verwendet. Diesen Vorgang aber hat Gott auf übernatürliche Weise überwacht (siehe 2. Petrus 1,20–21).

Was ist gemeint, wenn man sagt, die Bibel sei „inspiriert“?

Paulus versichert in seinem 2. Brief an Timotheus, dass die Bibel von Gott „inspiriert“ – durch den Geist eingegeben – ist: „Denn jede Schrift, die von Gottes Geist eingegeben wurde, ist nützlich für die Unterweisung im Glauben, für die Zurechtweisung und Besserung der Irrenden, für die Erziehung zu einem Leben, das

Gott gefällt“ (2. Timotheus 3,16). Jesus sagt: „Der Mensch lebt nicht nur von Brot; er lebt von jedem Wort, das Gott spricht“ (Matthäus 4,4). Petrus bestätigt, dass in den Heiligen Schriften Menschen „vom Geist Gottes ergriffen“ wurden und „verkündet [haben], was Gott ihnen aufgetragen hatte“ (2. Petrus 1,20–21). Wenn man die Aussage aus Matthäus 4, Vers 4 in Bezug setzt zur Petrusstelle, sieht man, dass Inspiration – „Eingebung“, „Ergriffenheit“– der Prozess ist, durch den vom Heiligen Geist ergriffene Verfasser von Gott inspirierte Bücher geschaffen haben.

Ist die Bibel wortwörtlich inspiriert oder nur ihre Grundgedanken?

Zahlreiche Bibelstellen machen deutlich, dass einer der Orte, an dem sich Gott offenbart, das geschriebene Wort ist – die Heiligen Schriften (Griechisch *grapha*) – ist: Also nicht bloß der Grundgedanke oder gar der Verfasser, sondern genau das, was er niedergeschrieben hat. Man beachte den Hinweis auf offenbarte oder göttlich inspirierte „Schrift“ (2. Timotheus 3,16; 2. Petrus 1,20–21). Ferner heißt es: „Davon reden wir nicht in Worten, wie sie menschliche Weisheit lehrt, sondern in Worten, die der Geist Gottes eingibt. Von dem, was Gott uns durch seinen Geist offenbart, reden wir so, wie sein Geist es uns lehrt“ (1. Korinther 2,13). Oder an anderer Stelle: „sein [Gottes] Wort“ (2. Samuel 23,2); „die [Gottes] Worte“ (Jesaja 59,21) und „die Worte und Weisungen [...], die ich, der Herrscher der Welt, ihnen durch meinen Geist – durch den Mund der früheren Propheten – sagen ließ“ (Sacharja 7,12).

Wenn das Neue Testament sich auf das Alte Testament als das verbindliche Wort Gottes bezieht, verwendet das Neue Testament besonders häufig den Ausdruck „In den Heiligen Schriften steht“ (z. B. in Matthäus 4,4.7.10). Jesus beschrieb dieses geschriebene Wort als das Wort, das „Gott spricht“ (Matthäus 4,4). Der genaue Wortlaut der Worte Gottes war so wichtig, dass Jeremia beauftragt wurde: „Stell dich in den Vorhof des Tempels und verkünde allen, die aus den Städten in Juda dorthin zum Gottesdienst kommen, was ich dir jetzt auftrage. Lass nichts aus!“ (Jeremia 26,2). Dadurch wird deutlich, dass die Männer Gottes nicht die Freiheit besaßen, Gottes Botschaften in ihren eigenen Worten weiterzugeben; sogar die Wortwahl selbst stammt von Gott. In 2. Mose 24, Vers 4 können wir nachlesen, dass Mose die Gebote und Gesetze in einem Buch festhielt. Im 5. Buch Mose überliefert Mose folgende Rede Gottes: „Ich [Gott] will Propheten wie dich [Mose] aus ihrer Mitte berufen und durch ihren Mund zu ihnen sprechen. Sie werden dem Volk sagen, was ich von ihm verlange" (5. Mose 18,18).

Manchmal war Gott sogar die Zeitform wichtig, in der einzelne Verben verwendet werden. Jesus sagte beispielsweise: „Was aber die Auferstehung der Toten überhaupt betrifft: Habt ihr nicht gelesen, was Gott euch in den Heiligen Schriften gesagt hat? Er sagt dort: Ich bin [nicht: ich *war*; der Verfasser] der Gott Abrahams, der Gott Isaaks und der Gott Jakobs. Und er ist doch nicht ein Gott von Toten, sondern von Lebenden!" (Matthäus 22,31–32). Paulus gründete seine Argumentation in Galater 3, Vers 16 auf den Unterschied zwischen einem Hauptwort im Singular von einem Hauptwort im Plural. Er bestand darauf: „So ist es auch mit den Zusagen, die Gott Abraham und seinem Nachkommen gemacht hat. Er sagt übrigens nicht: ‚und deinen Nachkommen', als ob viele gemeint wären, sondern er sagt ausdrücklich: ‚deinem Nachkommen', und er meint damit Christus, dass es in der Heiligen Schrift nicht heißt: ‚und den Nachkommen', als gälte es vielen, sondern es gilt einem: ‚und deinem Nachkommen', welcher ist Christus."

Schon ein einzelner Buchstabe (zum Beispiel der Buchstabe „s") kann einen großen Unterschied ausmachen. Jesus ging sogar so weit, dass er selbst einzelne Teile von Buchstaben als inspiriert bezeichnete. Im Deutschen kann ein „t"– falls der t-Strich fehlt – wie ein „i" aussehen. In diesem Sinne sagt auch Jesus: „Ich versichere euch: Solange Himmel und Erde bestehen, wird kein i-Punkt und kein Komma im Gesetz gestrichen. Das ganze Gesetz muss erfüllt werden" (Matthäus 5,18).

Behauptet die Bibel, in allen ihren Aussagen inspiriert zu sein oder nur bei geistlichen Themen?

Wenn wir daran glauben, dass die Bibel in ihrer Gesamtheit von Gott inspiriert – eingegeben – ist, dann bedeutet dies ebenfalls, dass sowohl die geistlichen Dinge als auch äußere Tatsachen direkt von Gott kommen. Dies bestätigt Paulus beispielsweise in seinem 2. Brief an Timotheus: „Sie dienen dir aber auch bei deiner Aufgabe als Lehrer der Gemeinde. Denn jede Schrift, die von Gottes Geist eingegeben wurde, ist nützlich für die Unterweisung im Glauben, für die Zurechtweisung und Besserung der Irrenden, für die Erziehung zu einem Leben, das Gott gefällt" (2. Timotheus 3,16). Petrus erklärt, dass keine biblische Offenbarung von Menschen kommt, sondern dass sie alle von Gott stammen (2. Petrus 1,20–21). Darauf weist auch Jesus hin, als er zu seinen Jüngern sagt: „Der Vater wird euch in meinem Namen den Helfer senden, der an meine Stelle tritt, den Heiligen Geist. Der wird euch alles Weitere lehren und euch an alles erinnern, was ich selbst schon gesagt habe" (Johannes 14,26). In einem anderen Lehrgespräch ergänzte er: „Aber wenn der Helfer kommt, der Geist der Wahrheit, wird er euch anleiten, in der vollen Wahrheit zu leben. Was er euch sagen wird, hat er nicht von sich selbst, sondern er wird euch nur sagen, was er hört. Er wird euch jeweils vorbereiten auf das, was auf euch zukommt" (Johannes 16,13).

Die Gemeinde Jesu ist ein Bauwerk, „dessen Fundament die Apostel und Propheten bilden, und der Eckstein im Fundament ist Jesus Christus" (Epheser 2,20). Und die frühen Christen „ließen sich von den Aposteln unterweisen" (Apostelgeschichte 2,42), deren Lehren für uns in den Büchern des Neuen Testaments festgehalten sind. Und das Neue Testament wurde ja neben dem Alten Testament als Heilige Schrift angesehen (vergleiche 1. Timotheus 5,18, wo ein altestamentlicher und ein neutestamentlicher Text zitiert werden; 2. Petrus 3,15–16).

Also umfasst die Inspiration durch Gott jeden Teil der Bibel. Sie schließt alles ein, was Gott bestätigt (oder verneint) – bezüglich eines jeden Themas, das in ihr behandelt wird. Und dies wiederum betrifft sowohl das, was die Bibel ausdrücklich lehrt, als auch das, was sie implizit lehrt. Die Inspiration umfasst nicht nur geistliche Inhalte, sondern auch weltliches Faktenwissen. Der allwissende Gott kann in den Dingen, die er lehrt oder voraussetzt, nicht irren. In der Tat hat Jesus historische und naturwissenschaftliche Sachverhalte bestätigt, darunter die Erschaffung Adams und Evas (Matthäus 19,4–5), die Sintflut zur Zeit Noahs (Matthäus 24,37–39) und sogar den Umstand, dass Jona von einem großen Fisch verschluckt wurde (Matthäus 12,40–42). Jesus sagte sogar: „Wenn ich zu euch über die irdischen Dinge rede und ihr mir nicht glaubt, wie werdet ihr mir dann glauben, wenn ich über die himmlischen Dinge mit euch rede?“ (Johannes 3,12).

Inwiefern wird manchmal missverstanden, was mit der „Inspiration" der Bibel gemeint ist?

Die Bibel ist von Gott inspiriert. Das gilt für alles, was sie lehrt. Es gibt aber einige weit verbreitete Missverständnisse, dazu gehören die Annahmen:

- dass jeder Teil eines Gleichnisses eine einzelne Tatsache vermitteln muss. In Wirklichkeit tragen die Teile dazu bei, den Grundgedanken des Gleichnisses zu veranschaulichen (siehe Lukas 18,2).
- dass alles, was in der Bibel steht, wahr ist. Tatsächlich kann sie manches wiedergeben, das lediglich von jemandem behauptet oder impliziert wurde (1. Mose 3,4).
- dass keine Übertreibungen verwendet werden (siehe aber Psalm 6,6; Lukas 14,26).
- dass alle Aussagen über Gott und die Schöpfung ausschließlich wortwörtlich zu verstehen sind (siehe aber Hiob 38,7; Hebräer 4,13)
- dass alle Behauptungen, die Faktenwissen betreffen, auch nach modernen Maßstäben genau zutreffen (tatsächlich gibt es Aussagen, die antikem Maßstab genau entsprechen, siehe 2. Chronik 4,2).
- dass alle Aussagen über das Universum von einem modernen, astronomischen Standpunkt aus gemacht sein müssen. Doch

können sie auch dem Standpunkt alltäglicher menschlicher Beobachtung entsprechen (Josua 10,12).

- dass alle Zitate von Bibelstellen wörtlich sein müssen. Es kommt aber darauf an, dass sie die Bedeutung getreu wiedergeben (siehe Psalm 2,1 und Apostelgeschichte 4,25).
- dass alle Zitate von Bibelstellen im gleichen Kontext stehen müssen wie das Original. Stattdessen geht es darum, dass sie die gleiche Interpretation (Bedeutung) haben (siehe Hosea 11,1 und Matthäus 2,15).
- dass ein und dieselbe Wahrheit nur auf eine einzige Art und Weise ausgedrückt werden kann. Doch Wahrheit kann auf vielerlei Weise zum Ausdruck gebracht werden, wie es in den Evangelien der Fall ist.
- dass alles wahr ist, was ein biblischer Autor geglaubt hat, und nicht nur das, was er ausdrücklich in seinem Buch niedergelegt hat (Matthäus 15,26).
- dass die ganze Wahrheit in der Bibel erschöpfend offenbart oder behandelt wird. In Wirklichkeit bietet die Bibel eine angemessene Darstellung der Wahrheit (1. Korinther 13,12).
- dass Zitate stillschweigend voraussetzen, alles, was in der zitierten Quelle enthalten ist, sei wahr, und nicht nur die angeführte Stelle selbst (Titus 1,12).
- dass eine bestimmte grammatikalische Konstruktion immer im üblichen Sinne verwendet wird. Es kann aber sein, dass sie im Einzelfall nicht ganz grammatikalisch korrekt wiedergegeben wird, sofern dies dabei hilft, die Wahrheit auszudrücken.[5]

Woher wissen wir, dass diese Missverständnisse nicht doch zu dem gehören, was mit „Inspiration" gemeint ist?

Die Aussagen der Bibel müssen in ihrem eigenen Kontext betrachtet werden. Die Lehre der Bibel muss im Licht der Angaben der Bibel verstanden werden. Alle Missverständnisse, die im vorigen Abschnitt aufgelistet wurden, beziehen sich auf gängige Angaben der Heiligen Schrift. Zum Beispiel verwendet die Bibel grundsätzlich abgerundete Zahlen. Wenn die Bibel also behauptet, dass sie die Wahrheit enthält, bedeutet das nicht, dass dies den Gebrauch von abgerundeten Zahlen ausschließt (2. Chronik 4). Das Gleiche gilt für Übertreibungen, Redewendungen, Umgangssprache und literarische Gattungen (wie Dichtung und Gleichnisse). Kurz gesagt: Alles, was die Bibel behauptet, ist wahr. Aber was mit Wahrheit gemeint ist, muss im Lichte der Phänomene oder Angaben der Bibel verstanden werden.

Ist die Bibel nicht auch ein menschliches Buch?

Ja, sie ist tatsächlich auch hundertprozentig menschlich. Die Bibel wurde von menschlichen Autoren verfasst (unter anderem von Mose, Josua, Samuel, David, Jesaja, Jeremia, Ezechiel und einer Reihe anderer Propheten, Esra, Nehemia, Matthäus, Markus, Lukas, Johannes, Paulus, Petrus).

Die Bibel ist in menschlichen Sprachen verfasst worden (Hebräisch und Aramäisch im Alten Testament und Griechisch im Neuen Testament). Die Bibel bedient sich menschlicher literarischer Stile (einschließlich der erhabenen Dichtung eines Jesaja, der traurigen Klagelieder eines Jeremia, der Gleichnisse Jesu, wie sie in den Evangelien festgehalten sind, und der lehrhaften Ausführungen eines Paulus).

In der Bibel werden verschiedene menschliche literarische Formen verwendet. Dazu gehören die Erzählungen eines Samuel und der Könige, die Dichtung eines Ijob und der Psalmen, die Gleichnisse der synoptischen Evangelien, manche Allegorien in Galater 4, der Gebrauch von Symbolen wie zum Beispiel in der Offenbarung, die Metaphern und Gleichnisse eines Jakobus, Satire (Matthäus 19,24) und Übertreibung (Psalm 6,6; Lukas 14,26). Wie jedes andere von Menschen verfasste Werk, so verwendet auch die Bibel eine große Auswahl an literarischen Formen, um ihre Botschaft zu vermitteln.

In der Bibel werden unterschiedliche menschliche Perspektiven eingenommen. Dazu gehören die Perspektive eines Hirten (David in Psalm 23), eine prophetische Sicht der Dinge in den Königsbüchern, eine priesterliche Sicht in der Chronik, die historischen Interessen im Lukas-Evangelium und in der Apostelgeschichte (vergleiche Lukas 1,1; Apostelgeschichte 1,1) und die seelsorglichen Anliegen eines Paulus (im 1. und 2. Timotheusbrief und im Titusbrief). Und im Gegensatz zur Verfahrensweise eines modernen Buches über Astronomie sprechen biblische Autoren von dem Standpunkt eines irdischen Beobachters aus, wenn sie über das Aufgehen der Sonne oder ihren Untergang schreiben (Josua 1,15; siehe auch 10,13).

Die Bibel spiegelt verschiedene menschliche Denkweisen wieder. Diese schließen eine große Bandbreite ein, von einer streng logisch aufgebauten Abhandlung wie dem Römerbrief über die Polemik des Briefes an die Galater bis hin zu dem Geständnis von Paulus, dass er sich an gewisse Dinge nicht mehr genau erinnern kann (1. Korinther 1,14–16).

In der Bibel kommen verschiedene menschliche Emotionen zum Ausdruck. Der Apostel Paulus gibt seinen Lesern einen Einblick in sein Innerstes: darüber, dass er sich um Israel große Sorgen macht (Römer 9,2), dass er sich über die Fehler der Galater ärgert (Galater 3,1), dass ihn seine Gefängnishaft deprimiert und dass er sehr einsam ist (2. Timotheus 4,9–16), dass ihn seine negativen Erfahrungen in der Provinz Asien sehr frustrieren (2. Korinther 1,8), dass er sich über das geistliche Weiterkommen einer Gemeinde freut (Philipper 1,4) und vieles mehr.

In der Bibel kommen spezifische menschliche Interessen zum Ausdruck. Lukas interessierte sich für Medizin, wie sein Gebrauch medizinischer Fachausdrücke zeigt. Hosea hatte ausgesprochenes Interesse an landwirtschaftlichen Themen, genau wie Amos, der Hirte aus Tekoa (Amos 1,1). Die Schriften von Jakobus lassen Interesse an der Natur erahnen (Jakobus 1,6.10–11). Die Interessen von Hirten (Johannes 10,1–16), Sportlern (1. Korinther 9,24–27) und Bauern (Matthäus 13,1–43) spiegeln sich ebenfalls in der Bibel wieder.

Die Bibel ist ein Zeitzeuge menschlicher Kultur. Als ein jüdisches Buch ist die Bibel voller Ausdrücke und erwähnt zahlreiche Bräuche, die in der hebräischen Kultur üblich sind bzw. waren. Da gibt es die allgemein übliche Begrüßung durch Küssen (1. Thessalonicher 5,26). Es wird vorausgesetzt, dass eine Frau als Zeichen ihres Respekts vor ihrem Mann einen Schleier trägt (1. Korinther 11,5), dass man sich die Füße wäscht, wenn man ein Haus betritt (Johannes 13), dass man sich als Zeichen des Verdammens den

Staub von den Füßen wischt (Lukas 10,11) und dass man zu Tische liegt und nicht sitzt (Johannes 13,23), sind nur einige wenige von vielen möglichen Beispielen damaliger und teilweise auch noch heutiger kultureller Gepflogenheiten.

Die Bibel bedient sich anderer menschlicher schriftlicher Quellen. Das Buch der Heldenlieder (Josua 10,13) und das Buch der Kriege des Herrn (4. Mose 21,14) sind Beispiele dafür. „Alles, was es sonst noch über Davids Regierungszeit zu sagen gibt, das ist nachzulesen in den Berichten des Sehers Samuel, des Propheten Natan und des Sehers Gad" (1. Chronik 29,29). Auch das könnte in die genannte Kategorie gehören. Lukas bezieht sich auf schriftliche Quellen über Jesus, auf die er Zugriff hatte (Lukas 1,1–4).[6] Paulus zitierte dreimal heidnische Dichter (Apostelgeschichte 17,28; 1. Korinther 15,33; Titus 1,12), Judas zitiert Material aus den nichtkanonischen Büchern „Testament Moses" und „Buch Henoch" (Judas 9; 14). Diese Zitate garantieren jedoch nicht, dass die genannten Quellen ebenfalls die Wahrheit enthalten, sondern nur dass die Auszüge, die wiedergegeben werden, der Wahrheit entsprechen. Natürlich kommt letztlich alle Wahrheit von Gott, woraus auch immer zitiert wird.

Enthält die Bibel Fehler?

Der ursprüngliche Text der Bibel enthielt überhaupt nichts Fehlerhaftes. Die Logik der Fehlerlosigkeit der Bibel ist einfach: 1. Gott kann nicht lügen (Titus 1,2; Hebräer 6,18). 2. Die Bibel ist Gottes Wort (Johannes 10,34–35). 3. Daher kann die Bibel keine Fehler enthalten. Weil die Bibel also von Gott inspiriert ist (2. Timotheus 3,16–17) und Gott nicht lügt, ergibt sich daraus, dass die Bibel keine Lüge enthält.

Gibt es in Bibelhandschriften und -übersetzungen Fehler?

Es kommen einige geringfügige Abschreibefehler in den Bibelhandschriften vor. Einige wenige Beispiele sollen genügen. Im masoretischen Text von 2. Chronik 22, Vers 2 heißt es, dass

Ahasja 42 war, aber in 2. Könige 8, Vers 26 wird behauptet, dass er 22 war. Er kann jedoch nicht 42 gewesen sein (ein Fehler eines Abschreibers), sonst wäre er älter als sein Vater gewesen. Ferner heißt es in 2. Chronik 9, Vers 25, dass Salomo 4 000 Pferdeställe hatte. Der masoretische Text von 1. Könige 4, Vers 26 besagt hingegen, dass er 40 000 Pferdeställe hatte. Das wären jedoch weitaus mehr gewesen, als er für seine 12 000 Reiter überhaupt benötigt hätte.

Vor diesem Hintergrund sollte man sich folgende Dinge bewusst machen:

- Es wurde nie ein Originalmanuskript gefunden, das einen Fehler enthielt.
- Es tauchen nur relativ selten Fehler auf.
- In den meisten Fällen wissen wir, welche Variante falsch ist, weil wir den Kontext kennen oder es Parallelstellen gibt, die uns weiterhelfen.
- In keinem Fall ist die grundsätzliche Lehre der Bibel betroffen.
- Die Fehler verbürgen oftmals die Genauigkeit des Abschreibevorgangs, weil die Schreiber, die diese Fehler abschrieben, sich bewusst waren, dass es sich um Fehler im Manuskript handelte. Dennoch waren sie verpflichtet, abzuschreiben, was im Text stand.
- Die Fehler berühren die zentrale Botschaft der Bibel nicht.

Es könnte sogar jemand, der eine fehlerhafte Nachricht erhielte, diese Nachricht dennoch zu 100 Prozent verstehen. Man nehme zum Beispiel an, man erhielte eine Nachricht von der Westdeutschen Klassenlotterie, in der Folgendes stünde: „S#e haben 20 Millionen Euro gewonnen."

Ohne Zweifel würde man sich freuen und sich seinen Gewinn auszahlen lassen. Und wenn das Telegramm eine der folgenden Lesarten enthielte, würde man auch nicht den leisesten Zweifel an der grundsätzlichen Bedeutung des Textes hegen:

- „Si# haben 20 Millionen Euro gewonnen."
- „Sie #aben 20 Millionen Euro gewonnen."
- „Sie h#ben 20 Millionen Euro gewonnen."

Warum wären wir uns sicherer, wenn mehrere Fehler gemacht worden wären? Weil jeder Fehler an einer anderen Stelle auftritt, denn dadurch wird jeder andere Buchstabe in der ursprünglichen Nachricht bestätigt.

Es ist wichtig, drei Dinge zu beachten. Erstens: Trotz des Fehlers verstehen wir – sogar in einem Einzeiler – die Nachricht. Zweitens: Je mehr Zeilen, desto mehr Möglichkeiten, Fehler zu machen – aber je mehr Fehler, desto sicherer sind wir uns, was die Aussage der ursprünglichen Nachricht wirklich war. Schließlich gibt es hundertmal mehr Bibelhandschriften als Zeilen in dem oben genannten Beispiel. Und der Prozentsatz an Fehlern ist in diesem Telegramm höher als in allen gesammelten Bibelhandschriften.

Wie kann die Bibel gleichzeitig Gotteswort und Menschenwort sein?

Die Bibel ist sowohl Gotteswort als auch Menschenwort. Denn Gott (die Quelle) hat sich menschlicher Wesen bedient, um sein Wort zu den Menschen zu bringen. Daher besteht eine Übereinstimmung zwischen dem, was die menschlichen Verfasser geschrieben haben, und dem, was Gott sie zu schreiben veranlasst hat.

Die Bibel ist daher gleichzeitig menschlich und göttlich. Entsprechend ist ja auch Jesus Christus nach dem christlichen Glauben gleichzeitig Gott und Mensch. Sowohl Christus als auch die biblischen Inhalte sind gottmenschlich, *theantropisch* (Griechisch: *theos* = Gott; *anthropos* = Mensch). Das geht aus folgenden Faktoren hervor:

- Beide werden als das „Wort Gottes“ bezeichnet. Jesus Christus ist das lebendige Wort (Johannes 1,1) und die Bibel ist das geschriebene Wort (Johannes 10,34–35).
- Beide haben zwei Wesensarten, eine göttliche und eine menschliche.
- Die beiden Wesensarten Christi wie auch die der Bibel sind in einem Medium vereinigt. Um einen Begriff aus der Christolo-

gie zu übernehmen: Beide bilden eine Art „hypostatische Einheit“. Die beiden Wesensarten Christi sind in einer einzigen Person vereinigt. Und die beiden Wesensarten der Bibel sind in einer Anzahl von Lehrsätzen (Aussagen) miteinander vereinigt.

▷ Ebenfalls sind Christus und die Bibel beide fehlerlos. Christus ist ohne Sünde (2. Korinther 5,21; Hebräer 4,15), und die Bibel kann ebenfalls keinen Irrtum enthalten (Johannes 10,35; siehe Johannes 17,17).

Natürlich gibt es, wie bei jeder Analogie, auch Unterschiede. Anders als Jesus Christus, der Gott ist, ist die Bibel nicht Gott, und daher sollte sie auch nicht angebetet werden. Der Unterschied beruht darauf, dass das Medium der Vereinigung der beiden Wesensarten im Falle Christi Gott, die zweite Person der Gottheit, ist. Während der Faktor, in dem die Vereinigung stattfindet, in der Bibel das Menschenwort ist, in dem Göttliches und Menschliches übereinstimmen, findet die Vereinigung bei Christus in der einen Person statt, die sowohl Gott als auch Mensch ist. Daher sollte man Christus als Gott verehren (anbeten), die Bibel dagegen sollte man nur respektieren, nicht verehren.

Fragen über die Vertrauenswürdigkeit der Bibel

Evangelikale Christen betonen, dass die biblischen Texte die Aussprüche Gottes vertrauenswürdig überliefern. Können wir der Bibel in historischer Hinsicht vertrauen? Sind ihre Berichte wirklich vertrauenswürdig?[7] Es ist wichtig, sich mit diesen Fragen auseinander zu setzen, denn die historische Vertrauenswürdigkeit der Bibel ist ein weiterer Beweis dafür, dass die Bibel das Wort Gottes ist. Die Vertrauenswürdigkeit der biblischen Texte ergibt sich aus zwei Faktoren: 1. der Vertrauenswürdigkeit der Menschen, die sie verfasst haben, und 2. die Vertrauenswürdigkeit derjenigen, die sie vervielfältigt haben.

Waren die biblischen Zeugen vertrauenswürdig?

Die biblischen Zeugen waren aus vielen Gründen sehr vertrauenswürdig. Erstens waren die Verfasser der Bibel im Großen und Ganzen Zeitgenossen der Ereignisse. Mose war Zeuge der vom 2. Buch Mose bis zum 5. Buch Mose geschilderten Ereignisse (siehe 2. Mose 24,4; 5. Mose 31,24). Josua war Zeuge dessen, was in seinem Buch beschrieben ist (Josua 24,26); ebenso wie nach ihm Samuel (1. Samuel 10,25), Jesaja, Jeremia, Daniel, Esra und Nehemia Zeugen der in ihren jeweiligen Büchern geschilderten Ereignisse waren. Dasselbe gilt auch für das Neue Testament. Matthäus war ein Jünger Jesu. Markus war Zeitgenosse und Mitarbeiter des Apostels Petrus (1. Petrus 5,13). Lukas war ein Zeitgenosse, der die Augenzeugen kannte (Lukas 1,1–4). Und Johannes war ein Jünger Jesu und Augenzeuge der Ereignisse (1. Johannes 1,1–2).

Zweitens – was die neutestamentlichen Autoren betrifft – waren alle acht (oder neun)[8] von ihnen entweder Apostel oder sie waren deren Zeitgenossen bzw. Augenzeugen ihres Wirkens: Matthäus, Markus, Lukas, Johannes, Paulus, Jakobus, Petrus und Judas. Alle diese Männer hatten die denkbar höchsten ethischen Grundsätze und waren bereit, für ihren Glauben zu sterben, was die meisten von ihnen auch taten.

Drittens waren diese Autoren glaubwürdig, weil sie 1. ihre eigenen Zweifel daran gehabt hatten, dass Jesus wirklich von den Toten auferstanden war (Matthäus 28,17; Markus 16,13; Lukas 24,11; Johannes 20,24–29), 2. weil sie auch solche Informationen in ihre Berichte aufnahmen, die ein schlechtes Licht auf sie selbst warfen (siehe Matthäus 16,23; Markus 14,47), 3. weil die parallelen Berichte (Matthäus, Markus, Lukas, Johannes, Paulus usw.) die jeweils anderen Ausführungen durch zwei oder drei Zeugen bestätigen, so wie es für einen Gerichtshof (siehe 5. Mose 17,6) erforderlich ist, 4. wegen der Unterschiede zwischen den Berichten, die beweisen, dass die Verfasser sich nicht abgesprochen hatten, 5. weil die Berichte durch Hunderte von archäologischen Funden bestätigt werden[9] und 6. wegen der nachweislich frühen Datierung (um 55–60 n. Chr.) des grundlegenden Materials über den Tod und die Auferstehung Jesu. Der bekannte Historiker

Colin Hemer hat bestätigt, dass Lukas die Apostelgeschichte vor 62 n. Chr. verfasst hat.[10] Lukas hat aber das Lukas-Evangelium, in dem dieselben grundlegenden Aussagen über Jesus gemacht werden wie bei Matthäus und Markus, verfasst, bevor er die Apostelgeschichte schrieb (etwa 60 n. Chr.). Und ferner gestehen Bibelkritiker zu, dass Paulus den 1. Korinther-Brief, der vom Tod und der Auferstehung Jesu berichtet, um 55 n. Chr. geschrieben hat. Das war nur 22 Jahre nach Jesu Tod und zu dieser Zeit waren mehr als 250 Zeugen seiner Auferstehung noch am Leben (siehe 1. Korinther 15,6).

Warum bestreitet das „Jesus Seminar" die Vertrauenswürdigkeit der neutestamentlichen Zeugen?

Diese selbst ernannte Gruppe von mehr als 70 Wissenschaftlern kommt auf Grund ihrer falschen Voraussetzungen und Schlussfolgerungen zu reichlich abwegigen Behauptungen hinsichtlich des Neuen Testaments. Dabei zieht sie beispielsweise 82 Prozent der Lehren in Zweifel, die die Evangelien Jesus zuschreiben. John Dominic Crossan, einer der Gründer dieser Vereinigung, bestreitet die Auferstehung und geht in seiner Argumentation sogar so weit, dass er behauptet, Jesu Leichnam sei in einem flachen Grab bestattet, von Hunden frei gescharrt und gefressen worden.[11] Die Behauptungen des „Jesus Seminars" entbehren jedoch aus zahlreichen Gründen jeglicher Grundlage:

Ihnen liegen falsche Motive zugrunde. Das Ziel des „Jesus Seminars" besteht – nach eigenen Aussagen – darin, einen neuen, „fiktiven" Jesus zu schaffen.[12] Dazu müssen die alten Bilder Jesu in den Evangelien demontiert werden, um dann ein neues zu schaffen, das in unsere moderne Zeit hineinpasst. Angesichts dessen sollte niemand in den Werken des „Jesus Seminars" den echten Jesus suchen. Darüber hinaus geht es dem „Jesus Seminar" in hohem Maße um die öffentliche Aufmerksamkeit: „Wir werden unsere Arbeit im vollen Licht der Öffentlichkeit ausführen, wir werden nicht nur das Recht der Menschen auf Informationsfreiheit achten, sondern auf der öffentlichen Bekanntmachung unserer Arbeit bestehen."[13] In einem freimütigen Eingeständnis sprach das Seminar auch aus, wie radikal seine Arbeit ist. Robert Funk, ein Mitbegründer des „Jesus Seminars", sagte: „Wir stellen in Frage, was für Millionen von Menschen das Heiligste ist. Daher werden wir uns ständig an der Grenze zur Blasphemie bewegen."[14]

Sie verwenden die falsche Methode und die falschen Bücher. Die Vorgehensweise des „Jesus Seminars" ist von Vorurteilen geleitet. Die Organisation versucht die Wahrheit im Abstimmungsverfahren durch Mehrheitsentscheidung festzulegen. Diese Methode ist auch heute noch nicht besser als zu der Zeit, da die meisten Menschen die Erde für eine Scheibe hielten. Das Abstimmungsverhalten des „Jesus Seminars" basiert zum Teil auf der Annahme eines hypothetischen Evangeliums „Q" (vom deutschen Wort „Quelle") und auf dem Thomas-Evangelium, das im 2. Jahrhundert von gnostischen Häretikern verfasst wurde. Zusätzlich beruft man sich auf ein „geheimes Markus-Evangelium", das es gar nicht gibt. So wird dann dem apokryphen Thomas-Evangelium mehr Glaubwürdigkeit zugeschrieben als Markus oder Johannes.

Sie gehen von falschen Annahmen aus. Die Schlussfolgerungen des „Jesus Seminars" basieren auf radikalen Voraussetzungen, darunter auch die Ablehnung von Wundern. Aber wenn Gott existiert, dann sind Wunder möglich. Daher bedeutet im Grunde jede Ablehnung der Wunder, dass man auch die Existenz Gottes in Zweifel zieht. Mehr noch, die Schlussfolgerungen des Seminars beruhen auf der unbegründeten Annahme, dass das Christentum von den Mysterienreligionen beeinflusst wurde. Edwin Yamauchi, ein anerkannter Althistoriker, hat dargelegt, dass dies nicht der Fall ist, da die monotheistisch-jüdischen Autoren der Bibel niemals auf polytheistisch-heidnische Quellen zurückgegriffen hätten und weil sie nicht von Quellen abhängig sein können, die erst nach ihrer Zeit entstanden sind.[15]

Sie verwenden die falschen Datierungen. Das „Jesus Seminar" geht ungerechtfertigterweise davon aus, dass die vier Evangelien erst spät entstanden sind (wahrscheinlich um 70 bis 100 n. Chr.). Auf dieser Grundlage schließen sie dann, dass das Neue Testament aus Mythen bestehe, die nach einer Weile über Jesus entstanden seien. Das aber widerspricht den handschriftlichen Beweisen, denn es gibt ein Fragment eines Exemplars des Johannes-Evangeliums, das aus dem Ägypten des frühen 2. Jahrhunderts stammt. Daraus kann man schließen, dass es in Kleinasien bereits im 1. Jahrhundert abgefasst wurde. Auch werden die neutestamentlichen Evangelien in anderen Schriften des ersten Jahrhunderts zitiert, etwa im Barnabas-Brief, in der *Didache* (die früheste Kirchenordnung der Christenheit), im Korinther-Brief des Clemens von Rom und in den sieben Briefen des Ignatius von Antiochien. Ferner hat der Historiker Colin Hemer aufgezeigt, dass das Lukas-Evangelium vor der Apostelgeschichte verfasst wurde (siehe Lukas 1,1 und Apostelgeschichte 1,1) und dass es überzeugende Argumente gibt, die dafür sprechen, dass es bereits vor 60–62 n. Chr. entstand. Somit entstand es in einer Zeit, in der viele Zeitgenossen Jesu noch am Leben waren.[16] Hinzu kommt, dass selbst kritische Wissenschaftler anerkennen, dass der 1. Korinther-Brief ungefähr 55–56 n. Chr. geschrieben wurde. Damit entstand er etwa 22 oder 23 Jahre nach dem Tode Jesu (dieser starb im Jahre 33 n. Chr.). Doch in so kurzer Zeit hätten keine Mythen aufkommen können, die bereits weite Verbreitung hatten, zumal ja noch Augenzeugen lebten, die den Irrtum hätten korrigieren können. Und schließlich gibt es sogar manche kritischen Wissenschaftler, die eingestehen, dass die Evangelien bereits sehr früh entstanden. Der verstorbene Bischof John A. T. Robinson argumentierte in seinem Buch „Wann entstand das Neue Testament?", sie seien zwischen 40 n. Chr. und den 60er Jahren des 1. Jahrhunderts entstanden.[17] Damit wären die frühesten schriftlichen Berichte nur etwa sieben Jahre nach dem Tode Jesu verfasst worden!

Sie ziehen die falschen Schlussfolgerungen. Nachdem es den in den Evangelien geschilderten Jesus Christus „demontiert" hat, können sich die Mitglieder des „Jesus Seminars" nicht mehr darauf einigen, wer dieser Jesus nun wirklich war: ein Zyniker, ein Weiser, ein jüdischer Reformator, ein Feminist, ein prophetischer Lehrer, ein radikalsozialistischer oder ein eschatologischer Prophet. Man braucht sich nicht zu wundern, dass eine Gruppe zu falschen Schlussfolgerungen kommt, wenn sie mit den falschen Methoden arbeitet, sich auf die falschen Bücher stützt, von falschen Voraussetzungen ausgeht und ihren Untersuchungen die falschen Datierungen zu Grunde legt.

Wer sich für die Beweise interessiert, die für die Echtheit der Evangelien sprechen, sollte sich mit Werken wie Craig Blombergs „Die historische Zuverlässigkeit der Evangelien"[18] oder Gary Habermas' *The Historical Jesus*[19] beschäftigen. Oder, noch besser: Nehmen Sie die vier Evangelien zur Hand und lesen Sie sie wieder einmal!

Wären die neutestamentlichen Zeugen vor Gericht glaubwürdig gewesen?

Simon Greenleaf, der zu seiner Zeit Jura-Professor in *Harvard* und Verfasser eines Buches über Beweisverfahren im Rechtswesen war, war einer der bedeutendsten Juristen aller Zeiten.[20] In seinem Buch *The Testimony of the Evangelists* hat er die Regeln juristischer Beweisverfahren sorgfältig auf die Berichte der Evangelien angewandt. Er argumentiert: Wenn man die Evangelien der Überprüfung vor einem Gerichtshof aussetzte, „dann, so ist anzunehmen, würde jeder ehrliche, unparteiische Mensch sich dem Ergebnis entsprechend verhalten".[21] Er fügt hinzu: „Man vergleiche die Zeugenaussagen auf ihre innere Stimmigkeit und auf mögliche Parallelen zu den anderen Aussagen sowie mit den sonstigen bekannten Tatsachen und Umständen; man lasse die Zeugenaussagen von der gegnerischen Seite überprüfen, als würden sie vor einem Gerichtshof abgelegt, und unterwerfe die Zeugen dabei einem strengen Kreuzverhör. Das Ergebnis, davon bin ich fest überzeugt, wird beweisen, dass die Zeugen integer sind sowie Sachkenntnis und Wahrheitsliebe besitzen."[22]

Sind die Abschriften der Bibel vertrauenswürdig?

Die Personen, die die Manuskripte in der Vergangenheit abgeschrieben haben, haben die Inhalte mit größter Sorgfalt vervielfältigt. Für ihre Genauigkeit gibt es zahlreiche Beweise. Erstens ist von den wichtigen Lehren der Bibel nicht eine einzige verloren gegangen. Jede wichtige Wahrheit ist von den Originalhandschriften bis hin zu den hebräischen bzw. griechischen

Handschriften des Alten bzw. Neuen Testaments erhalten geblieben.

Zweitens beziehen sich die Fehler, die es in Abschriften gibt, auf unbedeutende Fakten, zum Beispiel Zahlenangaben, die weder wesentliche noch unwesentliche Lehraussagen der Bibel betreffen (siehe „Gibt es in Bibelhandschriften und -übersetzungen Fehler?“, Seite 140). In den meisten Fällen kann man sogar aus dem Textinhalt, aus dem Kontext oder aus anderen Stellen schließen, welche Angabe richtig ist.

Drittens: Es sind nicht nur 100 Prozent aller wichtigen Wahrheiten und die große Mehrheit aller weniger bedeutenden Wahrheiten in den uns noch vorliegenden Handschriften (und in den darauf basierenden Übersetzungen) erhalten geblieben. Es können auch mehr als 99 Prozent des ursprünglichen Textes auf Grund der vorliegenden Handschriften rekonstruiert werden. Das hat zwei Gründe: 1. Wir besitzen Tausende von Handschriften, und 2. wir besitzen bereits sehr früh entstandene Handschriften. Die Nähe zu den Originaltexten und die Vielzahl von Handschriften ermöglichen es Texthistorikern, den ursprünglichen Text mit mehr als 99-prozentiger Genauigkeit zu rekonstruieren. Der angesehene Altphilologe Sir Frederick Kenyon hat bestätigt, dass alle Handschriften soweit übereinstimmen, dass man davon ausgehen kann, dass 99 Prozent aller Verse des Neuen Testaments im Wesentlichen korrekt überliefert wurden. Ein anderer bekannter Altphilologe, A. T. Robertson, sagte, dass es bei den wirklich komplexen Fragen der Textkritik um „einen Textauszug geht, der höchstens ein Tausendstel des gesamten Textes“ ausmacht.[23] Das bedeutet, dass das Neue Testament zu 99 Prozent fehlerfrei ist.

Schlussfolgerung

Die Bibel behauptet, das Wort Gottes zu sein, und es gibt unzählige Beweise dafür, dass sie dies auch tatsächlich ist. Sowohl die biblischen Texte selbst als auch darüber hinausgehende Beweise zeigen in überwältigender Weise, dass die Aussagen der Bibel genau zutreffen und dass sie – wie wir im nächsten Kapitel sehen werden – einzigartig ist. Nachdem wir ihre Herkunft, ihr Wesen und ihre Zuverlässigkeit unter die Lupe genommen haben, können wir nun mit Gewissheit sagen, dass die einzelnen Bücher der Bibel direkt von Gott zu uns gekommen sind, und zwar durch Männer Gottes, die sie schriftlich niedergelegt haben.

Fragen zur Vertiefung

1. Hat Gott das, was er den biblischen Autoren mitteilen wollte, *diktiert*? Wenn nicht, beschreiben Sie bitte, wie man an der Fehlerlosigkeit der Bibel und zugleich an der unersetzlichen Rolle des Menschen bei der Abfassung der Bibel festhalten kann.
2. Denken Sie darüber nach, was gemeint ist, wenn man sagt: „Die Bibel *ist* das Wort Gottes." Wie unterscheidet sich das von der Auffassung „Die Bibel *enthält* das Wort Gottes"?
3. Wenn jemand die Behauptung aufstellt, die Bibel sei in historischer Hinsicht nicht vertrauenswürdig, was würden Sie darauf erwidern? Welche Beweise könnten Sie ihm für die Glaubwürdigkeit anbieten?

Teil II:

Fragen zu anderen Religionen

7. Kapitel

Schwierige Fragen zur Bibel, zu falschen Propheten und zu den Heiligen Büchern anderer Religionen

Norman Geisler

Die Bibel nimmt für sich in Anspruch, das Wort Gottes zu sein, und es gibt zahlreiche Beweise dafür, dass sie es auch tatsächlich ist. Das heißt, die Bibel nimmt nicht nur für sich in Anspruch, dass sie Gottes verbindliches Wort ist, sondern sie beweist auch durch eine Vielzahl inhaltlicher und äußerer Beweise, dass sie selbst dieses Wort ist. Doch auch andere Bücher behaupten von sich, sie seien göttliche Offenbarungen und von Gott inspiriert. Daher stellen sich uns die Fragen: „Ist die Bibel einzigartig?" und: „Sind auch andere Offenbarungen göttlichen Ursprungs?" Ich möchte in diesem Kapitel den Nachweis erbringen, dass die Bibel das einzige Buch ist, das gleichzeitig behauptet und beweist, dass es das Wort Gottes ist.

Wodurch wird bestätigt, dass die Bibel das Wort Gottes ist?

Viele Skeptiker fragen zu Recht nach den Beweisen dafür, dass die Bibel ist, was sie zu sein beansprucht – das Wort Gottes.[1] Schließlich gibt es noch viele weitere Bücher neben der Bibel, die für sich in Anspruch nehmen, direkt von Gott zu stammen. Dazu zählen auch der Koran des Islam und das Buch Mormon der Kirche Jesu Christi der Heiligen der Letzten Tage. Woher können wir wissen, dass die Bibel Gottes Wort ist, die anderen genannten Bücher aber nicht? Warum könnten nicht alle diese Bücher von Gott kommen?

Welche Beweise gibt es dafür, dass die Bibel von Gott inspiriert ist?

Anders als bei anderen Heiligen Büchern wurde es bei der Bibel – und nur bei ihr – auf übernatürliche Weise bestätigt, dass sie das Wort Gottes ist. Denn nur die biblischen Schriften wurden von Propheten verfasst, deren Leben und Werk von Gott durch Zeichen und Wunder in übernatürlicher Weise beglaubigt wurden. Als Mose seine Zweifel daran hatte, dass man seiner Botschaft glauben würde, vollbrachte Gott durch ihn Wunder, damit die Menschen „glauben, dass ich dir erschienen bin – ich, der Gott ihrer Vorfahren Abraham, Isaak und Jakob“ (2. Mose 4,5). Später, als Korach als Herausforderer gegen Mose auftrat, griff Gott wieder ein, um seinem Propheten Recht zu verschaffen (siehe 4. Mose 16). Ebenso wurde auch Elija durch übernatürliches Eingreifen auf dem Berg Karmel als Prophet Gottes bestätigt (siehe 1. Könige 18).

In den Evangelien wird geschildert, dass der jüdische Lehrer Nikodemus zu Jesus kommt und diesem bestätigt, dass er direkt von Gott gesandt wurde: „Rabbi, wir wissen, dass Gott dich gesandt und dich als Lehrer bestätigt hat. Nur mit Gottes Hilfe kann jemand solche Wunder vollbringen, wie du sie tust“ (Johannes 3,2; siehe Lukas 7,22). Eine ähnliche Aussage gibt es auch von Petrus: „Jesus von Nazaret wurde von Gott bestätigt durch die machtvollen und Staunen erregenden Wunder, die Gott durch ihn unter euch vollbracht hat; ihr wisst es selbst“ (Apostelgeschichte 2,22). Der Verfasser des Hebräerbriefes bekräftigt: „Gott selbst hat dazu [Rettungswerk durch Jesus Christus] seine Beglaubigung gegeben durch Staunen erregende Wunder und vielerlei machtvolle Taten und durch die Gaben des Heiligen Geistes, die er nach seinem Willen ausgeteilt hat“ (Hebräer 2,4). Und der Apostel Paulus bewies, dass er ein Apostel war, indem er bekräftigte: „Unter schwierigen Umständen, in großer Geduld, sind durch mich Staunen erregende, machtvolle Wunder geschehen: die Zeichen, an denen man den Apostel erkennt" (2. Korinther 12,12).

Kein anderes Buch der Welt wurde von Menschen verfasst, deren Aussagen in dieser Weise durch Wunder bestätigt wurden. Das Wirken keines Führers einer Weltreligion, weder Konfuzius noch Buddha, noch Mohammed, noch Joseph Smith, ist durch Wunder untermauert worden, die glaubwürdige, zeitgenössische Zeugen bestätigt hätten. Nur die Bibel ist das Wort Gottes, das von Gottes Propheten und Aposteln verfasst wurde, deren Wirken wiederum durch Wunder Gottes begleitet wurde.

Gibt es weitere Beweise dafür, dass die Bibel Gottes Wort ist?

Es gibt vielerlei Beweise dafür, dass die Bibel Gottes Wort ist.[2] Doch einer der wichtigsten Beweise für die übernatürliche Herkunft der Bibel ist ihre Fähigkeit, wiederholt klare Voraussagen über eine weit entfernte Zukunft zu machen. Das Alte Testament enthält fast 200 Voraussagen über das Kommen Christi, die Hunderte von Jahren gemacht wurden, bevor das Ereignis selbst stattfand. Schon eine kleine Auswahl zeigt, dass darin ganz genau vorhergesagt wurde, dass der Messias

- von einer Frau geboren werden würde (1. Mose 3,15),
- von Abraham abstammen würde (1, Mose 12,1-3; 22,18),
- aus dem Stamm Juda hervorgehen würde (1. Mose 49,10),
- in der Stadt Bethlehem geboren werden würde (Micha 5,2),
- von einer Jungfrau geboren werden würde (Jesaja 7,14),
- für unsere Sünden leiden und sterben würde (Jesaja 53), und das etwa im Jahre 33 n. Chr. (Daniel 9,24–26),[3]
- und von den Toten auferstehen würde (Psalm 16,10; siehe Psalm 2,7–8).

Selbst kritische Wissenschaftler geben zu, dass alle diese Prophetien 200, teils auch mehrere hundert Jahre verkündigt wurden, bevor Jesus lebte. Dadurch ist jede Möglichkeit ausgeschlossen, dass es sich um bloße Vermutungen handeln könnte oder dass die

Verfasser lediglich die Zeichen der Zeit gelesen hätten. Auch sind diese Prophetien sowohl detailliert als auch spezifisch. Sie nennen selbst die Vorfahren (David), den Geburtsort (Bethlehem) und die Zeit des Kommens (Daniel 9) Christi. Kein anderes religiöses Buch kann irgendetwas aufbieten, das mit diesen übernatürlichen Voraussagen vergleichbar wäre.

Haben nicht Hellseher ebenfalls Voraussagen gemacht, die eingetroffen sind?

Von fehlbaren menschlichen Vermutungen hin zu den unfehlbaren Propheten der Schrift ist es ein Quantensprung. Einer der Tests, der es einem ermöglicht, einen falschen Propheten zu erkennen, besteht erstaunlicherweise sogar in der Frage, ob der Betreffende je eine Vorhersage gemacht hat, die *nicht* eingetroffen ist (5. Mose 18,22). Diejenigen, deren Vorhersagen nicht eintrafen, wurden gesteinigt (Vers 20) – eine Praxis, die zweifellos großen Anlass zur Zurückhaltung gab, wenn sich jemand nicht absolut sicher war, dass seine Botschaft von Gott stammte! Bei den Hunderten von biblischen Prophetien ist nicht ein einziger Irrtum bekannt.

Zum Vergleich: Eine Untersuchung der bekanntesten Hellseher ergab, dass diese sich in 92 % aller Fälle irrten.[4] Jeanne Dixon zum Beispiel irrte in der großen Mehrheit aller Fälle. Selbst ihre Biographin Ruth Montgomery gibt zu, dass Dixon falsche Voraussagen gemacht hat: „Sie sagte voraus, das kommunistische China werde die Welt wegen Quemoy und Matsu im Oktober 1958 in einen Krieg stürzen; sie glaubte, der Gewerkschaftsführer Walter Reuther werde sich 1964 aktiv um die Präsidentschaft bemühen."[5] Am 19. Oktober 1968 versicherte uns Dixon, dass Jacqueline Kennedy nicht an eine Eheschließung denke; am nächsten Tag heiratete Mrs. Kennedy Aristoteles Onassis. Sie sagte auch, der Dritte Weltkrieg werde 1958 ausbrechen, der Krieg in Vietnam werde 1966 enden und Castro werde 1970 aus Kuba verbannt werden.

Eine Untersuchung über Prophezeiungen, die 1975 von Hellsehern ausgesprochen wurden und die man bis ins Jahr 1981 verfolgte – darunter auch die Voraussagen von Jeanne Dixon –, ergab, dass von 72 Voraussagen nur sechs in irgendeiner Weise in Erfüllung gingen. Davon waren zwei ungenau und zwei weitere waren keine besonderen Überraschungen – die Vereinigten Staaten und Russland würden weiterhin die mächtigsten Staaten dieser Erde bleiben und es würde keine Weltkriege geben. Eine Trefferquote von etwa acht Prozent erklärt sich einfach durch Zufall oder durch eine allgemeine Kenntnis der Umstände.

Hat nicht auch Nostradamus übernatürliche Voraussagen gemacht?

Nein. Die berühmten „Voraussagen" des Nostradamus waren in Wirklichkeit gar nicht so großartig.[6] Sehen wir uns nur eine der bekannteren davon an:

Das angebliche Erdbeben in Kalifornien. Nostradamus soll für den 10. Mai 1981 ein großes Erdbeben in Kalifornien vorausgesagt haben – eine Vorhersage, die in der Zeitung *USA Today* am 6. Mai 1981 zu lesen war. Doch es fand kein derartiges Erdbeben statt. Nostradamus hatte in seinen Texten jedoch in Wirklichkeit weder das Land noch die Stadt, noch das Jahr erwähnt. Er sprach lediglich von einer „grollenden Erde" in einer „neuen Stadt" und einem „sehr großen Beben" am 10. Mai. Wenn man berücksichtigt, dass ständig irgendwo Erdbeben stattfinden, dann muss eine so allgemeine Ankündigung irgendwann irgendwo eintreffen.

Bestehen Nostradamus' Voraussagen die Prüfung der wahren Propheten?

Nostradamus' Voraussagen sind keineswegs übernatürlich. Sie sind allgemeiner Natur und vage und man findet meist ganz natürliche Erklärungen für die Geschehnisse.

Falsche Prophezeiungen. Eines der Merkmale, an denen man falsche Propheten erkennt, besteht darin, dass sie falsche Prophezeiungen aussprechen (siehe „Woran erkennt man falsche Propheten?", S. 159). Wenn man Nostradamus' Voraussagen wörtlich nimmt, dann sind viele davon falsch. Nimmt man sie nicht wörtlich, dann lassen sie viele Deutungen und ebenso viele ganz unterschiedliche „Erfüllungen" zu. Der Apologetik-Experte John Ankerberg merkt dazu an: „Dass Nostradamus zahlreiche falsche Prophezeiungen ausgesprochen hat, ist eine unbestreitbare Tatsache."[7]

Ungenaue Voraussagen. Die große Mehrzahl der Voraussagen von Nostradamus ist so vieldeutig und ungenau, dass die von ihm geschilderten Ereignisse auf unterschiedlichste Weise eintreten könnten. Man bedenke nur die folgende: „Sichel am Teich, in Konjunktion mit dem Schützen am höchsten Punkt des Aszendenten. Krankheit, Hunger, Tod durch Heerhaufen – die Zenturie/das Zeitalter nähert sich der Erneuerung" (I. Zenturie 6). Die möglichen Deutungen sind unendlich. Die Voraussage kann auf vielerlei Weise interpretiert werden, wozu ein breites Spektrum an zukünftigen Ereignissen passen kann. Wenn dann ein Ereignis eintritt, das in einem (wenn auch noch so entfernten) Zusammenhang mit einer solchen Aussage steht, dann erscheint die Voraussage rückblickend als übernatürlich.

Voraussagen, die erst im Nachhinein verständlich sind. Selbst Nostradamus hat eingeräumt, dass seine Voraussagen so abgefasst sind, „dass sie gar nicht verstanden werden können, bevor sie nicht von den Ereignissen her und durch sie gedeutet werden"[8]. Aber es hat nichts mit Wundern zu tun, wenn man im Nachhinein eine Erfüllung in eine Prophezeiung hineinliest, die *vor* der vermeintlichen Erfüllung noch gar nicht klar verständlich war. Keine einzige Voraussage von Nostradamus hat sich je als echt erwiesen, was darauf hinweist, dass er entweder ein falscher Prophet war oder aber dass er gar nicht ernsthaft in Anspruch nahm, Voraussagen machen zu können.

Okkulte und dämonische Quellen. Nostradamus hat gestanden, dass er von Dämonen inspiriert war, indem er schrieb: „Am Zehnten der Kalenden des April erregt durch böse Menschen. Das Licht gelöscht. Diabolische Versammlung sucht die Knochen des Teufels (*damant* – Dämon) nach Psellos."[9] Andre Lamont, Verfasser von *Nostradamus sees all*, machte dazu folgende Bemerkung: „Schriften antiker Autoren, die von Magie handeln, empfehlen, sich Dämonen oder böse Engel zunutze zu machen. Diese hätten, so behaupten sie, großes Wissen über zeitliche Abläufe, und wenn man sie sich erst gefügig gemacht habe, teilten sie dem Fragesteller vieles mit." Er fügte hinzu: „Einer derartigen Versuchung hätte Nostradamus nicht widerstehen können."[10]

Woran erkennt man falsche Propheten?

Die Bibel führt viele Möglichkeiten auf, wie man einen falschen Propheten erkennen kann. Im folgenden Abschnitt habe ich einige der Merkmale zusammengestellt und durchnummeriert.

Im 5. Buch Moses erklärt Mose Folgendes:

„Befolgt das ganze Gesetz, das ich euch heute gebe, mit allen seinen Weisungen. Lasst nichts aus und fügt auch nichts hinzu!

Ihr müsst damit rechnen, dass in eurer Mitte falsche Propheten auftreten werden oder Leute, die sich auf Träume berufen; [1] *die werden euch auffordern, fremde Götter zu verehren und ihnen zu dienen. Sie werden sich dadurch auszuweisen suchen, dass sie ein außerordentliches Ereignis ankündigen, das dann auch wirklich eintrifft. Hört trotzdem nicht auf sie!"* (5. Mose 13,1–4).

„Es soll niemand unter dir gefunden werden, der [2] *seinen Sohn oder seine Tochter durchs Feuer gehen lässt oder* [3] *Wahrsagerei,* [4] *Hellseherei,* [5] *geheime Künste oder* [6] *Zauberei treibt oder* [7] *Bannungen oder* [8] *Geisterbeschwörungen oder* [9] *Zeichendeuterei vornimmt oder* [10] *die Toten befragt.*

Doch wenn ein Prophet so vermessen ist, dass er redet in meinem Namen, was ich ihm nicht geboten habe, und [11] *wenn einer redet in dem Namen anderer Götter, dieser Prophet soll sterben.*

Wenn du aber in deinem Herzen sagen würdest: Wie kann ich merken, welches Wort der Herr nicht geredet hat? – [12] *wenn der Prophet redet in dem Namen des Herrn und es wird nichts daraus und es tritt nicht ein, dann ist das ein Wort, das der Herr nicht geredet hat. Der Prophet hat's aus Vermessenheit geredet; darum scheue dich nicht vor ihm"* (4. Mose 18,10-11.20–22; Luther).

Im Alten Testament werden auch diejenigen verdammt, die [13] Astrologie betreiben (2. Mose 22,17; 3. Mose 19,26.31; 20,6; Jeremia 27,9; Ezechiel 13,7.18).

Im Neuen Testament erweitert Paulus die Liste mit folgenden an Timotheus gerichteten Worten:

„Der Geist aber sagt deutlich, dass in den letzten Zeiten einige [14] *von dem Glauben abfallen werden und* [15] *verführerischen Geistern und teuflischen Lehren anhängen, verleitet durch* [16] *Heuchelei der Lügenredner, die ein Brandmal in ihrem Gewissen haben. Sie* [17] *gebieten, nicht zu heiraten und* [18] *Speisen zu meiden"* (1. Timotheus 4,1–3; Luther).

Paulus erwähnte ein weiteres Charakteristikum, als er schrieb: [19] „Aber nicht einmal ich selbst oder ein Engel vom Himmel darf euch eine Gute Nachricht bringen, die der widerspricht, die ich euch gebracht habe. Wer es tut, soll verflucht sein, dem Gericht Gottes übergeben!" (Galater 1,8).

Schließlich erhalten wir folgende Regel von Johannes:

„Ihr Lieben, glaubt nicht allen, die vorgeben, Botschaften des Geistes zu verkünden! Prüft sie, ob der Geist Gottes aus ihnen redet. Denn diese Welt ist voll von falschen Propheten. An folgendem Merkmal könnt ihr erkennen, ob es sich um den Geist Gottes handelt: Wer bekennt, dass Jesus Christus ein Mensch von Fleisch und Blut wurde, hat den Geist Gottes. [20] *Wer das leugnet, aus dem redet nicht der Geist Gottes, sondern der Geist des Antichrist. Ihr habt gehört, dass er in die Welt kommen soll, und er ist schon da"* (1. Johannes 4,1–3).

Halten die biblischen Autoren der Überprüfung stand?

Die biblischen Autoren halten der Überprüfung tatsächlich stand. Sie haben ja die oben aufgeführten Charakteristika selbst niedergeschrieben. Eine der eindeutigsten und entscheidendsten Prüfungen war die Fähigkeit, Wunder zu vollbringen, um den eigenen Anspruch zu untermauern. Mose vollbrachte Wunder, um zu bestätigen, dass Gott ihn gesandt hatte (2. Mose 4–12). Auch die Apostel vollbrachten viele Wunder (Matthäus 10,1–8), ebenso Jesus (Johannes 3,2; 20,30; Hebräer 2,3–4). Paulus verwendete Wunder als Beweis dafür, dass er ein Apostel Gottes war. Er wies darauf hin: „Unter schwierigen Umständen, in großer Geduld, sind durch mich Staunen erregende, machtvolle Wunder geschehen: die Zeichen, an denen man den Apostel erkennt" (2. Korinther 12,12).

Warum können nicht auch die Heiligen Bücher anderer Religionen von Gott kommen?

In unserer multikulturellen, pluralistischen Gesellschaft heißt es oft, alle Religionen seien wahr. „Warum", fragen viele, „sollten wir annehmen, dass nur das heilige Buch einer einzigen Religion von Gott kommt? Warum können sie nicht alle die Wahrheit enthalten?" Weil ihre Inhalte einander widersprechen, und zwei Dinge, die einander widersprechen, können nicht beide wahr sein. Wenn zum Beispiel George Washington der erste Präsident der Vereinigten Staaten von Amerika war, dann kann es nicht ebenfalls wahr sein, dass Thomas Jefferson der erste Präsident war.

Entsprechend gilt: Wenn die Bibel erklärt, dass Jesus am Kreuz gestorben und drei Tage später von den Toten auferstanden ist (siehe 1. Korinther 15,1–6), und der Koran lehrt, dass er nicht gekreuzigt wurde und nicht auferstanden ist (siehe Sure 4, 157), dann können hinsichtlich dieser entscheidenden Frage nicht beide Bücher Recht haben. Eines von beiden muss irren. Wenn beispielsweise die Schriften von Joseph Smith lehren, dass es viele Götter gibt (Polytheismus) – und das lehren sie ja[11] –, und wenn dagegen die Bibel erklärt (was sie ja tut), dass es nur einen Gott gibt (siehe 5. Mose 6,4; 1. Korinther 8,4), dann können nicht beide Schriften Recht haben. Wenn die Bibel Recht hat, dann irrt Smith; wenn Smith Recht hat, irrt die Bibel. Natürlich gibt es in den anderen heiligen Büchern auch manche Wahrheiten, die der Bibel nicht widersprechen, aber was der Bibel widerspricht, das kann nicht wahr sein.

Ist es nicht engstirnig, zu behaupten, dass nur eine Religion die Wahrheit kennt?

Das Christentum behauptet gar nicht, dass es in nichtchristlichen religiösen Büchern keine Wahrheit gibt. Es behauptet lediglich, dass die Bibel wahr ist und dass alles falsch ist, was der Bibel widerspricht. In nichtchristlichen Religionen gibt es viel Wahres und Gutes. Zum Beispiel hat Konfuzius gesagt: „Tue nicht anderen, was du nicht willst, dass sie dir tun." Man bezeichnet dies manchmal als die negative Goldene Regel. Sie widerspricht nicht der positiven Goldenen Regel Jesu: „Behandelt die Menschen so, wie ihr selbst von ihnen behandelt werden wollt – das ist es, was das Gesetz und die Propheten fordern" (Matthäus 7,12). Auch der Buddhismus und die meisten anderen Religionen stimmen mit dem Christentum darin überein, dass wir unsere Eltern ehren sollen oder dass Mord verboten ist. Das Christentum lehrt nicht, dass nur die Bibel Wahrheit enthält. Es bekräftigt jedoch, dass die Bibel wahr ist und dass alles, was ihr widerspricht, falsch ist, da zwei widersprüchliche Aussagen nicht beide wahr sein können.

Fragen zum Kanon der Bibel

Bibelkritiker und Skeptiker fragen oft nach den so genannten „fehlenden Büchern der Bibel". Ist die Bibel vollständig?[12] Sind Teile davon verloren gegangen? Wenn ja, waren es wichtige Teile? Bei diesem Thema geht es um den biblischen Kanon, das heißt, welche Bücher gehören zur Bibel und sollten daher als Maßstab verwendet werden, anhand dessen man die Wahrheit erkennt?

Ist das Alte Testament vollständig?

Die Vollständigkeit des Alten Testaments wird durch mehrere Tatsachen bestätigt. Dazu gehört das Zeugnis des Judentums, das Zeugnis Christi und das Zeugnis der christlichen Kirche (siehe die folgenden Fragen).

Was sagt das Judentum über die Vollständigkeit des Alten Testaments?

Das Alte Testament ist identisch mit den jüdischen Schriften. Es wurde von Juden und für Juden verfasst. Jüdische Gelehrte haben einhellig bestätigt, dass die 24 Bücher des jüdischen Kanons mit den 39 Büchern des protestantischen Kanons identisch sind, wenngleich die Zählung unterschiedlich ist. Dass diese Bücher den vollständigen jüdischen Kanon enthalten, ergibt sich aus mehreren Überlegungen.

Erstens zeigt schon die Tatsache, dass die Bücher auf eine Weise zusammengestellt wurden, die 24 (oder 22) Bücher ergab, dass ihre Sammlung als komplett angesehen wurde, denn das ist die Anzahl der Buchstaben im vollständigen hebräischen Alphabet (dieses enthält zwei Zeichen, die je zwei verschiedene Buchstaben darstellen können, und daraus ergeben sich die wechselnden Angaben, einmal 22, einmal 24). Um die 39 Bücher, die in unserem Alten Testament enthalten sind, als 24 zählen zu können (so viele sind es in der heutigen jüdischen Bibel), wurden alle zwölf kleinen Propheten als ein einziges Buch gezählt. Auch wurden alle zweibändigen Werke nur als ein Buch gezählt (1. und 2. Samuel, 1. und 2. Könige, 1. und 2. Chronik und Esra-Nehemia). Manche jüdischen Quellen (etwa Josephus) zählen dagegen 22 (die genaue Anzahl der Konsonantenzeichen im hebräischen Alphabet). Diese Zählung der Bücher bringt die Überzeugung zum Ausdruck, dass der jüdische Kanon abgeschlossen war.

Daneben gibt es im Judentum ausdrückliche Aussagen darüber, dass der Kanon abgeschlossen ist. Josephus sagte, dass „von Artaxerxes [Zeit Maleachis, etwa 400 v. Chr.] bis zu unserer Zeit alles aufgeschrieben wurde, aber nicht der gleichen Ehre wert gehalten wird wie das Vorige, weil die lückenlose Abfolge der Propheten aufgehört hat". Der jüdische Talmud fügt hinzu: „Nach den letzten Propheten, Haggai, Sacharja und Maleachi, zog sich der Heilige Geist aus Israel zurück."[13]

Schließlich stimmen jüdische Gelehrte wie Philo und Josephus sowie die Gelehrten aus Jamnia (dem Ort der jüdischen Hochschule von 70–132 n. Chr.) und auch der Talmud hinsichtlich der

Anzahl der Bücher in ihrem Kanon überein. Keine Richtung des Judentums hat je irgendein anderes Buch anerkannt oder eines der 39 (24) Bücher des protestantischen Alten Testaments zurückgewiesen. Der jüdische Kanon gilt als abgeschlossen und er umfasst genau dieselben Bücher wie der alttestamentliche Kanon der evangelikalen Christen.

Was sagte Jesus über die Vollständigkeit des Alten Testaments?

Jesus hat auf mehrfache Weise bestätigt, dass der alttestamentliche Kanon abgeschlossen ist. Bei seinem vielfältigen Gebrauch alttestamentlicher Schriften hat er nie andere Bücher zitiert als solche, die zu den 24 (39) kanonischen Büchern des jüdischen Alten Testaments gehören. Mehr noch, er zitierte aus jedem der wichtigen Teile des Alten Testaments – sowohl aus dem Gesetz als auch aus den Propheten wie auch aus den späteren Zusammenstellungen von Propheten, die als „Schriften" bekannt sind. Doch er zitierte nie aus den so genannten apokryphen Büchern. An einer Stelle definierte Jesus die Grenzen des alttestamentlichen Kanons – vom 1. Buch Mose bis zur 2. Chronik (das letzte Buch des jüdischen Alten Testaments): „So stellt ihr euch in eine Reihe mit euren Vorfahren und werdet zur Rechenschaft gezogen werden für die Ermordung aller Gerechten, von Abel an [1. Mose 4] bis hin zu Secharja, dem Sohn von Berechja, den ihr zwischen Tempelhaus und Brandopferaltar umgebracht habt [2. Chronik 24,20–22]" (Matthäus 23,35). Eine christliche Entsprechung würde wohl lauten: „von 1. Mose bis zur Offenbarung." Jesus umschreibt also den vollständigen jüdischen Kanon. Auch Ausdrücke wie „das Gesetz und die Weisungen der Propheten" (Matthäus 5,17) und: „von den Büchern Moses und der Propheten angefangen durch die ganzen Heiligen Schriften" (Lukas 24,27) werden von Jesus verwendet, um zu zeigen, dass der Kanon der jüdischen Schriften vollständig ist. Jesus verwendet diesen Ausdruck sogar parallel zu dem anderen Ausdruck „die ganzen Heiligen Schriften" (Lukas 24,27). Als gläubiger Jude setzte Jesus denselben abgeschlossenen jüdischen Kanon voraus wie das Judentum auch. Dieser hat immer aus denselben 39 Büchern bestanden wie das protestantische Alte Testament.

Was sagten die frühen Christen über die Vollständigkeit des Alten Testaments?

Die frühen Christen brachten auf mehrfache Weise ihre Anerkennung des jüdischen Kanons zum Ausdruck. Erstens zitierten sie diese Bücher als Heilige Schriften. Den ketzerischen Lehrer Origenes ausgenommen, waren sich die Kirchenväter der ersten vier Jahrhunderte darin einig, dass die Bücher des jüdischen Alten Testaments die Bibel bildeten und keine weiteren.[14]

Wenn man aus den apokryphen Büchern zitierte, schrieb man ihnen nicht die gleiche göttliche Autorität zu wie den 39 kanonischen Büchern. Vielmehr wurden sie ähnlich gebraucht wie auch Paulus sich der nichtinspirierten Schriften griechischer Denker bediente – z. B. in Apostelgeschichte 17,28; 1. Korinther 15,33; Titus 1,12; oder die Pseudepigraphen (Schriften mit falscher Verfasserangabe, z. B. Judas 9; 14), die um einer darin enthaltenen Wahrheit willen, die aber nicht inspiriert war, zitiert wurden. Selbst Augustinus, dessen Einfluss viele später dazu veranlasst hat, die alttestamentlichen Apokryphen anzuerkennen, bekannte, dass diese Bücher nicht zum jüdischen Kanon gehören.

Wenn man in anderen frühen Schriften aus den Apokryphen zitierte, dann bedeutete dies nicht, dass man dadurch die These unterstützte, dass diese außerkanonischen Bücher auch von Gott inspiriert waren. Der bekannte Kanonforscher Roger Beckwith macht folgende Beobachtung:

„Wenn man bei den frühen Kirchenvätern die Abschnitte untersucht, die die Kanonizität der Apokryphen bestätigen sollen, dann stellt man fest, dass es sich teils um Zitate aus einem abweichenden Esra-(1. Esra)Text handelt oder um solche aus Zusätzen zu den Anhängen des Daniel- bzw. Jeremia-Buches oder zu anderen außerkanonischen Büchern, die [...] *nicht wirklich wichtig sind; wieder andere sind gar keine Zitate aus den Apokryphen. Und da, wo es sich tatsächlich um Zitate aus den Apokryphen handelt, gibt*

es häufig keinen Hinweis darauf, dass das jeweilige Buch als Teil der Heiligen Schriften galt.“[15]

Hat die römisch-katholische Kirche dem jüdischen Alten Testament weitere Bücher hinzugefügt?

Ja. Diese Bücher, die man als die Apokryphen bezeichnet, wurden zwischen 250 v. Chr. und 150 n. Chr. verfasst, und zwar von Juden. Sie behandeln die jüdische Geschichte und den jüdischen Glauben in der Zeit zwischen den beiden Teilen der Bibel. Doch sie beanspruchen nicht für sich, von Gott inspiriert zu sein, und das Judentum hat sie auch nie als inspirierte Schriften anerkannt. Dennoch haben römisch-katholische Kirchenvertreter in einer Entscheidung des Konzils von Trient (1546 n. Chr.) elf dieser apokryphen Bücher zur Bibel hinzugefügt.

Das Hinzufügen von apokryphen Schriften zur Bibel wird von evangelikalen Christen abgelehnt, weil

- ▷ diese Bücher nicht für sich in Anspruch nehmen, von Gott inspiriert worden zu sein.
- ▷ sie nicht von Propheten verfasst wurden.
- ▷ sie nicht durch Wunder beglaubigt wurden.
- ▷ sie keine neuen übernatürlichen Prophetien enthalten.
- ▷ sie falsche Lehren und Irrtümer enthalten.
- ▷ sie im Judentum niemals als inspiriert anerkannt worden sind.
- ▷ sie im Neuen Testament nie als Heilige Schriften zitiert werden.
- ▷ Jesus den jüdischen Kanon übernommen und bestätigt hat, der als „das Gesetz und die Weisungen der Propheten“ bezeichnet wurde (Matthäus 5,17–18; Lukas 24,27).
- ▷ sie von den meisten wichtigeren Kirchenvätern der frühen Kirchengeschichte abgelehnt wurden, unter anderem auch von dem großen römisch-katholischen Bibelgelehrten Hieronymus.
- ▷ die Gründe, wegen derer die Katholiken sie akzeptieren, unzutreffend sind – man fügt sie zum Kanon hinzu, da sie von Christen verwendet werden, auch wenn sie nicht durch Propheten

oder Apostel verfasst wurden (siehe Johannes 14,26; 16,13; Epheser 2,20; Hebräer 1,1; 2,3–4).[16]

Woher wissen wir, dass das Neue Testament vollständig ist?

Das Neue Testament wurde zwischen 50 und 90 n. Chr. geschrieben. Verschiedene Gründe stützen die Überzeugung, dass der neutestamentliche Kanon abgeschlossen ist. Jesus hat versprochen, dass der Kanon abgeschlossen sein würde, und schränkte die Lehrautorität auf die Apostel ein, die alle vor dem Ende des 1. Jahrhunderts verstorben sind.[17]

Was hat Jesus über die Entstehung des Neuen Testaments verheißen?

Im Neuen Testament gibt es klare Hinweise darauf, dass die Lehren Jesu die biblische Offenbarung abschließen sollten. Jesus war die umfassende und vollständige Offenbarung des Alten Testaments. In der Bergpredigt sagte er über das gesamte Alte Testament: „Denkt nicht, ich sei gekommen, um das Gesetz und die Weisungen der Propheten außer Kraft zu setzen. Ich bin nicht gekommen, um sie außer Kraft zu setzen, sondern um sie zu erfüllen und ihnen volle Geltung zu verschaffen“ (Matthäus 5,17). So lehrt der Hebräerbrief, dass Jesus die vollständige und abschließende Offenbarung Gottes „in diesen letzten Tagen“ ist. Der Verfasser des Hebräerbriefes schrieb Folgendes:

„In der Vergangenheit hat Gott in vielfältigster Weise durch die Propheten zu unseren Vorfahren gesprochen. Aber jetzt, am Ende der Zeit, hat er zu uns gesprochen durch den Sohn. Ihn hat Gott dazu bestimmt, dass ihm am Ende alles als sein Erbbesitz gehören soll. Durch ihn hat er auch am Anfang die Welt geschaffen. Die ganze Herrlichkeit Gottes leuchtet in ihm auf; in ihm hat Gott sein innerstes Wesen sichtbar gemacht“ (Hebräer 1,1–3).

Der Verfasser des Hebräerbriefes schreibt darüber hinaus, dass Jesus Christus „hoch über den Engeln“ steht (1,4), als „eine bessere Hoffnung“ als das Gesetz (7,19) und als „besser“ als das alttestamentliche Gesetz und seine Priesterschaft (9,23). Ja, seine Offenbarung und Erlösung werden die „endgültige Errettung“ bringen (5,9; 9,12.15) und als ein für alle Mal gültig (9,28; 10,12–14) bezeichnet. Daher war Jesus die umfassende und abschließende Offenbarung Gottes an die Menschheit. Nur er konnte sagen: „Wer mich gesehen hat, hat den Vater gesehen“ (Johannes 14,9). Und nur von Jesus Christus kann man sagen: „In Christus wohnt wirklich und wahrhaftig die Heilsmacht Gottes in ihrer ganzen Fülle“ (Kolosser 2,9).

Was haben die Apostel über das Neue Testament gesagt?

Jesus hat zwölf Apostel ausgewählt, in die Welt gesandt und mit dem Nachweis ihrer Autorität ausgestattet (vgl. Hebräer 2,3–4), damit sie die vollständige und abschließende Offenbarung lehrten, die er ihnen gegeben hatte (Matthäus 10,1). Und bevor Jesus diese Welt verließ, versprach er ihnen, sie zu leiten: „Der [Heilige Geist] wird euch alles Weitere lehren und euch an alles erinnern, was ich selbst schon gesagt habe“ (Johannes 14,26). Und: „Aber wenn der Helfer kommt, der Geist der Wahrheit, wird er euch anleiten, in der vollen Wahrheit zu leben“ (Johannes 16,13). Aus diesem Grund kann auch Paulus schreiben, dass die Kirche ein Bauwerk ist, „dessen Fundament die Apostel und Propheten bilden“ (Epheser 2,20), und dass die Kirche in ihren Anfängen „beständig in der Lehre der Apostel“ blieb (Apostelgeschichte 2,42). Hätten die Apostel nicht eine bereits abgeschlossene Lehre verbreitet, dann hätte Jesus Unrecht gehabt. Doch als Sohn Gottes konnte er nicht irren. Aus diesem Grund kann man also sagen, dass die volle und abschließende Offenbarung Gottes in Jesus Christus durch die Apostel verbreitet wurde.

Die Apostel Jesu wiederum lebten und starben im 1. Jahrhundert. Daher wurden die Berichte über die volle und abschließende Offenbarung Jesu an die Apostel im 1. Jahrhundert abgeschlossen. Eine der notwendigen Eigenschaften eines Apostels war ja sogar, dass er Augenzeuge der Auferstehung Jesu gewesen sein musste, die im 1. Jahrhundert stattfand (siehe Apostelgeschichte 1,22). Jeder vermeintliche Apostel, der erst später lebte, war ein „falscher Apostel“ (2. Korinther 11,13). Als der apostolische Status von Paulus beispielsweise in Frage gestellt wurde, entgegnete er: „Bin ich nicht Apostel? Habe ich nicht Jesus, unseren Herrn, gesehen?“ (1. Korinther 9,1). Daher wird er auch, zusammen mit den anderen Aposteln, als der Letzte aufgeführt, der den auferstandenen Christus gesehen hat (siehe 1. Korinther 15,6–8).

Welche Beweise hatten die Apostel dafür, dass sie ihre Stellung zu Recht innehatten?

Es durfte kein Zweifel daran bestehen, wer die Autorität besaß, die volle und endgültige Offenbarung Gottes in Jesus Christus zu verkündigen. Darum gab Gott den Aposteln die Fähigkeit, übernatürliche Dinge – sprich: Wunder – zu vollbringen, und die Apostel ihrerseits gaben diese Fähigkeiten und Kräfte an ihre Mitarbeiter weiter (siehe Apostelgeschichte 6,6; 8,15–19; 2. Timotheus 1,6). Dass speziell die Apostel diese „Zeichen, Taten und Wunder“ vollbrachten, ergibt sich daraus, dass diese als „die Zeichen, an denen man die Apostel erkennt“, bezeichnet werden (2. Korinther 12,12) und dass manches geschehen konnte, „wenn die Apostel ihnen die Hände auflegten“ (Apostelgeschichte 8,18; vgl. 19,6). Auch war diese „Kraft“ speziell den Aposteln versprochen worden (Apostelgeschichte 1,8), und nachdem Jesus zum Vater gegangen war (vgl. Johannes 14,12), übten sie besondere apostolische Vollmachten und Funktionen aus oder übertrugen diese. Dazu gehörte das Zu-Tode-Bringen von Personen, die den Heiligen Geist belogen (Apostelgeschichte 5,9–11) und das Vollbringen besonderer Zeichen und Wunder (siehe Apostelgeschichte 5,12; 2. Korinther 12,12; Hebräer 2,3–4), darunter sogar die Auferweckung von Toten auf den Befehl Christi hin (siehe Matthäus 10,8; Apostelgeschichte 20,7–12).

Und schließlich gibt es nur einen authentischen Bericht über die Lehre der Apostel – die 27 Bücher des Neuen Testaments. Alle anderen Bücher, die die Behauptung aufstellen, sie seien von Gott inspiriert, stammen aus dem 2. Jahrhundert oder aus späterer Zeit. Diese Bücher bezeichnet man als die neutestamentlichen Apokryphen; sie wurden mit Sicherheit nicht von Aposteln verfasst, da alle Apostel vor dem Ende des 1. Jahrhunderts verstorben waren.

Da wir wissen, dass die 27 Bücher des Neuen Testaments von Anfang an exakt vervielfältigt wurden (siehe „Sind die Abschriften der Bibel vertrauenswürdig?", Seite 147), müssen wir nur noch die Fragen klären, ob auch tatsächlich *alle* apostolischen Schriften aus dem 1. Jahrhundert erhalten geblieben sind. Wenn ja, dann ist mit diesen 27 Büchern der biblische Kanon abgeschlossen. Und alles, was danach noch geschrieben worden sein mag, kann keine Offenbarung Gottes für seine Kirche sein.

Sind im Neuen Testament alle apostolischen und prophetischen Schriften erhalten geblieben?

Ja, es gibt allen Grund für diese Annahme. Es gibt zwei Argumente, die dafür sprechen, dass alle inspirierten Schriften der Apostel und ihrer Mitarbeiter erhalten geblieben und unter den 27 Schriften des Neuen Testaments zu finden sind. Der erste Grund beruht auf dem Wesen Gottes, der zweite auf der Sorgfalt der Kirche.

Inwiefern garantiert das Wesen Gottes die Vollständigkeit des Neuen Testaments?

Da Gott allwissend (Psalm 139,1–6; 147,5), von umfassender Güte (Psam 146; 1. Petrus 2,3) und allmächtig ist (1. Mose 1,1; Matthäus 19,26), kann man schließen, dass er keine Bücher inspirieren und sie dann verloren gehen lassen würde. Verloren gegangene inspirierte Bücher wären ein Versäumnis Gottes. Der Gott, der auch für die Spatzen sorgt, wird zweifellos auch dafür sorgen, dass seine Schriften erhalten bleiben. Und der Gott, der sich uns in der Natur offenbart (Römer 1,19–20), wird zweifellos nicht versäumen, seine spezielle Offenbarung auch in schriftlicher Form zu bewahren (Römer 3,2). Kurzum: Wenn Gott gewisse

Schriften inspiriert hat (2. Timotheus 3,16), dann wird Gott sie auch bewahren. Alle Pläne, die Gott schmiedet, wird er auch zu Ende bringen (Philipper 1,6).

Hat die Kirche das gesamte Neue Testament sorgfältig überliefert?

Ja, die Kirche hat das ganze Neue Testament überliefert. Zum einen hat Gott dies verheißen, zum anderen können wir dies an der Tatsache ablesen, dass alle diese Bücher auch heute – 2 000 Jahre nach ihrer Entstehung – immer noch vorliegen.

Erstens wurden die Schriften seit frühester Zeit gesammelt. Dieser Sammlungsprozess beginnt schon im Neuen Testament selbst. Lukas bezieht sich auf andere schriftliche Berichte (Lukas 1,1–4) – vielleicht von Matthäus und Markus. Paulus zitiert in seinem 1. Brief an Timotheus (5,18) das Lukas-Evangelium (10,7). Petrus spricht von einer Sammlung der Paulus-Briefe (2. Petrus 3,15–16). Paulus forderte die Empfänger seines Schreibens dazu auf, seinen 1. Brief an die Gemeinde in Thessalonich „vor allen Brüdern und Schwestern zu verlesen“ (5,27). Und der Kirche in Kolossä befahl er: „Wenn dieser Brief bei euch vorgelesen worden ist, dann schickt ihn nach Laodizea, damit er auch dort vor der Gemeinde verlesen wird. Und lest auch ihr den Brief, den ich nach Laodizea geschrieben habe“ (Kolosser 4,16). Judas (Verse 6–7) hatte offenbar Zugang zum 2. Petrus-Brief (2. Petrus 2,4–6). Und Johannes' Buch der Offenbarung war in den Kirchen Kleinasiens im Umlauf (Offenbarung 1,4). Daher war schon die apostolische Kirche selbst auf Grund göttlicher Anordnung an der Bewahrung der apostolischen Schriften beteiligt.

Zweitens bewiesen schon die Zeitgenossen der Apostel, dass sie sich der Bedeutung der Schriften ihrer Lehrer bewusst waren, indem sie häufig daraus zitierten. Im Anschluss daran zitierten die Kirchenväter des 2. bis 4. Jahrhunderts etwa 36 289-mal aus dem Neuen Testament, wobei das gesamte Neue Testament – mit Ausnahme von elf Versen – erwähnt wird! Darunter sind 19 368 Zitate aus den Evangelien, 1 352 aus der Apostelgeschichte, 14 035 aus den Briefen des Paulus, 870 aus den übrigen Briefen und 664 aus der Offenbarung.[18] Schon allein die Kirchenväter des 2. Jahrhunderts zitierten aus jedem wichtigen Buch des Neuen Testaments, ausgenommen nur den 3. Johannes-Brief (vielleicht ergab sich einfach keine Gelegenheit, daraus zu zitieren). Das zeigt nicht nur, dass sie großen Respekt vor den Schriften der Apostel hatten, sondern auch, wie wichtig es ihnen war, deren Schriften zu erhalten.

Drittens wurde die Kirche von ketzerischen Lehren wie denen des Gnostikers Marcion herausgefordert. Marcion lehnte das gesamte Neue Testament ab, mit Ausnahme von Teilen des Lukas-Evangeliums und zehn Paulus-Briefen; das heißt, er akzeptierte alle Paulus-Briefe außer dem 1. und 2. Brief an Timotheus und dem an Titus. Die Kirche reagierte darauf, indem sie festlegte, was offiziell zum Kanon des Neuen Testaments gehört. Listen apostolischer Bücher und Sammlungen apostolischer Schriften gab es seit frühester Zeit, beginnend mit dem 2. Jahrhundert. Dazu gehören der so genannte Kanon Muratori (170 n. Chr.), die so genannte Apostolische Liste (um 300 n. Chr.), die Liste von Cheltenham (um 360 n. Chr.) und die Liste des Athanasius (367 n. Chr.), ferner die Altlateinische Übersetzung (ca. 200 n. Chr.). Den Höhepunkt dieser Entwicklung bildeten die Konzile von Hippo (393 n. Chr.) und Karthago (410 n. Chr.), die die 27 Bücher des Neuen Testaments als vollständigen Kanon aufführten. Katholiken, Protestanten und Anglikaner haben dies als die bleibende Entscheidung der Kirche akzeptiert.

Ist die ganze Bibel vollständig erhalten?

Die Bibel ist vollständig. Es gibt keinen Beweis dafür, dass ein inspiriertes Buch verloren gegangen wäre. Das ist zum einen der Vorsehung Gottes zu verdanken, darüber hinaus aber auch der unmittelbaren und sorgfältigen Überlieferung durch die Kirche. Weiterhin gibt es jedoch keine Hinweise darauf, dass irgendein weiteres prophetisches oder apostolisches Buch fehlt. Vermeintliche Gegenbeispiele lassen sich leicht entkräften. Es handelt sich dabei um nichtinspirierte Werke, auf die biblische Autoren Bezug genommen haben, oder um inspirierte Werke, die in den 66 kanonischen Büchern unter anderem Namen enthalten sind.

Warum werden in der Bibel Bücher erwähnt, die nicht von Gott inspiriert sind?

Manchmal haben biblische Autoren aus nichtinspirierten Büchern zitiert. Der Apostel Paulus hat einige Aussprüche von heidnischen Dichtern zitiert (Apostelgeschichte 17,28; Titus 1,12). Judas könnte sich auf pseudepigraphische Bücher bezogen haben (das Testament Moses und das Buch Henoch, siehe Judas 9 und 14), die im Judentum und in allen christlichen Kirchen abgelehnt werden (Das Buch Henoch gehört allerdings zum Bibelkanon der äthiopischen Kirche; Anmerkung des Übersetzers).

Daneben gibt es nichtinspirierte Bücher, die im Alten Testament angeführt werden. Dazu gehört das Buch der Kriege des Herrn (4. Mose 21,14), das Buch der Heldenlieder (Josua 10,13) und die amtliche Chronik Salomos (1. Könige 11,41). Diese Bücher waren schlicht Quellen, die Wahrheiten enthielten, auf die die biblischen Autoren aus gegebenem Anlass Bezug nahmen. Selbst ein Prophet oder Apostel könnte ein Buch geschrieben haben, das in diese Kategorie gehört, wenn der Verfasser bei dieser Gelegenheit nicht den Anspruch erhob, eine Offenbarung Gottes für das Volk Gottes niederzuschreiben. Schließlich hatten selbst die Autoren inspirierter Bücher viele Gründe dafür, einen normalen Briefwechsel zu geschäftlichen oder familiären Themen zu führen. Die „Berichte der Propheten Schemaja und Iddo" (2. Chronik 12,15) scheinen in diese Kategorie zu gehören.[19]

Glauben die Mormonen, dass die Bibel von Gott inspiriert ist?

Nicht wirklich. Theoretisch nehmen die Mormonen zwar an, dass die Originalhandschriften der Bibel inspiriert waren, aber in der Praxis glauben sie, dass die Abschriften mit Fehlern durchsetzt sind. Der *Missionary Pal* enthält einen Abschnitt über „Fehler in der Bibel"[20] und nennt Beispiele für „Fehler", etwa die beiden voneinander abweichenden Berichte über den Tod des Judas (Matthäus 27,4; Apostelgeschichte 1,18) und die Berichte über die Vision von Paulus (Apostelgeschichte 9,7; 22,9).[21] Joseph Smith fertigte sogar eine eigene, „inspirierte" Übersetzung der Bibel an (die Joseph-Smith-Übersetzung), die gegenüber der klassischen englischen Bibelübersetzung der *King James*-Bibel Tausende von Abweichungen enthält.

Die offizielle mormonische Aussage zur Bibel lautet: „Wir glauben, dass die Bibel, soweit richtig übersetzt, das Wort Gottes ist; wir glauben auch, dass das Buch Mormon das Wort Gottes ist" (8. Glaubensartikel). In der Praxis sagen die Leiter der Mormonen seit Joseph Smith, die Bibel sei nicht richtig übersetzt, sondern verfälscht. Man würde daher einen falschen Eindruck erwecken, wenn man sagte, die Mormonen glaubten, dass die Bibel Gottes Wort ist. Täten sie es, warum hätte Gott dann Joseph Smith befehlen müssen, eine „inspirierte Übersetzung" der Bibel anzufertigen, die gegenüber der Bibelausgabe, die zu Smiths Zeiten in Gebrauch war, Tausende von Abweichungen enthält und sogar ein ganzes Buch (das Hohelied) auslässt?

Gibt es Gründe dafür, anzunehmen, dass auch die Schriften der Mormonen von Gott inspiriert sind?

Überhaupt keine. Anders als bei den Evangelien, in denen Offenbarungen von Gott immer auch durch Wunder begleitet wurden, war dies bei den Zeugen für die Behauptungen des Buches Mormon nicht der Fall (vgl. „Was ist gemeint, wenn man sagt, die Bibel sei ‚inspriert'?", S. 131). Zudem widersprechen spätere mormonische Schriften den früheren.[22] Überdies trifft auf Jospeh Smith die Beschreibung eines falschen Propheten zu (vgl. „Woran erkennt man falsche Propheten?", S. 159), da er Wahrsagerei betrieb und Prophezeiungen machte, die nicht eintraten. Außerdem wurden weder die Aussagen von Joseph Smith noch die seiner Zeugen durch Wunder bestätigt, etwa Heilungen von Blinden, Lahmen und Tauben und Auferweckungen von Toten (vgl. Matthäus 10,8; Lukas 7,21–22). Und schließlich waren die Zeugen des Buches Mormon nicht glaubwürdig.

Gibt es Beweise dafür, dass das Buch Mormon von Gott inspiriert ist?

Um zu beweisen, dass das Buch Mormon göttlichen Ursprungs ist, führen die Mormonen elf Zeugen an. Doch ihrem Zeugnis mangelt es aus vielerlei Gründen an Glaubwürdigkeit.

Erstens: Selbst wenn die angeblichen Zeugen so etwas wie die Tafeln gesehen haben, auf denen das Buch Mormon geschrieben war, heißt das noch lange nicht, dass das, was darauf stand, auch wahr ist.

Zweitens: Selbst wenn einige der Zeugen glaubten, dass sie engelähnliche Wesen sahen, heißt das nicht, dass sie keine Halluzinationen hatten.

Drittens: Auch wenn sie wirklich Engel gesehen haben sollten, müssen es keine guten Engel gewesen sein (der Teufel als Engel des Lichts; siehe 2. Korinther 11,14).

Viertens: Das „Evangelium" der Werke, das der Engel Smith offenbarte, widerspricht dem Evangelium der Gnade, das Paulus gepredigt hat, der bezeichnenderweise auch schrieb: „Aber nicht einmal ich selbst oder ein Engel vom Himmel darf euch eine Gute Nachricht bringen, die der widerspricht, die ich euch gebracht habe. Wer es tut, soll verflucht sein, dem Gericht Gottes übergeben" (Galater 1,8).

Fünftens: Die elf Zeugen des Buches Mormon konnten nicht lesen, was auf den Tafeln stand; daher konnten sie auch nicht für den Inhalt der Botschaft auf den Tafeln bürgen.

Sechstens: In einem anderen Fall hatte Joseph Smith behauptet, er könne das „Buch Abrahams" übersetzen. Die Handschrift wurde später gefunden und von fähigen Wissenschaftlern aus Ägypten übersetzt; sie erwies sich als komplette Fälschung und hatte nichts mit Abraham zu tun. In Wirklichkeit war es ein ägyptisches „Buch des Atems". Warum sollte man das Buch Mormon für etwas anderes halten als für eine Fälschung?

Siebtens: Es bestehen ernst zu nehmende Zweifel daran, dass die Zeugen überhaupt gesehen haben, was sie gesehen zu haben behaupteten.

Ist der Koran das Wort Gottes?

Moslems behaupten, dass der Prophet Mohammed den Koran von Gott empfangen habe (vgl. Sure 39,1–2). Der große sunnitische Gelehrte Abu Hanifa verleiht ebenfalls der Überzeugung Ausdruck, dass „der Koran das Wort Gottes“ ist, „sein inspiriertes Wort, seine Offenbarung. Er gehört notwendig zu Gott; er ist nicht selbst Gott, aber er ist doch untrennbar von Gott.“ Zwar ist es „aufgeschrieben in einem Buch, wird verlesen in [menschlicher] Sprache […], aber Gottes Wort wurde nicht erschaffen“.[23]

Nichtsdestoweniger fehlt jeder echte Beweis dafür, dass der Koran Gottes Wort ist. Ich will nur einige entscheidende Punkte anführen. Erstens: Mohammed glaubte zunächst, der Engel, von dem er die Botschaft erhielt und der ihn würgte, sei ein Dämon. Der muslimische Biograph M. H. Haykal hat anschaulich Mohammeds bedrückende Sorge beschrieben, er könne besessen sein:

„Von Furcht ergriffen, erhob sich Mohammed und fragte sich: ‚Was habe ich gesehen? Ist sie nun Wirklichkeit geworden, die Besessenheit durch den Teufel, die ich schon so lange fürchte?‘ Mohammed blickte nach rechts und links, doch er sah nichts. Eine Zeit lang stand er da, zitternd vor Furcht, von Ehrfurcht ergriffen. Er fürchtete, was in der Höhle geschah, könne Spuk sein, und er werde, wenn er sie verließ, nicht erklären können, was er gesehen hatte.“[24]

Zweitens: Der Koran widerspricht der Bibel in wesentlichen Lehren. Wir haben schon an anderer Stelle gesehen, welche starken Argumente die Überzeugung stützen, dass die Bibel Gottes Wort ist (vgl. S. 131). Und wie wir wissen, können zwei einander widersprechende Wahrheitsansprüche nicht beide wahr sein (vgl. S. 161). Z. B. heißt es im Koran, dass Jesus nicht am Kreuz gestorben und drei Tage später auferstanden ist (vgl. Sure 4,157–158). Doch das ist eine der grundlegenden Wahrheiten der Bibel, die an vielen Stellen immer wieder betont wird (vgl. 1. Korinther 15,1–19).

Drittens: Obwohl Mohammed anerkannte, dass die Aussagen der Propheten vor ihm durch Wunder bestätigt worden waren, weigerte er selbst sich doch, Wunder zu vollbringen, die seinen Anspruch bestätigt hätten, ebenfalls ein Prophet zu sein (Sure 3,183–184).

Viertens: Anders als die Bibel enthält der Koran keine detaillierten Voraussagen über die weiter entfernte Zukunft, die exakt so eingetroffen wären, wie sie beschrieben wurden. Das beste Beispiel für eine prophetische Voraussage ist noch die Ankündigung, dass die Römer sich für eine erlittene Niederlage rächen würden (Sure 30,2–4), aber das ist vage, uneindeutig und auf natürliche Weise voraussehbar.[25]

Fünftens: Der Koran enthält Widersprüche und wissenschaftliche Irrtümer. Ein Beispiel für wissenschaftliche Irrtümer ist die Behauptung, Adam sei aus einem Klumpen geronnenen Blutes gemacht worden (Sure 23,14). Und ein Widerspruch findet sich in der Behauptung des Korans, die Worte Gottes – für Moslems also: der Koran – seien unabänderlich (Sure 10,64), denn: „Es gibt keinen, der die Worte Allahs zu ändern vermöchte" (Sure 6,34). Dennoch lehrt der Koran, dass spätere Offenbarungen die früheren aufheben können: „Welches Zeichen Wir auch aufheben oder dem Vergessen anheim geben, Wir bringen ein besseres dafür oder ein gleichwertiges. Weißt du nicht, dass Allah die Macht hat, alles zu tun, was Er will?" (Sure 2,106). Im Grunde geht aus diesem Abschnitt hervor, dass Mohammeds Zeitgenossen ihn deshalb als „Fälscher" bezeichneten!

Sechstens: Der Koran vertritt eine negatives Verständnis der Ehe (nämlich Polygamie) und ein minderwertiges Frauenbild. Mohammed gestattete seinen Nachfolgern vier Frauen (Sure 4,3), doch er selbst, so sagte er, dürfe noch mehr haben, denn Gott habe für ihn eine Ausnahme gemacht. Er könnte sogar bis zu 15 Frauen gehabt haben (Sure 33,50). Und was die Behandlung der Frau angeht, erlaubt der Koran den Männern, sie zu „strafen" (schlagen), wenn sie sie auch nur der Widerspenstigkeit verdächtigen (Sure 4,34).

Schlussfolgerung

Am Ende dieses Buches finden Sie eine Liste mit weiterführender Literatur, die Ihnen dabei helfen soll, Ihren biblischen Auftrag zu erfüllen: „Bemüht euch, für jeden und jede die treffende Antwort zu finden" (Kolosser 4,6), und: „Seid immer bereit, Rede und Antwort zu stehen, wenn jemand fragt, warum ihr so von Hoffnung erfüllt seid" (1. Petrus 3,15). Einige dieser Bücher enthalten umfassendere Zusammenstellungen von Fragen und Antworten zur Bibel.[26]

Fragen zur Vertiefung

1. Bitte nennen Sie einige biblische Texte, in denen es um das Thema „falsche Propheten" geht. Wie könnte man das biblische Verständnis heute anwenden, um andere Ansichten über vergangene oder zeitgenössische Propheten kritisch zu beleuchten?
2. Bitte nennen Sie einige inhaltliche und darüber hinausgehende Beweise dafür, dass der biblische Kanon abgeschlossen ist. Im Einzelnen: Wie hat Jesus die Autorität des Alten und des Neuen Testaments sowie deren Vollständigkeit bekräftigt?
3. Bitte skizzieren Sie (auf der Grundlage der Argumente in diesem Kapitel), was Sie einem Mormonen und einem Moslem im Hinblick auf die Autorität und Zuverlässigkeit des Buches Mormon und des Koran (im Unterschied zur Autorität und Zuverlässigkeit der Bibel) sagen könnten.

8. Kapitel

Schwierige Fragen zu den Themen „Hinduismus und Transzendentale Meditation"

L. T. Jeyachandran

Die westliche Gesellschaft wird immer stärker von *New Age* und anderen religiösen Philosophien und Praktiken aus dem Fernen Osten beeinflusst. Die Faszination des Exotischen wird noch dadurch verstärkt, dass berühmte Persönlichkeiten, wie zum Beispiel Shirley MacLaine und Richard Gere, Anhänger dieser ungewöhnlichen Lebensstile und Glaubensweisen werden. Deepak Chopra, ein Arzt, der ursprünglich aus Indien stammt und heute in den Vereinigten Staaten praktiziert, verbreitet Meditationstechniken als Mittel zur Blutdrucksenkung und zur Stressbekämpfung für Menschen, die ein spannungsreiches, hektisches Leben führen müssen. Seine Bücher kann man heute in jeder Buchhandlung bekommen. *Reiki*, eine japanische *New Age*-Heilungstechnik, basiert auf der Annahme, dass man die unerschöpfliche Energie des Universums auf einen Tumor konzentrieren und ihn heilen kann, wenn man nur die richtige Methode anwendet. Zahlreiche Talismane, die magische Kräfte haben sollen, kann man jetzt aus Katalogen bestellen, und auch auf den Seiten seriöser Tageszeitungen findet man Horoskope. In den folgenden beiden Kapiteln will ich Fragen nachgehen, die sich auf den Hinduismus, den Buddhismus und auf fernöstliche pantheistische Weltbilder beziehen. Damit möchte ich Ihnen einen tieferen Einblick in diese Weltsichten vermitteln und Ihnen Hilfsmittel an die Hand geben, mit denen Sie diesen Herausforderungen begegnen können.

In diesem Buch geht es nicht nur darum, die Irrtümer zu erkennen, die den Weltbildern zugrunde liegen, die den christlichen

Glauben in Frage stellen. Es soll Ihnen auch Ideen vermitteln, wie Sie Menschen, die solche Ansichten vertreten, von Christus erzählen können. Dafür muss man Wahrheit und Irrtum, Original und Fälschung voneinander unterscheiden können.

Zunächst möchte ich Ihnen jedoch illustrieren, dass jeder Irrtum auch ein Körnchen Wahrheit enthält. Das kann man sich anhand eines einfachen mathematischen Beispiels gut verdeutlichen. Die richtige Lösung für die Rechenaufgabe „2+2 lautet: „4“. Wir wollen diese Antwort als „W“ bezeichnen. Es gibt nur eine richtige Antwort, aber es kann theoretisch unendlich viele falsche Antworten geben. Nimmt man eine falsche Antwort, etwa „5“, dann sieht man, dass sie zwar falsch, aber doch irgendwie von der richtigen Antwort abhängig ist – sie kann nicht für sich allein stehen, sondern ergibt sich erst, wenn man „W“ um 1 erhöht; also W+1. Ebenso lautet eine andere falsche Antwort „3“: W-1. So könnte man sagen, dass die richtige Antwort absolut ist; dagegen kann es die falschen Antworten nur in Beziehung zur richtigen geben, denn sie entstehen dadurch, dass man zur richtigen Antwort etwas hinzufügt oder etwas von ihr wegnimmt. Kein Wunder also, dass die Bibel uns ermahnt, nichts zum offenbarten Wort Gottes hinzuzutun und nichts davon wegzunehmen (Offenbarung 22,18–19)!

Das ist jedoch nicht bloß graue Theorie. Folgende praktische Schlussfolgerungen ergeben sich nämlich daraus:

1. Der Irrtum ist ein Parasit der Wahrheit. Begegnen wir also einer Fälschung, dann sollten wir uns fragen: „Welches christliche Original ist hier verfälscht worden?“ Auf die Antwort auf diese Frage kommt es an, denn dadurch wird die christliche Sicht des jeweiligen Themas deutlich herausgestellt. Das erleichtert es uns dann, der Fälschung entgegenzutreten. Wenn die Wahrheit nicht mehr in Frage gestellt wird, dann wird daraus ein Dogma, an das man glauben kann, ohne sich noch Gedanken darüber zu machen. Dagegen können wir auch einen Nutzen aus der Flut von Irrtümern ziehen, mit denen wir heute konfrontiert werden. Sie ermöglichen es uns, unseren Glauben aus einer für uns ungewohnten Perspektive zu betrachten und dadurch im Glauben gestärkt zu werden. So sagt Paulus seinen Lesern, dass

seine Aufgabe die Bekräftigung und die Verteidigung des Evangeliums gleichermaßen umfasst (Philipper 1,7).

2. Wir werden ferner feststellen, dass die Fälschung dadurch entstand, dass die Wahrheit an einem entscheidenden Punkt verdreht wurde. Mit anderen Worten: Jeder Irrtum enthält ein Körnchen Wahrheit. Diese gemeinsame Wahrheit kann es uns erleichtern, eine Brücke zu unserem Gegenüber zu schlagen und es in alledem zu bestärken, was an seiner Sichtweise richtig ist. Danach sollten wir dann in der Lage sein, ihm auch den entscheidenden Punkt aufzuzeigen (aber freundlich und respektvoll: 1. Petrus 3,15-16!), an dem sich der Irrtum bei ihm eingeschlichen hat.

Die Antworten auf die unten gestellten Fragen folgen immer diesem Modell, ohne dass die Methode jedes Mal wieder im Einzelnen erläutert würde. An passender Stelle finden sich auch Entwürfe für missionarische Ansätze, sodass dieses Kapitel nicht bei der Theorie stehen bleiben (obwohl darauf der Schwerpunkt liegt), sondern auch in der Gesprächsführung praktisch umgesetzt werden können. Wenn wir uns mit diesen Fragen beschäftigt haben, sollten wir in der Lage sein, die Einzigartigkeit Christi wieder neu zu erfassen und zugleich besser auf die Menschen eingehen zu können, die etwas anderes glauben als wir.

Warum interessieren sich die Menschen aus dem westlichen Kulturkreis so sehr für fernöstliche Religionen?

Es gibt ein Ereignis, das bei der Verbreitung hinduistischen Gedankengutes im Westen eine Schlüsselrolle spielte: der Besuch von Swami Vivekananda in den Vereinigten Staaten im Jahre 1893. Damals eroberte er den Weltkongress der Religionen in Chicago im Sturm. Seine Rede begann er mit der politisch korrekten Anrede „Brüder und Schwestern“, was mit minutenlangem donnernden Applaus quittiert wurde. Danach ließ er sich über die tiefe Einheit aller Dinge und Geschöpfe aus – ein grundlegender Gedanke des indischen Pantheismus (eine Erklärung des Wortes *Pantheismus* findet sich im folgenden Abschnitt). Für die Synkretisten unter den Zuhörern – die Personen, die für eine Vermischung der Religionen eintreten – war dieser Ansatz sehr ansprechend, denn daraus ergab sich ja, dass Gott jeden annimmt (weil jeder Weg zu Gott gleich wahr ist) und dass alle Menschen Brüder und Schwestern sind.

In seinen Begegnungen mit Christen auf der Konferenz leugnete Swami Vivekananda auch, dass es Sünde gibt, denn es gäbe nur eine gemeinsame Wirklichkeit und daher könne es *letztendlich* keinen Unterschied zwischen richtig und falsch geben. Er soll dabei den denkwürdigen Ausspruch geprägt haben: „Es ist Sünde, den Menschen als Sünder zu bezeichnen." Diese Position begründete er mit der Einheit aller Dinge, worunter offenbar auch widersprüchliche Glaubensaussagen zu verstehen sind.

In der jüngeren Vergangenheit war die Hippie-Bewegung der 1960er Jahre der Kanal, durch den das religiöse Gedankengut des Ostens in den Westen floss. Etliche junge Menschen, darunter nicht wenige aus christlichen Elternhäusern, zogen auf der Suche nach Sinn in den Osten. Das Christentum, in dem sie aufgewachsen waren, hatte in ihren Augen zu wenig mit ihrem eigenen Leben zu tun; es konnte ihre sehnsüchtigsten Bedürfnisse nicht erfüllen. Der Gott der Christen erschien ihnen als eine autoritäre Gestalt, willkürlich und grausam. Stattdessen erhofften sie, durch fernöstliche Meditationsformen unmittelbaren Zugang zur Transzendenz zu bekommen. Exotische Glaubensinhalte, Praktiken und Rituale boten eine willkommene Abwechslung zu dem ziemlich farblosen Christentum, das sie kennen gelernt hatten.[1]

Von den ersten *New Age*-Gurus, die in den Westen kamen, verpackten einige – zum Beispiel Maharishi Mahesh Yogi – den hinduistischen Glauben und seine Praktiken so, dass sie im Westen intellektuell und gesellschaftlich akzeptabel wirkten. Diese Yogis verbreiteten ihre Lehren an einigen amerikanischen Schulen unter dem Titel „Wissenschaft der kreativen Intelligenz". (Allerdings wurden diese Lehrveranstaltungen 1977 von amerikanischen Gerichten für verfassungswidrig erklärt, weil es in ihnen zu stark um Religion ging.) Heute verbreiten Deepak Chopra und andere verschiedene *New Age*-Techniken zur Stressbekämpfung im Rahmen unserer allzu ausgeprägten Konkurrenz-, Industrie- und Wohlstandsgesellschaft.

Christen sollten sich nicht nur mit den theologischen und philosophischen Lehren der *New Age*-Bewegung beschäftigen, sondern auch darauf achten, in welchem existentiellen Kontext solche Lehren Fuß fassen können. Wir werden dabei auch sehen, was wir als Christen zu solchen Themen sagen können. Um der Kürze willen werde ich in den folgenden Abschnitten darauf eingehen.

Die *New Age*-Bewegung basiert auf einer Betonung des subjektiven Empfindens. Der christliche Glaube dagegen neigte in der Vergangenheit dazu – insbesondere um sich gegen den Ansturm des atheistischen Säkularismus und Relativismus früherer Zeiten zu verteidigen –, die Objektivität der Wahrheit herauszustellen. Christliche Apologetik argumentierte mit der notwendigen Objektivität des christlichen Glaubens. Dabei scheinen wir aber ganz aus den Augen verloren zu haben, dass das Christentum suchenden Menschen auch ganz persönliche Antworten zu bieten hat. Das dürfte wohl auch der Grund sein, warum das Buch „Sehnsucht des Herzens" des Apologeten Ravi Zacharias[2] so erfolgreich ist.

Natürlich ist es wichtig, auf die objektive und historische Wahrheit des christlichen Glaubens hinzuweisen, aber trotzdem sollten wir dabei ohne falsche Scheu auch die subjektive Dimension des Evangeliums anbieten – „Erprobt es doch selbst und erlebt es: Der Herr ist gütig!" (Psalm 34,9). Immer, wenn Jesus die Wahrheit objektiv ausspricht – besonders in den berühmten „Ich bin"-Worten aus dem Johannes-Evangelium –, begleitet er dies mit dem Aufruf an den Einzelnen, sich doch auf diese Erfahrung einzulassen und sein Leben zu ändern.

Wenn man jedoch im Gegenzug das Subjektive zu stark betont, führt dies oftmals zu einer „Preisgabe der Vernunft" – so der Titel des letzten Bandes einer Trilogie von Francis Schaeffer.[3] In diesem prophetischen Buch, das er in den frühen 1970er Jahren schrieb, sah Schaeffer voraus, dass die Ausbreitung der *New Age*-Bewegung im Westen insbesondere mit einem Abschied von der Vernunft verbunden sein würde. So hat die postmoderne Bewegung des Dekonstruktivismus den Boden für die Ausbreitung fernöstlicher Strömungen bereitet. (In diesen Zusammenhang gehört auch der Hinweis, dass Indien, philosophisch gesehen, schon mindestens 1 200 Jahre vor seinem gegenwärtigen Aufbruch in die Moderne „postmodern" war!)

In 1. Korinther 2, Vers 10 macht Paulus eine Anmerkung zur Epistemologie, der Lehre von der Erkenntnis. Er sagt, dass wahre Weisheit aus einer Offenbarung durch den Heiligen Geist erwächst, somit direkt von Gott kommt. Mit diesem Thema sollten wir uns im Rahmen unserer Apologetik näher beschäftigen. Egal, wie jeder Einzelne von uns auch Christus in seinem Leben erfährt, die Erfahrung selbst basiert immer auf der objektiven historischen Wirklichkeit – Gott kam in Christus zu uns. Das sollten wir in unseren Kirchen und Gemeinden niemals vergessen. Nur so können wir gewährleisten, dass die subjektiven Bedürfnisse des einzelnen Christen erfüllt werden, ohne dass wir dabei sonntags unsere Vernunft an der Garderobe abgeben müssten. Wenn wir lehren, dass der *christliche Glaube* wahr ist, dann sollten wir auch immer dazu einladen, *an Christus zu glauben*, denn nur er kann unsere tiefsten Sehnsüchte erfüllen.

Der Atheismus, der vor ein paar Jahrzehnten in Mode war, hat uns ein bruchstückhaftes Verständnis der Wirklichkeit hinterlassen, denn es fehlte ihm der Faktor, der die einzelnen Teile verbindet und zusammenhält: der Glaube an einen Schöpfer. Diese Lücke suchte die *New Age*-Bewegung zu füllen, indem sie propagierte, dass alle Dinge eins sind. Die indische pantheistische Philosophie des *Advaita*, der Nicht-Dualität, verwendet dafür den Begriff *Brahman*. Die japanische Heilungstechnik *Reiki* beschwört die Einheit der „unendlichen" Energie des Universums, die von Menschen erfolgreich manipuliert werden könne, wenn sie gewisse Methoden anwenden. Der Zen-Buddhismus verbreitet Meditationstechniken (wie auch der pantheistische Hinduismus die Transzendentale Meditation anbietet), die dem Einzelnen dabei helfen sollen, mit dem unendlichen Bewusstsein des Universums zu verschmelzen. Im Wortschatz des *New Age* wimmelt es nur so von Wörtern wie „Energie" und „Bewusstsein". Dahinter verbirgt sich die Annahme, dass wir die Bruchstückhaftigkeit unseres Daseins nur überwinden können, wenn wir alle Vielfalt übersteigen oder „transzendieren" – daher „Transzendentale Meditation" (siehe „Was ist Transzendentale Meditation?", S. 191) –, um so mit der unendlichen Wirklichkeit zu verschmelzen.

Wenn Christen mit Fragen aus diesem Bereich konfrontiert werden, sollten sie Einheit und Vielfalt gleichermaßen betonen.

Der dreieinige Gott umfasst in seinem Sein Einheit und Dreiheit. Er ist der Schöpfer der Welt. Diese Wahrheit müssen wir vom verstaubten Sockel rechtgläubiger Gelehrsamkeit herunterholen, um sie wieder zur Grundlage eines wahrhaft christlichen Verständnisses der Wirklichkeit zu machen. Im 1. Kapitel des 1. Buches Mose wird ein harmonisches Universum beschrieben, das aus verschiedenen Elementen aufgebaut ist. Wir müssen daher die Harmonie zwischen den unterschiedlichsten Aspekten der Wirklichkeit betonen. Das ist unsere Alternative zum Angebot des *New Age*, das die Verschiedenheit zugunsten der absoluten Einheit aufheben möchte.

Was sind die wichtigsten Grundlagen des Hinduismus?

Der Hinduismus setzt sich aus vielfältigen und scheinbar widersprüchlichen Glaubensinhalten zusammen. Viele hinduistische Gelehrte werfen den Christen vor (manchmal zu Recht), dass sie die Vielfalt des Hinduismus auf ein einfacheres Maß reduzieren, um ihn kritisieren zu können. Das Modell, das ich hier vorschlagen möchte, bemüht sich, der Komplexität des hinduistischen Glaubens Rechnung zu tragen. Zugleich soll es die Leser, die Anhänger dieses Glaubens sind, auf Christus hinweisen.

Stellen Sie sich den Hinduismus als ein ganzes Spektrum von Glaubensrichtungen vor, wobei am einen Ende der polytheistische Hinduismus steht, also die Verehrung vieler Götter und Göttinnen, und am anderen Ende der pantheistische Hinduismus, der die Vorstellung einer unendlichen, einheitlichen, unpersönlichen Wirklichkeit vertritt. Das Wort „Polytheismus“ stammt von zwei griechischen Wörtern ab: *polys*, „viel“, und *Theos*, „Gott“. Das Wort „Pantheismus“ ergibt sich aus dem Adjektiv *pâs*, „jeder“ oder „alles“, mit dem angefügten Wort *Theos*. Damit ist gemeint, dass alles Gott ist oder dass Gott alles ist – es gibt daneben keine andere Wirklichkeit. Die materielle Wirklichkeit, die für den Christen die von Gott erschaffene Wirklichkeit ist, hält der Pantheist entweder für völlig illusionär, oder sie wird nur als eine Wirklichkeit niederer Ordnung behandelt. Der Pantheismus bildet den Kern der meisten Glaubensinhalte und Praktiken des *New Age*.

Der Polytheismus, den man auch als den Hinduismus der Massen bezeichnen kann, ähnelt in vielem dem griechischen und römischen Polytheismus, obwohl der kulturelle Kontext ein ganz anderer ist. Dagegen ist die Grundlage des Pantheismus, der das Rückgrat der *New Age*-Bewegung bildet, eine höchst anspruchsvolle spekulative Philosophie.

Historisch gesehen ist der polytheistische Hinduismus älter als die pantheistische Form. Die antiken hinduistischen Schriften – die so genannten *Veden*, Sammlungen des Wissens – deuten stellenweise sogar auf einen Monotheismus hin. Die in der heutigen Zeit praktizierte Verehrung zahlreicher Götter und Göttinnen begann ursprünglich als Verehrung von Naturgewalten, ebenso wie beim Polytheismus Griechenlands und Roms. Daraus entstand die Vorstellung von konkreten Göttern in Menschenform, über die man sich quasi-historische Geschichten erzählte. Allerdings muss man zugestehen, dass es in dem weit gespannten Panorama des Polytheismus auch monotheistische Stränge zu entdecken gibt – Friedrich Max Müller, ein deutscher Philologe und Indologe des 19. Jahrhunderts, prägte den Begriff „Henotheismus". Dieser bezeichnet den Glauben an einen höchsten Gott, was jedoch die Verehrung anderer untergeordneter Götter nicht prinzipiell ausschließt. Wenn wir auch den polytheistischen Hinduismus als Götzendienst bezeichnen müssen, sollten wir doch die persönliche Frömmigkeit der Menschen gegenüber einem persönlichen Gott nicht aus den Augen verlieren. Die Hingabe, die die Hindus in ihrer Anbetung an den Tag legen, sucht in dem häufig farblosen Theoretisieren, das wir als die Anbetung unseres Schöpfers bezeichnen, ihresgleichen. Es wäre gut, wenn wir in diesem Punkt von Paulus lernen würden. Er war zwar entsetzt, als er die Götzen in Athen sah, aber er erkannte auch die verborgene Sehnsucht der Athener. (Das nutzte er dann als Brückenschlag in seiner ausgezeichneten Rede auf dem Areopag, siehe Apostelgeschichte 17,22–23.) Vergleiche dazu auch die Bemerkungen zur „Internationalen Gesellschaft für Krishna-Bewusstsein (*Hare Krishna*-Vereinigung) auf S. 205.

Es ist eine gut belegte Tatsache, dass Tieropfer einen wichtigen Bestandteil der antiken Hindu-Rituale bildeten. Mit ihrer Hilfe sollte eine erzürnte Gottheit besänftigt werden. Das Konzept von

Sünde und Sühne wird zwar nirgends sonst annähernd so gut praktiziert wie im Alten Testament, aber diese Parallelen gewähren uns doch einen guten Zugang für die Darstellung des Evangeliums. Dabei dürfte es interessant sein zu wissen, dass die Brahmanen, die heute streng vegetarisch leben, früher die Priester waren, die die Opfer darbrachten und die davon aßen, um damit zu bestätigen, dass das Opfer von der Gottheit angenommen worden war. (An dieser Stelle möchte ich noch darauf hinweisen, dass Opferungen Teil aller antiken Religionen waren. Das deutet darauf hin, dass die Menschheit sich intuitiv bewusst ist, dass sie die übermenschlichen Mächte irgendwie erzürnt hat und sie durch Opfer beschwichtigen muss.) Christen können die Heiligkeit Gottes aufzeigen sowie auf die Unfähigkeit des Menschen eingehen, Gottes Anspruch gerecht zu werden. Der Tod Jesu Christi kann dann als die einzige Möglichkeit vorgestellt werden, wie dieser Anspruch erfüllt werden kann, als das einzig wahre Opfer, die Erfüllung des alten Opferkults.

Tragischerweise hat die Ausübung dieser Art polytheistischen Kults zur Ausbildung von Klassenhierarchien geführt, in denen die Priester an höchster Stelle stehen. Nach der Kaste der Brahmanen kommen die Klassen der Krieger und Kaufleute, und auf der untersten Sprosse der sozialen Leiter steht die Klasse der Dienenden, zu denen auch die Unberührbaren gehören. Dabei hat sich der Glaube ausgebildet, dass die Wiedergeburt als Mensch im Rahmen der Reinkarnation die höchstmögliche Wiedergeburt ist (siehe „Was ist Reinkarnation?“, S. 201) und dass innerhalb des Menschengeschlechtes die Brahmanen am höchsten stehen. Sie können die Vereinigung mit dem Göttlichen ohne große Mühe erreichen, weil sie zu ihren Lebzeiten auf Erden den Göttern gedient haben.

An dieser Stelle möchte ich noch eine Bemerkung zu den dämonischen Aspekten jeder Art von Polytheismus anfügen. Die Verehrung persönlicher Gottheiten kann die Gläubigen auch in Kontakt mit dem Okkulten bringen. Es kommt nicht selten vor, dass die Personen, die solche Götter verehren, es mit Satan und seinen Helfershelfern zu tun bekommen; nicht zuletzt durch die Vorteile, die manche Götter den Menschen versprechen – aber auch den Schaden, den sie ihnen zufügen. Dabei stellen Blutopfer an die Gottheiten unter Umständen einen wichtigen Teil des Kults dar – und diese Form des Opfers gibt es sowohl im Satanismus, der sich heute in der ganzen Welt ausbreitet, als auch bei den religiösen Kulten. Blut ist das Unterpfand des Lebens, und mit seiner Hilfe stellt man den Kontakt zur geistigen Welt her und lässt sich auf sie ein.

Mit dem Götzendienst geht oft der Brauch einher, dass Gegenstände, Orte (etwa Tempel, Flüsse, Berggipfel) und einzelne Personen (je nach Anlass) Göttern und Göttinnen geweiht werden. Es gibt viele Beweise und Zeugnisse dafür, dass Dämonen an diesen Orten und durch solche Gegenstände und Personen wirken. So soll etwa Ramakrishna Paramahamsa, der Lehrer von Swami Vivekananda, an einem Tag, der besondere Bedeutung hatte, den Geist von *Kali*, der Göttin des Todes und der Zerstörung, auf seine Frau herabbeschworen haben. Als sie von Kali besessen war, vollzog er mit ihr den Geschlechtsverkehr und behauptete dann, er habe sich so mit der Göttin vereinigt. Immer dann, wenn ein Geschöpf verehrt wird und nicht der Schöpfer selbst (siehe Römer 1,25), sind moralische Perversion und geistliche Verirrung nicht weit entfernt. Die Faszination, die das Satanische und der Satanismus in der heutigen Zeit auf die westliche Gesellschaft ausüben, könnte durchaus die Folge des gottlosen Strebens nach Reichtum und Vergnügen sein – denn wenn diese Güter den suchenden Menschen nicht ausfüllen können, dann bleibt als einzige Alternative der Satan übrig, weil man Gott ja längst abgeschrieben hat.

Christen können sicher die unausgesprochene Sehnsucht im Herzen der Hindus, die in all dem zum Ausdruck kommt, nachvollziehen. Am einen Ende des hinduistischen Spektrums steht der Wunsch, eine Beziehung zu einer persönlichen Gottheit aufzubauen, wenn auch deren Macht Grenzen gesetzt sind. Am anderen Ende steht der Wunsch nach einem absoluten Wesen, dessen Macht grenzenlos, das aber unpersönlich ist. Die christliche Antwort auf dieses Spektrum von Paradoxien lautet, dass Gott – die absolute Wirklichkeit – unendlich *und* persönlich ist und mit uns in Beziehung treten möchte. Wir sollten nicht nur auf die objektive Wahrheit des Christentums hinweisen, sondern darauf, dass Gott ein Beziehungswesen ist. Solange keine lebendige Beziehung da ist, bleibt all das, was die Persönlichkeit ausmacht – Denken,

Gefühl und Wille – theoretisch, unwirklich und irgendwie leer. Will man die Gute Nachricht von Jesus Christus vermitteln, dann kann man daher gut auf der Dreieinigkeit Gottes aufbauen. Ein polytheistisch denkender Hindu wird anerkennen, dass für den christlichen Gott die Beziehungen grundlegend sind: ein Gott in drei Personen (Vater, Sohn und Heiliger Geist). Die Lehre von der Sünde kann man auf der Grundlage der zerbrochenen Beziehung zwischen Gott und den Menschen entwickeln. Heiligkeit wäre dann als die höchste Form der Liebesbeziehung innerhalb der Trinität zu verstehen (Johannes 17,24; Römer 5,5). Selbst in christlichen Kreisen wird Heiligkeit ja oft asketisch, als eine Art Weltflucht, missverstanden. Darin ist der Hindu aber jedem Christen haushoch überlegen! Stattdessen müssen wir Heiligkeit als die Teilnahme an lebendigen Beziehungen mit Gott, mit unseren Mitmenschen und mit der übrigen Schöpfung verstehen. Wir können auf der alten hinduistischen Vorstellung vom Opferkult aufbauen und so das einmalige, endgültige, vollkommene Opfer Christi als die Erfüllung alles dessen vorstellen, was der Opferkult in der Vergangenheit erstrebte.

Hindus sind oft vom christlichen Engagement für gesellschaftliche Verbesserungen beeindruckt, wie etwa der Arbeit von Mutter Teresa. Wir müssen uns bewusst sein, dass der Hinduismus eine moralistische Religion ist, in der man durch gute Werke erlöst werden möchte. Daran anknüpfend, kann man den Hindus vermitteln, dass Menschen erstens den moralischen Forderungen ihres eigenen Gewissens nie ganz gerecht werden können, geschweige denn den unaussprechlich hohen Forderungen des heiligen, dreieinigen Gottes, und zweitens, dass gute Werke, die man tut, weil man dafür eine Belohnung erwartet (zum Beispiel eine höhere Geburt bei einer künftigen Reinkarnation), nicht wirklich *gute* Werke sein können, weil man dabei ja einen Hintergedanken hat. Wenn Gott uns aber in Jesus Christus sozusagen rettet, ohne dass wir dafür etwas *tun* müssen, dann sind unsere guten Werke *wirklich gut*, weil wir sie dann nicht um unseres eigenen Vorteils willen tun müssen! Diese Auslegung von Epheser 2, Vers 10 wird einen moralistisch denkenden Hindu eher ansprechen als eine Verkündigung der reinen Gnade Gottes, bei der von Werken gar keine Rede ist – unter Umständen wird sich ein Hindu bei dieser Argumentation abwenden, weil er meint, die Errettung durch Jesus Christus sei nichts wert, weil sie uns nichts kostet.

Der pantheistisch denkende Hindu glaubt, wie schon gesagt, dass die absolute Wirklichkeit unpersönlich sei. Daraus ergibt sich die Überzeugung, dass alles Persönliche weniger wertvoll wäre als die unpersönliche absolute Wirklichkeit. Der Hindu strebt deshalb die Verschmelzung mit dem Unendlichen und – in gewisser Weise – das Aufgehen der eigenen Person im Unendlichen an. Wir können dem Hindu klarmachen, dass es gerade die Fähigkeit ist, Beziehungen einzugehen, die unsere Menschlichkeit ausmacht, und dass es uns daher nicht viel weiterbringen wird, wenn wir unsere Persönlichkeit verlieren! Stattdessen sollten wir uns darum bemühen, unsere Persönlichkeit in dauerhafte, erfüllende Beziehungen einzubringen – und genau das hat Gott durch Jesus Christus für uns möglich gemacht.

Es ist auch wichtig, darauf hinzuweisen, dass Hindus oft Schwierigkeiten damit haben, wenn Christen die Sündhaftigkeit des Menschen so stark betonen. Das vermittelt ihnen die Überzeugung, dass das Christentum eine sehr pessimistische Sicht des Menschen hat. Und damit haben sie auch gar nicht so unrecht, denn unsere theologische Beurteilung des Menschen basiert manchmal auf dem Sündenfall in 1. Mose 3 und nicht auf Gottes „Es war sehr gut“ in 1. Mose 1! Vielleicht müssen wir erst unser eigenes Verständnis der menschlichen Sünde überdenken, bevor wir in angemessener Weise mit Hindus darüber sprechen können. Zu der Tragödie der Sünde konnte es nicht deshalb kommen, weil der Mensch allen anderen Geschöpfen unterlegen wäre, sondern aus dem genau entgegengesetzten Grund. Die Sünde des Menschen ist nur deshalb ein kosmisches Verhängnis, weil der Mensch von Gott nach seinem Bilde geschaffen und von Gott mit der ehrenvollen Stellung beschenkt worden ist, über die übrige Schöpfung zu herrschen (siehe Psalm 8,5–8). Der Hindu kann sich in der Regel besser mit dem Konzept der *menschlichen Würde* anfreunden, bevor man ihn mit der Sünde konfrontiert. So entspricht es doch auch der Reihenfolge der Offenbarung Gottes im 1. Buch Mose, oder? Sünde ist daher der Bruch der Beziehung zu Gott – und nur diese Beziehung kann uns Identität, einen Sinn für unser Dasein und Menschenwürde verleihen. Wenn man beschreibt, welche Bedeutung und Tragweite die Sünde im Einzelnen hat, dann mag das vielleicht Teilnehmer an evangelistischen Versammlungen ansprechen, die in einem christlich geprägten Umfeld aufgewachsen sind. Ein philosophisch gebildeter Hindu wird dagegen mehr damit anfangen können, wenn man darauf hinweist, dass der Bruch der Beziehung zur absoluten Wirklichkeit – zu dem unendlichen, persönlichen, in Beziehungen existierenden Gott – die menschliche Würde erniedrigt.

Was ist Transzendentale Meditation?

Der Ausdruck „Transzendentale Meditation" (TM) wurde in den späten 1960er Jahren durch Maharishi Mahesh Yogi verbreitet. Er glaubte, das Problem der Menschheit bestehe darin, dass wir, die wir in Wahrheit ein Teil (oder ein Ausläufer) des unendlichen *Brahman* sind, uns dessen nicht bewusst sind, weil wir unwissend sind (*Avidya*) und uns zu viel mit weltlichen Dingen beschäftigen. Aus diesem Grund müssen wir das Weltliche „transzendieren" (überschreiten), indem wir entsprechende Meditationsübungen – TM – durchführen. So können wir eins werden mit dem Unendlichen. (Näheres dazu im Abschnitt „Was bedeutet ‚Joga' und welche Lehre verbirgt sich dahinter?", S. 197) Dies ist jedoch kein neuer Gedanke, sondern schon Bestandteil der klassischen pantheistischen Lehren des frühen Guru Sankara (788–820 n. Chr.).

Mahesh Yogi erfand nun eine sehr praxisnahe und leicht zu erlernende Form der Meditation. Man brauchte dafür weder hochgebildet zu sein noch benötigte man tief gehendere Kenntnisse des Hinduismus oder der spekulativen Philosophie. In seinem *Ashram* (Gebetsraum) in Nordindien gab er jedem seiner Schüler ein einsilbiges Wort in der Sprache, die diesem vertraut war. Dieses musste der Schüler dann, solange er wach war, in einer Art Sprechgesang ständig laut wiederholen. Man durfte das Wort auch schweigend wiederholen, solange man sich nur weiter auf dieses eine Wort konzentrierte. Wenn dann nach ein paar Tagen das Bewusstsein ganz mit diesem Wort ausgefüllt war, erhielt der Schüler die Weisung, alle Gedanken an dieses Wort aus seinem Bewusstsein zu entfernen, damit das Bewusstsein (theoretisch) völlig leer werden konnte. Im Augenblick der Leere erlebte man dann in einer plötzlichen inneren Erleuchtung (*Brahmavidya*), dass man mit dem *Brahman* eins war. In diesem Augenblick hätte man dann das Vergängliche transzendiert und die innere Freiheit gefunden, nach der das menschliche Herz verlange.

Es ist nicht zu übersehen, dass die Meditation, die der Maharishi empfahl, das Entleeren des Bewusstseins einschließt – dass sie *gegenstandslose* Meditation ist. Seiner Meinung nach stehen unsere Gedanken der wahren Erkenntnis des Unendlichen im Wege. Ein anderer, weniger bekannter Philosoph, der den größten Teil seines Lebens in Oxford verbrachte und 1986 verstarb, war Dr. J. Krishnamurti. Er vertrat ebenfalls die Auffassung, dass das Problem des Menschen in seinem Kopf zu suchen sei – fehlerhafte Gedanken, die das Ergebnis der Konditionierung wären, der der Mensch in den verschiedenen Stadien seiner intellektuellen Entwicklung ausgesetzt wäre. Um sich von diesen falschen Gedanken zu befreien, empfahl er die „Freiheit vom Denken", wobei er allerdings, anders als der Maharishi, keine besondere Technik entwickelte. Bei diesem Ansatz gibt es sowohl praktische als auch philosophische Probleme. Unser Geist ist zum Denken geschaffen, und selbst um das Denken zu transzendieren (oder es loszuwerden), müssen wir denken! Der Guru, der uns sagt, dass unsere Gedanken unser Problem seien, konnte diese Einsicht ja selbst nur erlangen und kann sie auch uns nur deshalb mitteilen, weil er von eben den Fähigkeiten Gebrauch macht, die er dabei herabsetzt. So verfangen wir uns in einem Netz von Widersprüchen, aus dem es kein Entkommen gibt. Die einzig logische Schlussfolgerung dieser Philosophie ist völliges Schweigen – der Verzicht auf Kommunikation. Eine antike indische Schrift, die *Kepanischaden*, enthält folgendes Zitat, dem man keinesfalls zustimmen kann: „Wer da spricht, weiß nichts, und wer da weiß, spricht nicht."

Die Idee der gegenstandslosen Meditation enthält unter Umständen auch eine dämonische Dimension. In einem Ausspruch, der bei Matthäus überliefert ist, spricht Jesus über einen bösen Geist, der aus einem Menschen ausgefahren ist, später jedoch zurückkehren will: „Er kehrt zurück und findet alles leer, sauber und aufgeräumt" (Matthäus 12,43–45). Damit könnte Jesus den Zustand eines Menschen beschreiben, dessen Geist nicht aktiv ist (im Sinne der Passivität), nachdem alles andere daraus entfernt wurde. Früher hieß es, ein müßiger Geist sei „des Teufels Werkstatt". Transzendentale Meditation und ähnliche Meditationsformen basieren nicht auf der objektiven Wahrheit, und daher geben sie nicht nur dem Irrtum Raum, sondern auch dem Okkulten. Den entleerten Geist eines Ungläubigen, der nicht nach dem Gott der Wahrheit sucht, unterdrückt und versklavt der Teufel besonders gern.

Darüber hinaus richtet man bei dieser Form von Meditation seinen Blick nach innen, in sein eigenes Selbst, und nicht nach außen, auf Gott. Weil hinter einer solchen Meditation die metaphysische Überzeugung steht, dass wir Teil der unendlichen Wirklichkeit des *Brahman* seien, werden wir hier ermutigt, in uns selbst zu blicken, um die „Wahrheit" zu erkennen, dass wir ein Teil des Unendlichen seien. Kommt Ihnen das bekannt vor? Die Sünde des „Morgensterns" bestand darin, dass er so sein wollte wie der Allerhöchste (siehe Jesaja 14,12–14). Dieser Versuch, uns selbst als Teil des Unendlichen zu verstehen, ist die subtilste Form des Götzendienstes und dient daher unvermeidlich als Einfallstor für das Wirken des Teufels.

Im Gegensatz dazu will der dreieinige Gott des christlichen Glaubens mit uns in Verbindung treten und mit uns kommunizieren. Dieser Gott erschafft, indem er spricht. Die Welt kann daher als objektiv und wirklich gelten und ist so zuverlässig wie ein gesprochenes Wort. Darum hat Gott uns als denkende, sprechende Wesen erschaffen. Wer die Fähigkeit zu denken gering achtet, der verachtet unseren Wert als Geschöpfe Gottes. Dennoch sollten wir auf die seltsamen, exotischen Meditationstechniken des *New Age* nicht mit einer Anti-Meditations-Haltung reagieren. Die Antwort auf *falsche* Meditation ist nicht *keine* Meditation, sondern *richtige* Meditation. Der *gegenstandslosen* Meditation der *New Age*-Bewegung müssen wir mit *Meditation über Inhalte* begegnen. Die Bibel fordert uns auf, intensiv *über* Gottes Wort *nachzudenken* (Psalm 1,2) und *darüber*, „was […] als rechtschaffen, ehrbar und gerecht gilt, was rein, liebenswert und ansprechend ist, auf alles, was Tugend heißt und Lob verdient" (Philipper 4,8). Wir moderne Christen laufen heute Gefahr, das Wort Gottes auf unseren Festplatten zu speichern statt in unseren Herzen (Psalm 119,11).

Wir müssen auch über ein rein äußerliches, intellektuelles Verständnis des Wortes Gottes hinauskommen und durch die intensive Beschäftigung mit der Bibel zu einer subjektiven Begegnung gelangen. Dann werden wir selbst zu aktiven Personen in der Geschichte, die von Gottes Handeln erzählt, anstatt sie nur von außen zu betrachten. Die verändernde Kraft des Heiligen Geistes wird in unserem eigenen Leben Wirklichkeit werden, wenn uns Jesus Christus in der Bibel begegnet (2. Korinther 3,18). Zu einem umfassenderen Verständnis und zur praktischen Umsetzung von 2. Korinther 10, Verse 4 und 5 gehört, dass die Kraft Gottes, die auch durch sein Wort wirkt, in unserem Inneren freigesetzt wird, sodass auch die geistigen „Festungen" in unserem Leben „gefangen [genommen] und […] dem Befehl von Christus" unterstellt werden.

Ich möchte an dieser Stelle keine neue, umfassende Technik zum Meditieren über die Bibel vorschlagen. Ich will keinesfalls irgendeine Methode propagieren. Damit würde man die großartige Theologie der Bibel nur auf unzulässige Weise vereinfachen. Dass aber die Erlebnisse und Erfahrungen des Individuums in der religiösen Meditation des *New Age* eine so große Rolle spielen, sollte uns meiner Ansicht nach veranlassen, auch unsererseits zu fragen, wo die Bibel zu einer sinnvollen Subjektivität ermutigt, ohne dass wir uns deshalb in einer frei schwebenden Mystik verlieren müssen. Dann, und nur dann, werden wir den Argumenten derer begegnen können, die nach den Grundsätzen des *New Age* meditieren.

Schlussfolgerung

Der klassische Hinduismus und die moderne *New Age*-Religion verfolgen zwei unterschiedliche Ziele, die an den einander entgegengesetzten Enden des theologischen Spektrums angesiedelt sind. Ersterer spricht von persönlichen, aber begrenzten Göttern; letztere dagegen betont eine unendliche, unpersönliche Wirklichkeit. Ihre Anhänger sehnen sich also zum einen nach *Beziehungen* mit und unter den Göttern, und zum anderen ist ihnen wichtig, dass es eine letzte, unendliche Wirklichkeit geben muss. Der Gott der Bibel erfüllt beide Anforderungen in vollem Maße, denn er ist unendlich und bietet den Menschen zugleich eine persönliche Beziehung zu ihm an, weil er selbst auch Beziehung lebt. Wir als Christen sollten Außenstehenden daher auch die liebevolle Gemeinschaft vorleben, die der Welt zeigt, dass wir zu Jesus Christus gehören (Johannes 13,34–35).

Fragen zur Vertiefung

1. Anhand welcher Merkmale kann man erkennen, dass Personen in *New Age*-Religionen Antworten suchen?
2. Nehmen Sie sich etwas Zeit, und denken Sie darüber nach, wie schwer die Sünde wiegt, weil sie ein Zeichen für die Rebellion der Menschen gegen Gott ist. Denken Sie ebenfalls darüber nach, dass das Opfer Jesu Christi die vollkommene Befreiung von der Schuld erwirkt hat, und vergleichen Sie sie mit den Vorstellungen von Sünde und Sühne in den oben behandelten Religionen. Was fällt Ihnen dazu ein?
3. Machen Sie sich darüber Gedanken, wie die Gemeinde Jesu (und ebenso jede christliche Familie) als ein Abbild dienen kann, das die Einheit und die Gemeinschaft in der Dreieinigkeit Gottes angemessen spiegelt und dadurch für Anhänger von *New Age*-Religionen anziehend wirkt. Besprechen Sie mit Familienmitgliedern und mit Mitchristen, was das praktisch bedeutet.

9. Kapitel

Schwierige Fragen zu den Themen „Joga, Reinkarnation und Buddhismus"

L.T. Jeyachandran

Wie schon im 8. Kapitel erwähnt, wird die westliche Kultur immer stärker vom *New Age* und von anderen religiösen Philosophien und Praktiken aus dem Fernen Osten beeinflusst. Außerdem haben wir gesehen, dass Christen sich nicht nur mit den theologischen und philosophischen Inhalten dieser alternativen Religionen beschäftigen sollten, sondern auch damit, in welchem existentiellen Kontext solche Lehren Fuß fassen konnten, das heißt, welche menschlichen Bedürfnisse sie erfüllen.

So lehrt das Christentum zum Beispiel unmissverständlich, dass die Zeit linear verläuft und dass wir Menschen für unsere Taten zur Verantwortung gezogen werden (siehe Hebräer 9,27). Für den christlichen Glauben ist daher der Glaube an Reinkarnation oder andere Zwischenformen der Existenz zwischen der Gegenwart und der Ewigkeit ausgeschlossen. Trotzdem werden die Menschen in der westlichen Welt zweifellos Interesse an Reinkarnation zeigen – aus zweierlei Gründen:

Erstens möchten viele Menschen mit den Verstorbenen Kontakt aufnehmen. Vor einigen Jahren machte der Wunsch von Bischof James Pike, mit seinem toten Sohn zu sprechen, in der Boulevardpresse Schlagzeilen. Der Artikel enthielt ebenfalls eine Reihe weiterer Berichte über Menschen, die angeblich erfolgreich mit Verstorbenen in Kontakt getreten wären.

Und zweitens erscheint das Konzept der Reinkarnation wesentlich angenehmer als die Aussicht auf ein Gericht durch einen unaussprechlich heiligen Gott. Die Reinkarnation bietet für das

Leben nach dem Tod eine fast mechanistische Erklärung: Es basiert auf dem Konzept von Ursache und Wirkung und kommt ganz ohne eine spezielle moralische Verantwortung aus.

Manche dieser Religionen und Praktiken bieten auch einfache Lösungen für das Stress erfüllte Leben im 21. Jahrhundert an. Joga und Meditation sollen dabei helfen, die schädlichen Auswirkungen des schnelllebigen Daseins in westlichen Gesellschaften zu lindern. Im Folgenden möchte ich einige dieser in Mode gekommenen Lehren näher darstellen.

Was bedeutet „Joga" und welche Lehre verbirgt sich dahinter?

Das einfache *Sanskrit*-Wort *Joga* bedeutet eigentlich „Joch". Wie schon im 8. Kapitel angedeutet (siehe „Was ist Transzendentale Meditation?", S. 191), vertreten einige religiöse Strömungen die Auffassung, unser Problem bestehe darin, dass wir uns der Tatsache nicht bewusst seien, dass wir Teile der unendlichen unpersönlichen Wirklichkeit des *Brahman* wären. Der *Brahman* – der Urgrund allen Seins, die Weltseele – wird mit dem Adjektiv „unpersönlich" bezeichnet, weil die absolute Wirklichkeit jenseits aller Eigenschaften liege. Sie liegt jenseits von Gut und Böse, aber auch jenseits von Sein und Nichtsein. Das ist darauf zurückzuführen, dass solche Eigenschaften *Brahman* einschränken könnten. Wörter und Eigenschaften wie „gut" oder „Sein" schließen nämlich das „Nicht-Gute" und das „Nichtsein" aus. *Brahman* wird daher als *niguna* bezeichnet – ohne Eigenschaften. (Die Auffassung, dass *Brahman* alle Eigenschaften übersteige, ist in diesem Fall legitim, weil alle Eigenschaften immer in einem Zusammenhang miteinander stehen und daher relativ sind. Die Antwort auf diese schwierige philosophische Frage wird im Schlussteil dieses Abschnitts erteilt.) Wer nach Wahrheit strebt, sollte daher versuchen, sich mit der unendlichen Wirklichkeit zu vereinigen – trotz aller existentiellen Ablenkungen, die den Suchenden in materiellen und moralischen Problemen gefangen zu nehmen scheinen.

Der Begriff *Joga* ist weit gefasst und wird austauschbar verwendet, um bestimmte körperliche und geistige Techniken und

Übungen zu bezeichnen, die es dem Menschen ermöglichen sollen, sich vom Gebundensein an die Last des Körperlichen zu befreien und zu der Erkenntnis zu gelangen, dass das Endliche mit dem Unendlichen eins sei. Es geht nicht darum, das individuelle Selbst mit dem unendlichen universellen Selbst zu vereinigen: Das ist auch nicht nötig, denn die Einheit bestehe bereits, wenngleich sie uns durch die Macht der Täuschung, die man *maja* nennt, verborgen bliebe. Beim Joga geht es also um die Einsicht, dass die Einheit schon bestehe. Es muss nicht erst eine Vereinigung geschaffen werden, die es etwa noch nicht gäbe.

Um diese Einsicht in unser wahres Selbst herbeizuführen, werden etliche körperliche Übungen und Meditationstechniken empfohlen. Dabei gibt es jedoch keinen festen „Kanon" an Übungen, sondern diese können vielmehr sehr verschieden ausfallen, je nachdem, um welche Joga-Schule es sich handelt. Diese Techniken werden jeweils als körperliche Übungen eingeführt, doch kann in manchen Fällen auch die Anbetung der Sonne oder des Lotos dazugehören, dessen Blüte als Ort der Anwesenheit der Göttin des Reichtums, *Lakschmi*, gilt. Die jeweiligen Formen der Gottesverehrung hängen von den theologischen Vorlieben der hinduistischen Schule ab, durch die jeweils das Joga verbreitet wird. Um westliche Empfindlichkeiten zu schonen, wird Joga heute ohne theologische Obertöne verbreitet – als eine bloße Zusammenstellung körperlicher Übungen, und solche Übungen haben durchaus meist auch eine positive Auswirkung auf die Gesundheit.

Joga-Lehrer ermuntern ihre Schüler häufig zur Meditation, ohne dass sie ihnen dabei notwendigerweise auch sagen, wie dies eigentlich funktioniert und über was sie meditieren sollen. Manchmal sagen sie ihren christlichen Schülern sogar, sie sollten über Jesus Christus meditieren! Gemeint ist natürlich, dass man über den Gegenstand der Meditation nachdenkt und reflektiert. Das ist an und für sich kein großes Problem. Je weiter man aber im Joga-Lehrgang fortschreitet, desto häufiger wird man aufgefordert, an einer Meditation teilzunehmen, bei der es um die Entleerung des Geistes geht. In der Asien-Ausgabe des *Time Magazins* vom 16. Juli 2001 verspottete der hinduistische Guru Bharat Thakur die westliche Art, Joga zu praktizieren, der es allein um die körperliche Gesundheit gehe. Er teilt die Praxis des Joga in zwei Teile ein – einen äußerlichen und einen innerlichen. Der äußere Teil beschäftigt sich mit dem Körperlichen, und nach Thakurs Meinung interessiert sich der Westen nur für diesen Aspekt, ohne in den inneren Teil vordringen zu wollen. Er betont, Joga sei eine untrennbare Einheit, aus der man nicht einzelne Teile herauslösen könne. Um Zugang zum unendlichen universellen Selbst zu bekommen, schlägt er Folgendes vor:

„Um ins geistige Joga eingeführt zu werden, braucht man einen echten Meister. Jemand, der selbst den Zugang gefunden hat. Ein solcher Meister wird sagen: ‚Mein Freund, du hast nun den Leib kennen gelernt, hast deinen Atem erfahren, auch deinen Geist; was also kommt jetzt?' Von nun an beginnt eine Reise ins Unbekannte, bei der der Meister dem Schüler Schritt für Schritt bewusst macht: ‚Du bist nicht der Leib, du bist nicht der Geist, und auch die Seele bist du nicht. Und durch diese Erfahrung gewinnst du den ersten Vorgeschmack von moksha [d. h. Erlösung] *oder Erleuchtung. Du spürst, wie das Schweigen sich öffnet, wie du dich selbst verlierst, und das beglückt dich, denn zum ersten Mal ist dein Ich mit dem Überbewussten verschmolzen. Du spürst, dass du nicht mehr existierst, denn du bist in das Tal des Todes gekommen. Und wenn du immer mehr in diesem Tal wandelst, dann wirst du immer freier.*

Die Reise führt von dir selbst zu dem, was du nicht bist: eine Reise vom Bekannten ins Unbekannte; von den Niederungen des völligen Wissens, der Materie, des eigenen Ego, zur völligen Selbsthingabe, in der nichts anderes übrig bleibt als das reine Bewusstsein. So gelangst du auf eine Ebene, auf der völlige Freiheit von der Furcht oder vom Sterben herrscht. Und ebenso auch vom Leben.' Und das versteht man in Indien unter einem Yogi: Dabei handelt es sich um jemanden, der vom Leib zum Geist, zur Seele, zum Bewusstsein, zur völligen Hingabe an das Überbewusste gelangt ist. Wenn Sie demnächst noch einmal einen Joga-Kurs belegen, dann sollten Sie sich fragen, ob Sie bereit sind, sich auf den Pfad der Suche zu begeben."[1]

Dieses Zitat eines *New Age*-Gurus illustriert mehrere Sachverhalte:

- ▷ Das Körperliche ist nicht von Bedeutung. Will man wahre Meisterschaft erlangen, muss man es transzendieren (überschreiten). Das sollten Christen nicht mit der Aussage des Paulus in 1. Korinther 9, Vers 27 verwechseln. Paulus spricht dort von der Beherrschung des ganz realen, physischen Leibes. Er sagt jedoch nicht, dass das Physische an sich schlecht oder unwirklich sei und dass man es hinter sich lassen muss, um auf eine höhere Bewusstseinsebene zu gelangen.
- ▷ Alles Logische und Vernünftige muss dem Nichtvernünftigen oder, noch besser, dem Übervernünftigen weichen. Solange wir noch unseren Verstand gebrauchen, verbleiben wir in einem niederen Zustand. Die Epistemologie (Wissenschaftstheorie/Erkenntnistheorie) des Pantheismus (der die Grundlage des Joga darstellt), ist daher unerkennbar und unbeweisbar.
- ▷ Wenn Yogis ein Wort wie „Auslieferung" gebrauchen, ist es bedeutungslos, denn es gibt für sie kein Wesen und keine Person, an die man sich ausliefern könnte. Das Wort wird oft verwendet, um die äußerste Leere zu bezeichnen, um die es sich bei der Absoluten Wirklichkeit zu handeln scheint.
- ▷ Ebenso bezeichnet auch „Erleuchtung" keine objektive Erkenntnis von etwas oder jemand. Vielmehr wird das Wort gebraucht, um die Einsicht in unser wahres Selbst auszudrücken, in die eigene Einheit mit der Weltenseele.

Die christliche Antwort auf diesen besonders heftigen Angriff auf die Wahrheit muss in der Ontologie (im Sein), in den moralischen Eigenschaften und in der Epistemologie (Erkenntnistheorie/Wissen) der Trinität verwurzelt sein. Nur durch den dreieinigen Gott kann es sinnvolles Sein-in-Beziehung geben. Die typisch westliche (manchmal auch christliche) Betonung des Individualismus dagegen spielt der *New Age*-Philosophie direkt in die Hände. Wir müssen ganz neu definieren, was „Person" bedeutet: nicht auf der Grundlage von abstrakten Begriffen allein, wie Vernunft, Emotionalität und Wille, sondern aufbauend auf unserer Beziehung zu Gott, anderen Menschen und der übrigen Schöpfung. Ebenso gipfelt moralisches Verhalten für Christen in der Liebe, und diese bestimmt die Beziehungen innerhalb der Trinität (Lesen Sie Johannes 17,24 und Römer 5,5: Der Vater liebt den Sohn, durch den Heiligen Geist kommt Jesus in unser Leben). Auch eine individualisierte Moralvorstellung, die man im Christentum mit Ausdrücken wie „persönliche Heiligkeit" beschreibt, hat der relativistischen Ethik dieser Philosophie nichts entgegenzusetzen. Sowohl im Hinblick auf Gott als auch auf uns selbst, die wir nach dem Bilde Gottes geschaffen sind, müssen wir Heiligkeit interpersonal (zwischenmenschlich) verstehen. Auch wahre Erkenntnis erlangen wir nicht durch die Erkenntnis unseres wahren Selbst, sondern nur durch Jesus Christus (siehe Matthäus 11,27). Wichtig ist nicht die Anhäufung von Wissen oder das „Überschreiten des Selbst", sondern dass wir eine persönliche Beziehung zu Gott und seiner Schöpfung haben.

Daher besteht die christliche Antwort auf Joga in einer erkennbaren, liebevollen Gottesbeziehung, die in einer liebevollen Beziehung zu anderen und zur Welt zum Ausdruck kommt. Darum geht es beim ewigen Leben (siehe Johannes 17,3), und wenn wir die liebevollen Beziehungen leben, dann erfüllen wir die Gebote Gottes (siehe Matthäus 22,34–40).

Was ist Reinkarnation?

Bei der Reinkarnation geht es darum, dass ein Wesen (Mensch, Tier, Pflanze oder Mineral) nach dem Ende seines Daseins auf dieser Erde eine Wiedergeburt erfährt und in Gestalt eines anderen Wesens erneut ins Dasein eintritt. Diese Überzeugung stützt sich auf zwei Annahmen: Erstens, die Zeit verläuft zyklisch – man spricht manchmal auch von „Zeitlosigkeit"–, und was auch geschieht, wird wieder geschehen. Zweitens, als was man wiedergeboren wird, hängt von den Taten des Einzelnen im jeweils vorherigen Leben ab. Den Glauben an die Wiedergeburt gibt es sowohl im Hinduismus als auch im Buddhismus, obwohl die Auffassungen darüber, wie sie vonstatten geht, im Einzelnen unterschiedlich sind. Darüber hinaus gibt es auch in der polytheistischen und der pantheistischen Richtung des Hinduismus unterschiedliche Auffassungen zur Wiedergeburt. Hindus glauben, dass die individuelle Seele, das *jivatman*, ein Stück der Weltenseele ist, das jeder in sich trägt (*paramatman* oder einfach *atman*). Die Identität, die man in einem bestimmten Leben annimmt, ist die Gestalt des *jivatman*, die man sich durch die Taten (*karma*) des vorigen Lebens verdient hat. Wenn ein *jivatman* am Ende des menschlichen Lebens weiter wandert, kann es sein neues Dasein in einer völlig anderen Gestalt beginnen, die ihrerseits wiederum vom Karma abhängt – und so beginnt der Kreislauf von neuem.

Im polytheistischen Hinduismus vertritt man die Auffassung, dass selbst Götter und Göttinnen diesen Prozess der Reinkarnation durchlaufen, und ihr einstiges Leben als Menschen muss daher nicht notwendigerweise über jeden Zweifel erhaben gewesen sein. Aus diesem Grund sind polytheistische Hindus auch nicht allzu beunruhigt über das Fehlen wichtiger moralischer Eigenschaften bei Göttern. In neuerer Zeit gibt es jedoch eine Entwicklung, auf Grund derer einer der Götter, *Krishna*, zur höchsten Persönlichkeit Gottes erhoben wurde. Im klassischen Hinduismus war er eine Inkarnation des Gottes der Erhaltung, *Vishnu* (genauer: die achte von neun Inkarnationen, und einige Anhänger erwarten noch eine zehnte, vollkommene Inkarnation). So hat Krishna hier den gleichen theologischen Status erhalten, den im Judentum, Christentum und Islam Gott innehat. Die Anhänger dieser Auffassung gehören der „Internationalen Gesellschaft für Krishna-Bewusstsein“ (ISKCON) an. Auf Seite 205 werde ich näher auf diese Gruppe eingehen.

Bei dem polytheistischen Konzept der Erlösung geht es darum, die höchst mögliche Wiedergeburt zu erlangen; für viele besteht diese in einer *Wiedergeburt als Brahmane*. Weil der Brahmane seine religiösen Riten und Pflichten ausübt, heilige Stätten aufsucht, in heiligen Flüssen badet, in verschiedenen Heiligtümern Opfer und Anbetung (*puja*) darbringt, erlangt er nach seinem Leben als Brahmane *mokscha* (Erlösung). Unter „guten Werken“ wird also oft nicht moralisches Verhalten verstanden, das an den gerechten Forderungen eines heiligen Gottes gemessen wird, sondern die Erfüllung religiöser Pflichten. Wenn der Gläubige diese religiösen Pflichten praktiziert, müssen die Vorschriften, die in den *Veden* (antiken hinduistischen Schriften) niedergelegt sind, bis ins kleinste Detail befolgt werden. Die Lebensweise der Brahmanen hat im Rahmen des Kastensystems auf Grund der Diskriminierung von Menschen „niederer“ Geburt durch die Brahmanen selbst einen gewissen Verlust an gesellschaftlicher Anerkennung erfahren. Pilgerreisen zu heiligen Stätten etwa werden zwar von allen Schichten der hinduistischen Gesellschaft unternommen, doch es gibt gewisse Teile von Tempeln und Abschnitte von Flussläufen, wo die niedrigsten Kasten selbst heute noch keinen Zugang haben.

Das polytheistische Verständnis der Erlösung ist etwas vage. Zwar geht es dabei mit Sicherheit um das Entrinnen aus dem ewigen Kreislauf der Wiedergeburten. Aber es bleibt unklar, ob das Ziel ein Verschmelzen mit dem Unendlichen ist, in dem die eigene Identität aufgeht, oder die persönliche Gemeinschaft mit der Gottheit. Die ISKCON-Anhänger würden sicher für Letzteres eintreten; für sie beinhaltet die Erlösung die Gemeinschaft mit Krishna. Dagegen vertreten die *New Age*-Anhänger unter den Pantheisten sowie manche Vertreter eines volkstümlichen (polytheistischen) Hinduismus die erstgenannte Auffassung – das Aufgehen in der unendlichen Weltseele.

Der pantheistische Hinduismus betrachtet alles Persönliche lediglich als Teil der unpersönlichen Wirklichkeit (wie schon weiter oben ausgeführt). Daher gilt der Glaube an persönliche Gottheiten als primitiv, denn diese Gottheiten sind selbst nur niedere Ausprägungen der Absoluten Wirklichkeit. Dennoch bestärken die Pantheisten die Polytheisten darin, diese Götter und Göttinnen zu verehren, bis sie die Erleuchtung erreichen. Dann werden sie vom Kreislauf der Wiedergeburten – man nennt ihn *Karma Samsara* – frei werden. Mit anderen Worten: Die Tatsache, dass ich ein Bewusstsein meiner selbst habe, ist der Beweis dafür, dass ich noch in diesem Kreislauf stecke und durch die wahre Vereinigung (*yoga*) mit dem unendlichen *Brahman* erst frei werden muss.

Heute wird das Konzept der Reinkarnation von manchen zeitgenössischen hinduistischen Gelehrten in Frage gestellt, und zwar aus folgenden Gründen: Erstens besteht Unklarheit darüber, auf welcher Grundlage man gutes *Karma* (gute Werke) eigentlich beurteilen soll. Wenn auch Nichtlebendiges zum ewigen Kreislauf gehört – wie kann ein Wesen, das nicht *Person* ist, gute Werke vollbringen?

Zweitens gibt es zwei Schwierigkeiten, mit denen speziell Pantheisten konfrontiert sind. Die erste: Da alles „eins“ ist, kann das Karma eines Wesens letztlich nicht von dem anderer Wesen unterschieden werden. Ferner steht für Pantheisten fest, dass das Absolute keine Eigenschaften besitzt. Aber auf welcher Grundlage können sie dann karmisches (moralisches) Verhalten beurteilen?

Drittens hat man eingewendet – aber das ist nicht ganz so ernst gemeint –, dass heute eigentlich nur noch sehr wenige Menschen auch als Menschen wiedergeboren können, da die meisten – gemessen am Standard – einen sehr schlechten Lebenswandel führen. Tiere und Granitbrocken haben sowieso nicht die Möglichkeiten, ein moralisches Leben zu führen, also können sie auch niemals Menschen werden. Woher kommt dann aber die gewaltige Bevölkerungsexplosion?

Wenn Pantheisten über das Karma sprechen, greifen sie meist auf das Prinzip von Ursache und Wirkung zurück. Sie sagen dann, dass das Karma unseres künftigen Lebens das Resultat dessen ist, was wir in dem vorangegangenen Dasein getan haben, weil jede Handlung Folgen hat. Man sollte, so sagen sie, diesem Phänomen keine moralische Dimension beimessen. Ich habe sogar erlebt, dass Pantheisten sich auf die Aussage von Paulus in Galater 6, Vers 7 bezogen: „Jeder Mensch wird ernten, was er gesät hat.“ Dabei ziehen sie es natürlich vor, den moralischen Zusammenhang auszublenden, in den Paulus diese Äußerung stellt.

Diese Lehre vom Karma ist ein guter Ansatzpunkt für Christen. Wir predigen das Evangelium der Gnade, blenden jedoch die guten Werke dabei oftmals aus. In Offenbarung 20, Verse 11 bis 15 wird ein Gericht vor einem großen weißen Thron beschrieben, bei dem die Menschen danach beurteilt werden, was sie *getan* haben. Natürlich ist die Hölle der Ort, an den die Menschen kommen, die Christus abgelehnt haben, aber wir sollten doch nicht darüber hinwegsehen, dass die „Bücher“, von denen an der genannten Stelle die Rede ist, Aufzeichnungen über die Taten der Menschen enthalten und dass diese danach beurteilt werden. Im Christentum bezeichnet daher „Erlösung“ das Eingreifen des fleischgewordenen Gottes Jesus Christus, der den Kreislauf des *Karma* unterbricht, indem er unsere *Karma*-Schuld übernimmt.

Denn durch unser eigenes *Karma* hätten wir dem unaussprechlich heiligen Gott niemals gefallen können. Dessen Wesen ist der Maßstab, an dem wir Menschen gemessen werden. Wir entgehen diesem Gericht nicht dadurch, dass wir den Maßstab herabsetzen; auch nicht dadurch, dass wir ihm gerecht werden (denn das ist unmöglich), sondern dadurch, dass Jesus Christus ihn stellvertretend für uns erfüllt hat.

Als Gegenargument gegen die vermeintlich zyklische Natur der Welt kann man auch wissenschaftliche Erkenntnisse anführen. Von den Dimensionen, die uns vertraut sind – die drei Dimensionen des Raumes: Länge, Breite und Tiefe, sowie die zusätzliche Dimension der Zeit –, verläuft nur die Zeit unumkehrbar in eine Richtung. In anderen Dimensionen können wir uns in entgegengesetzte Richtungen bewegen: nach rechts oder links, vorwärts oder rückwärts, auf oder ab. Doch in der Zeit können wir nur vorwärts schreiten, in die Zukunft. Das weist doch darauf hin, dass die Zeit linear verläuft und nicht zyklisch. Diese Eigenschaft der Zeit hat Physiker schon immer fasziniert und verblüfft. Sie haben den Ausdruck „Zeitpfeil“ geprägt, um sie zu beschreiben. Die Aussage des Verfassers des Hebräer-Briefes – „So, wie jeder Mensch nur einmal sterben muss, danach kommt er vor Gottes Gericht“ (Hebräer 9,27) – passt besser zum wissenschaftlichen Verständnis der Zeit als die Annahme einer endlosen Folge von Geburten und Wiedergeburten.

In diesem Zusammenhang möchte ich auch noch ein paar Worte zur „Internationalen Gesellschaft für Krishna-Bewusstsein“ (ISKCON) sagen. Ich würde zwar nicht soweit gehen, auf Grund der oben besprochenen Widersprüche zu sagen, dass der Glaube an Krishna als unendlich-persönlichen Gott die konsequente Fortführung der Entwicklung des Hinduismus ist. Dennoch kann man mit Recht sagen, dass die Menschen sich nach Gemeinschaft sehnen – und die Reinkarnationsvorstellung kann dieses Bedürfnis nicht befriedigen.

Die hinduistische *Bhakti*-Bewegung, die es schon seit Jahrhunderten gibt, stellt die persönliche Gottesbeziehung in den Mittelpunkt. Ihren Ausdruck findet sie in der Existenz der ISKCON. Die Anhänger dieser Gruppe kann man an ihren kahl geschorenen Köpfen erkennen – manchmal bleibt auch ein einzelner Haarschopf stehen. Unbekümmert ziehen sie durch die Straßen und singen „Hare Rama, Hare Krishna", Anrufungen, mit denen die Götter Rama und Krishna geehrt werden. Diese Gruppe glaubt weder an Reinkarnation noch an das Aufgehen in der unpersönlichen Weltseele. Sie lehrt, dass man in diesem Leben Krishna verehren muss und sich dann im Jenseits ewiger Gemeinschaft mit ihm erfreuen kann.

Eine Begegnung mit einigen ISKCON-Anhängern, die ich 1997 hatte, kann illustrieren, wie man zu Menschen Brücken schlagen kann, deren Ansichten sich von der Lehre des Evangeliums völlig unterscheiden. Es ging um eine kleine Gruppe von Doktoranden an einer der besten technischen Hochschulen Indiens. Sie baten mich um ein Referat über „Gott und die Wissenschaft". Irgendwie kamen wir dann auf Jesus Christus und Krishna zu sprechen. Immer, wenn ich etwas über Christus sagte, nannten sie vergleichbare Eigenschaften Krishnas. Schließlich baten sie mich, darüber zu sprechen, wie nach der christlichen Vorstellung der Himmel aussehen wird. Sie behaupteten nämlich, in den antiken hinduistischen Schriften gäbe es Beschreibungen von Krishna, in denen er in seiner ganzen Vollkommenheit und in himmlischer Herrlichkeit thront. Ich stimmte ihnen darin zu, dass es auch im 21. Kapitel der Offenbarung eine ähnliche Beschreibung des Himmels gibt. Doch gäbe es einen grundlegenden Unterschied: Im Gegensatz zum „vollkommenen" Krishna war mein Christus „unvollkommen", denn er trug noch die Wunden seiner Kreuzigung. Zum ersten Mal in diesem Gespräch kam es zu einem schockierten Schweigen unter meinen Zuhörern, als ich fortfuhr und ihnen vom gekreuzigten Christus erzählte: dass Jesus Christus es uns fehlerhaften Menschen durch seinen stellvertretenden Tod am Kreuz ermöglicht hat, die Ewigkeit mit Gott zu verbringen. Die ISKCON-Bewegung verspricht zwar himmlische Seligkeit ohne den unendlichen Kreislauf der Wiedergeburten, aber sie übersehen völlig, dass die Menschheit auf Grund ihrer Sünde gar nicht in der Lage ist, in der Gegenwart der sittlichen Schönheit Gottes zu verweilen.

Die modernen Konzepte von Astralreisen und Seelenwanderung entsprechen dem menschlichen Wunsch, andere Menschen und Ereignisse zu beherrschen. Der Bezug zu einigen der oben beschriebenen theologischen Auffassungen des Hinduismus ist nahe liegend. Deshalb möchte ich an dieser Stelle eine Warnung aussprechen. Es gibt Berichte über kleine Kinder, die sehr detailliert ein früheres Leben beschreiben. In manchen Fällen ist dämonischer Einfluss daran beteiligt – diese Erklärung ist wahrscheinlicher als die Annahme, dass es sich um einen Beweis für die Reinkarnations-Theorie handelt. Die Gier nach Macht und das Interesse am Okkulten, das heute mit diesem Gedankengut einhergeht, können zu unmittelbaren Begegnungen mit dunklen Mächten führen – viel leichter, als uns lieb ist.

Was glauben Buddhisten?

Buddha („Der Erleuchtete“) wurde als Siddhartha Gautama in Lumbini (im heutigen Nepal) in die fürstliche Familie des Stammes der Sakya geboren. Sein Geburtsjahr wird zwischen 624 v. Chr. und 448 v. Chr. angesetzt; meist geht man vom Jahr 560 v. Chr. aus. Er lebte ein behütetes Leben, denn sein Vater wollte nicht, dass sein sensibler Sohn den harten Realitäten des menschlichen Lebens ausgesetzt wurde. Die Legende besagt, dass Siddhartha bei heimlichen Besuchen in der Außenwelt an aufeinander folgenden Tagen einem Kranken, einem Alten und einem Toten, der zur Einäscherung getragen wurde, begegnet sein soll.

Siddhartha kam zu dem Schluss, das Leben sei nichts als Leiden, das zu Krankheit, Alter und Tod führe. So ließ er sein Leben als Familienvater (mit einer jungen Frau und einem kleinen Sohn) im Alter von 29 Jahren hinter sich und begann, auf der Suche nach der Wahrheit die Ebenen Ostindiens zu durchstreifen. Im Alter von 36 Jahren soll er in einer Vollmondnacht im Monat Mai die Erleuchtung erlangt haben. Dies geschah in Gaya, einer Stadt, die im indischen Bundesstaat Bihar liegt. Während einer ähnlichen Vollmondnacht im folgenden Juli hielt er in der Nähe von Varanasi, einer heiligen Stadt der Hindus, seine erste Ansprache, in der er der Welt die „Vier Edlen Wahrheiten“ präsentierte. Sein Tod im Alter von 80 Jahren wird von seinen Nachfolgern als *Parinibbana* bezeichnet (so in Pali; auf Sanskrit: *Parinirvana*), das heißt „Letzte Befreiung“.

100 Jahre nach dem Tode Buddhas trat in Vaischali das zweite Konzil buddhistischer Mönche zusammen. Dabei kam es zur ersten Spaltung des antiken Buddhismus. Diejenigen, die die Schriften der frühen Buddhisten nicht als verbindlich anerkannten, spalteten sich ab und bildeten die *Mahajana* („Großes Fahrzeug")-Schule des Buddhismus, die in China, Tibet, Japan und Korea zur dominierenden Religion werden sollte. Diejenigen dagegen, die die buddhistischen Schriften als verbindlich ansahen, bildeten die *Therawada*-Schule („Schule der Alten"), die manchmal auch abschätzig als *Hinajana* („Kleines Fahrzeug")-Schule bezeichnet wird. Diese Schule breitete sich in Sri Lanka, Myanmar (Birma) und Thailand aus. Man kann sagen, dass der Buddhismus als Reaktion auf den Hinduismus jener Zeit entstanden ist, möglicherweise aus einer Reaktion gegen das Kastensystem. Die frühen Buddhisten wurden in Indien verfolgt und aus dem Land vertrieben – das ist der Grund, warum der Buddhismus sich in Indien nicht ausbreiten konnte, dafür aber in anderen asiatischen Ländern.

Die Vier Edlen Wahrheiten des Buddha lauten folgendermaßen:

1. Die Edle Wahrheit über das *dukkha* (Dukkha Sacca; Leiden, Unzufriedenheit, Druck): Alles, was geschaffen ist, ist vergänglich. Und alles, was vergänglich ist, ist krank. Und alles, was krank ist, ist ohne Sein.
2. Die Edle Wahrheit über die Ursache des *dukkha* (Samudaya Sacca): Die Ursache des Leidens ist *tanha* – Habgier und das Hängen an den Dingen der Welt, Hass (eine Form des Anhaftens) und Verblendung (Nichteinsicht in die wahre Natur der Dinge.
3. Die Edle Wahrheit über das Ende des *dukkha* (Nirodha Sacca): Man lässt die Unzufriedenheit hinter sich, wenn man die Dinge loslässt.
4. Die Edle Wahrheit über den Weg, der zum Ende des *dukkha* führt (Magga Sacca): Der Weg aus dem Leiden führt über das Beachten des „Achtfachen Pfades".

Jeder dieser Edlen Wahrheiten hat Buddha für seine Nachfolger eine bestimmte Aufgabe zugeordnet. Die Erste Edle Wahrheit ist es *wahrzunehmen*, die Zweite ist *aufzugeben*, die Dritte ist zu *verwirklichen*, die Vierte ist es *auszuführen*. Durch die volle Verwirklichung der Dritten Edlen Wahrheit wird der Weg für den Durchbruch zum *Nibbana* vorbereitet (so in Pali; auf Sanskrit: *Nirwana*). Der Gläubige erreicht schließlich den Zustand der Zustandslosigkeit, in dem alle Vorstellungen und Wunschgebilde überwunden und gestillt sind. Diese Freiheit vom Selbst ist das höchste Ziel aller Lehren Buddhas.

Die letzte der Edlen Wahrheiten, der Achtfache Pfad, enthält Vorschriften, die uns unser Schicksal erleichtern und uns schließlich restlos vom schmerzhaften und mühseligen Kreislauf (*samsâra*) der Wiedergeburten und des Todes befreien sollen, an den wir durch unsere Unkenntnis (Pali: *avijja*, Sanskrit: *avidja*) der Vier Edlen Wahrheiten seit Äonen gebunden sind. Der Edle Achtfache Pfad ist ein umfassender praktischer Ratgeber für die Entwicklung jener förderlichen Eigenschaften und Fähigkeiten des menschlichen Herzens, die man kultivieren muss, um zum Endziel zu gelangen, nämlich zur völligen Freiheit und zum Glück des *Nirwana*. Die acht Eigenschaften, die man ausbilden muss, sind rechte Ansicht, rechte Gesinnung, rechte Rede, rechtes Handeln, rechter Lebenserwerb, rechte Anstrengung, rechte Achtsamkeit und rechte Konzentration.

In der Praxis lehrte Buddha seine Anhänger den Edlen Achtfachen Pfad anhand eines Systems allmählich fortschreitender Übungen, die mit der Ausbildung von *sila* – Tugend oder auch sittliches Verhalten – begannen (rechte Rede, rechtes Handeln und rechter Lebenserwerb, durch einschlägige Gebote in praktischer Form zusammengefasst). Darauf folgte die Einübung von *samadhi*, Konzentration und geistiger Bildung (rechte Anstrengung, rechte Achtsamkeit und rechte Konzentration). Den Höhepunkt bildet der Erwerb von *panna* oder Weisheit (rechte Ansicht und rechte Gesinnung). Die Ausübung von *dana* oder Großzügigkeit dient auf jeder Stufe als Unterstützung, denn sie begünstige die Entwicklung eines barmherzigen Herzens und wirke dem natürlichen Begehren des Herzens entgegen.

Diesen Weg muss man sich jedoch nicht im Sinne einer linearen Entwicklung vorstellen. Vielmehr verstärkt die Ausbildung jedes einzelnen Aspektes des Edlen Achtfachen Pfades die Verfeinerung und Verbesserung der jeweils anderen, wodurch sich der Übende in einer spiralförmigen Aufwärtsbewegung geistlich immer weiterentwickelt, was ihn schließlich zum Erwachen führt.

Aus einem anderen Blickwinkel betrachtet, beginnt die lange Reise mit dem ersten ernsthaften Erwachen der rechten Ansicht, dem ersten Aufscheinen von Weisheit, durch das man sowohl die Geltung der Ersten Edlen Wahrheit als auch die Unausweichlichkeit des Gesetzes des *kamma* (so in Pali; Sanskrit: *karma*) entdeckt. Es ist das universale Gesetz von Ursache und Wirkung. Erkennt man erst einmal, dass schädliche Taten unvermeidlich schädliche Folgen nach sich ziehen, förderliche Taten dagegen förderliche Ergebnisse mit sich bringen, wächst ganz von selbst der Wunsch, ein rechtes, moralisch gutes Leben zu führen und das Einüben von *sila* ernst zu nehmen. Die Sicherheit, die aus dieser anfänglichen Einsicht erwächst, führt dazu, dass der Übende das Vertrauen noch stärker auf die Lehre setzt. Erst wenn er dann seine innere Entschlossenheit zum Ausdruck bringt, indem er seine Zuflucht zu den „Drei Juwelen“ nimmt, wird aus dem Nachfolger ein wahrer Buddhist. Die „Drei Juwelen“ sind:

1. der *Buddha* – sowohl der historische Buddha als auch die eigene, angeborene Fähigkeit zum Erwachen;
2. das *Dhamma* (so in Pali, Sanskrit: *Dharma* = „Lehre“) – sowohl die Lehren des historischen Buddha als auch die höchste Wahrheit, auf die sie hinweisen;
3. das *Sangha* – sowohl die Gemeinschaft der Praktizierenden, die die Lehre überliefert und sie seit der Zeit des Buddha durchführt, als auch all jene, die zumindest einen gewissen Grad des Erwachens erreicht haben.

Hat man so seine Zuflucht zu den „Drei Juwelen“ genommen und festen Boden unter die Füße bekommen, hat man damit auch einen bewunderungswürdigen Freund gefunden (auf Pali: *kaljanamitta*, Sanskrit: *kaljanamitra:* „Freund, dem am Wohlergehen des Freundes gelegen ist“), der einem den Weg zeigt. Danach kann man auf dem Pfad fortschreiten und darauf vertrauen, dass man wirklich in den Fußstapfen des Buddha wandelt.

Im Buddhismus, so wie er ursprünglich von Buddha und von der Schule der Alten gelehrt wurde, werden weder eine persönliche Gottheit noch Gottheiten erwähnt; er kann als atheistisch bezeichnet werden, das heißt, er bestreitet die Existenz einer Gottheit. Die *Therawada*-Schule ähnelt in mancher Hinsicht dem pantheistischen Hinduismus. Beide machen keine Aussagen über eine persönliche Gottheit und scheinen sich stattdessen auf unpersönliche Kräfte zu beziehen. Der Schlüsselbegriff lautet hier *Weisheit*, nicht im Sinne von objektiver Erkenntnis, sondern im Kontext der Einsicht in unser wahres Selbst. Die moderne Schule des Zen-Buddhismus, die allerdings mit dem *Therawada*-Zweig nicht in historischem Zusammenhang steht, legt besonderes Gewicht auf die Meditation, die übrigens auch im *Therawada*-Buddhismus empfohlen wird. Das Wort *Zen* ist eigentlich eine verballhornte Form des Sanskrit-Wortes *Dhyan*, was „Meditation“ bedeutet. Das entsprechende chinesische Wort, *Shan*, hat dieselbe Bedeutung. Im Zen wie auch in der Transzendentalen Meditation richtet sich die Meditation auf eine gegenstandslose, leere Mannigfaltigkeit, die zur „Weisheit“ hinführen kann. Der Einzelne lebt in seiner eigenen Welt und Befreiung findet man nur durch eigene Anstrengung.

In der *Mahajana*-Schule gibt es andererseits gewisse Übereinstimmungen mit dem populären polytheistischen Hinduismus. Beide erkennen an, dass Erlösergestalten gebraucht werden. In der *Mahajana*-Schule gilt Buddha selbst als Erlöser und die Erlösung geschieht aus Gnade. Beide Religionen kennen das Bittgebet. In manchen buddhistischen Tempeln gibt es Stellen, an denen man hinduistischen Gottheiten Weihrauch darbringen kann. Obwohl diese hinduistischen Gottheiten nicht in das buddhistische *sanctum sanctorum* (Allerheiligste, der innerste Teil des Tempels) eingelassen werden, gelten Gebete zu ihnen doch als wirksam.

Manche der apologetischen Methoden, die im 8. Kapitel vorgestellt wurden (siehe „Was sind die wichtigsten Grundlagen des Hinduismus?“, S. 185), können mit den entsprechenden Änderungen auch auf die *Mahajana*- und *Therawada*-Schulen des Buddhismus übertragen werden. Zusätzlich kann man in Gesprächen mit Buddhisten noch erwähnen, dass man mit einer ausschließlich negativen Sicht des Lebens unausweichlich in Erklärungsnöte kommt. Beispielsweise muss man schon eine gewisse Vorstellung von Freude und Vergnügen voraussetzen, um sagen zu können, dass alles nichts als Leiden sei. Das Leiden können wir nur wahrnehmen, wenn wir gleichzeitig auch das Angenehme wahrnehmen. Wenn es wirklich nichts anderes als Leiden gäbe, dann würden wir das Leiden gar nicht als schmerzlich empfinden, denn wir wüssten es ja nicht besser! Diese Argumentationsweise ähnelt den folgenden Überlegungen von C. S. Lewis, die er vor seiner Entscheidung für den christlichen Glauben anstellte:

„Mein Argument gegen die Existenz Gottes lautete, die Welt sei grausam und ungerecht. Woher aber hatte ich meine Vorstellung von gerecht und ungerecht? Man kann eine Linie erst dann als krumm bezeichnen, wenn man weiß, was gerade Linien sind. Womit verglich ich diese Welt, wenn ich sie ungerecht nannte? Wieso konnte ich, der ich doch Mitakteur war, so heftig reagieren, wenn das ganze Theater, das wir Welt nennen, ohnehin von A bis Z schlecht und sinnlos war? Ein Mensch fühlt sich nass, wenn er ins Wasser fällt, weil er kein Meerestier ist; ein Fisch empfindet das anders.

Natürlich hätte ich sagen können, meine Vorstellung von Gerechtigkeit sei lediglich meine eigene, private Idee, aber damit hätte ich sie praktisch aufgegeben. Dann wäre auch mein Argument gegen Gott in sich zusammengefallen, denn es beruhte ja darauf, dass die Welt tatsächlich ungerecht ist, und nicht nur darauf, dass sie nicht meinen Vorstellungen entspricht. Gerade als ich dabei war zu beweisen, dass es Gott nicht gibt – mit anderen Worten, dass die Welt von Grund auf sinnlos ist –, sah ich mich gezwungen, einen Teil der Wirklichkeit – nämlich meine Vorstellung von Gerechtigkeit – als sehr sinnvoll gelten zu lassen.

Damit aber erweist sich der Atheismus als zu einfach. Denn wenn die ganze Welt tatsächlich ohne Sinn wäre, dann hätten wir selbst gar keine Möglichkeit, dies zu begreifen. Gäbe es kein Licht in dieser Welt und darum auch keine Lebewesen mit Augen, um das Licht zu sehen, wir würden niemals wissen, dass es dunkel ist. Dunkel wäre ein Wort ohne Bedeutung.“[2]

Damit will ich jedoch nicht behaupten, der Buddhismus sei auf Grund der Ersten Edlen Wahrheit zu dem Schluss gekommen, es gäbe keinen Gott – wegen des allgegenwärtigen Leidens also. In den Schriften von Buddha spielt Gott einfach keine Rolle. Aus philosophischer Sicht können wir aber darauf hinweisen, dass Schmerz nur vor dem Hintergrund von Freude verständlich ist. Beide sind einfach Bestandteile unseres Lebens. Wir sollten den Buddhisten daher ermutigen, die Ursache für das Leid an anderer Stelle zu suchen. Auch können wir darauf hinweisen, dass es im Leben – schon auf der rein praktischen Ebene – doch auch viel Gutes gibt und dass es gute Menschen gibt, die sich bemühen, das Leid zu lindern. Selbst die buddhistische Lehre, *dana* (Großzügigkeit) zu praktizieren, ist ein stillschweigendes Eingeständnis, dass das Leiden gelindert werden kann und dass es in unserer Welt voll Leid doch auch gelindert wird.

Die Zweite Edle Wahrheit enthält eine bewundernswerte Einsicht: Als Ursache für das Leid wird *tanha* (Begierde) genannt. Auch der Apostel Johannes warnte vor der „Gier der Triebe und Sinne, [vor] der Gier der Augen, [vor dem] Prahlen mit Geld und Macht“ (1. Johannes 2,16). Die Dritte Edle Wahrheit läuft allerdings auf einen Selbstwiderspruch hinaus, denn das Aufgeben der Begierde kann selbst eine Begierde sein; das heißt, der Wunsch, von Begierden loszukommen, ist selbst eben immer noch ein Wunsch. Ein Dasein ohne Wünsche wäre sowohl ein existentieller als auch logischer Widerspruch. Stattdessen müssen wir unsere Wünsche auf einen Gegenstand konzentrieren, der dessen würdig ist (siehe Psalm 27,4). Ebenso legt auch die Vierte Edle Wahrheit die Grundlage für einen guten Lebensstil, bietet aber dann kaum Hilfen bei der praktischen Umsetzung. Wir werden noch auf diese wesentliche Schwäche des Buddhismus zurückkommen: dass man dort weiß, was richtig ist, und doch nicht in der Lage ist, dies auch *in die Tat umzusetzen.*

Wir sollten unseren buddhistischen Freunden zeigen, dass es einen Zusammenhang gibt zwischen dem Leiden und der Existenz des moralisch Bösen, die wir als Rebellion gegen einen moralisch heiligen Gott verstehen. Wir können das Problem des Leidens ansprechen, indem wir auf den Gott hinweisen, der sich im Leid mit uns identifiziert – in dem furchtbaren Leiden seines Sohnes am Kreuz. Die wahre Erleuchtung ist daher für uns die Begegnung mit unserem Erlöser Jesus Christus, wenn unser irdischer Weg einmal zu Ende sein wird.

Zum Schluss noch eine Bemerkung zur Reinkarnation aus buddhistischer Sicht. Hindus gehen davon aus, dass die einzelne Seele – die Identität – im Vorgang der Seelenwanderung bestehen bleibt. Dagegen glauben Buddhisten, dass die Seele sich im Tode in fünf Bestandteile auflöst und dann für einen neuen Lebenszyklus neu zusammengesetzt wird. Es gibt dabei jedoch keine Garantie dafür, dass die *Identität der Person* erhalten bleibt, wie das nach Aussage des Hinduismus der Fall sein kann. Daher stürzt speziell die buddhistische Sicht den Gläubigen unter Umständen in eine tiefe Unsicherheit, denn er muss befürchten, dass er nach seinem Tod seine Identität verliert. Christen haben darauf eine ganz eindeutige Antwort: Unser Schöpfer kennt uns nicht nur von Mutterleib an, er hat auch dafür Sorge getragen, dass es einen Platz auf dieser Welt gibt, der nur für uns und niemanden sonst bestimmt ist. So wird in unserer Beziehung zu Gott durch Jesus Christus unsere Identität gewahrt.

Schlussfolgerung

Es gibt etliche Hindus und Buddhisten, die ihr Leben Christus anvertraut haben – nicht auf Grund philosophischer Argumente, sondern wegen der Liebe und Freundschaft, die sie von ihren christlichen Freunden erfahren haben. Im Gegensatz zum Joga, dessen Ziel die Verschmelzung mit einer unendlichen und unpersönlichen Wirklichkeit ist, können wir eine echte Beziehung zu dem unendlichen Gott durch Jesus Christus anbieten. Diese Beziehung können wir ihnen vorleben. Buddhisten versichern zwar immer wieder, der Buddhismus sei gar keine lebensverneinende Religion, die nichts als totalen Nihilismus zu bieten habe. Aber es ist nicht leicht, der Schlussfolgerung zu entgehen, dass Buddha genau das lehrte.

Leider präsentieren wir das Christentum manchmal als bloße Askese mit christlichen Zusätzen und reduzieren die Nachfolge Christi auf bloße persönliche Hingabe. Das stärkste Argument gegen die Anziehungskraft östlicher Religionen besteht aber nicht in individuellem christlichen Streben nach Heiligung, sondern in einer praktizierten, sichtbaren, erkennbaren *christlichen Gemeinschaft*.

Fragen zur Vertiefung

1. Ist Joga grundsätzlich schlecht, wenn man es wegen seiner therapeutischen Wirkung praktiziert?
2. Wie kann man am einfachsten aufzeigen, dass *dieses* Leben wirklich zählt und dass wir keine zweite Chance bekommen, um es besser zu machen?
3. Wie können Christen in einer materialistisch orientierten Welt die lebensbejahende Botschaft des christlichen Glaubens leben, ohne dabei selbst dem Streben nach Wohlstand zum Opfer zu fallen?

Anmerkungen

1. Kapitel: Schwierige Fragen zum Thema „Gott"

[1] Natürlich bleibt die Gesamtmenge der Energie immer konstant; nur die Menge der verwendbaren Energie nimmt ab.

[2] Robert Jastrow: *God and the Astronomers*, New York (W. W. Norton) 1978, S. 15–16.

[3] David Hume: *The Letters of David Hume*, Band 1, hrsg. von J. Y. T. Greig, Oxford (Clarendon) 1932, S. 187.

[4] David Hume: *Enquiry Concerning Human Understanding*, hrsg. von Chas. W. Hendel, New York (Liberal Arts) 1955, S. 165–166.

[5] C. S. Lewis: *The Abolition of Man*, New York (Macmillan) 1947, S. 69.

[6] C. S. Lewis: „Über den Schmerz", Basel (Brunnen Verlag) 1998, S. 119–120.

2. Kapitel: Schwierige Fragen zum Thema „Das Böse"

[1] Zitiert von Lee Strobel in: „Why does God Allow Suffering?" (Vortrag in der *Saddleback Valley Community Church*, El Toro, Kalifornien, 26. Februar 2000).

[2] Ken Boa und Larry Moody: *I'm Glad You Asked*, Colorado Springs (Victor) 1994, S. 129.

[3] Norman L. Geisler: *Baker Encyclopedia of Christian Apologetics*, Grand Rapids (Baker) 1999, S. 220.

[4] Ebd.

[5] Millard J. Erickson: *Introducing Christian Doctrine*, Grand Rapids (Baker) 1996, S. 138–139.

[6] Ebd., S. 139.

[7] Norman L. Geisler und Ronald M. Brooks: *When Skeptics Ask*, Wheaton, Illinois (Victor) 1990, S. 59–60.

[8] Boa und Moody: *I'm Glad You Asked*, S. 122.
[9] Zitiert bei Erickson: *Introducing Christian Doctrine*, S. 138–139.
[10] Robert Morey: *The New Atheism and the Erosion of Freedom*, Minneapolis (Bethany House) 1986, S. 153.
[11] Ebd.
[12] Paul E. Little: *Know Why You Believe,* Downers Grove, Illinois (InterVarsity Press) 1975, S. 81.
[13] Ebd.
[14] Geisler und Brooks: *When Skeptics Ask*, S. 73.
[15] Zitiert bei Little: *Know Why You Believe*, S. 87.
[16] Boa und Moody: *I'm Glad You Asked*, S. 133.
[17] Norman L. Geisler und Jeff Amanu: „Evil", in: *New Dictionary of Theology*, hrsg. von Sinclair B. Ferguson und David F. Wright, Downers Grove, Illinois (InterVarsity Press) 1988, S. 42.
[18] Rick Rood: „The Problem of Evil: How can a Good God Allow Evil?" (1996), auf der Internet-Seite von *Probe Ministries*: http://www.probe.org.
[19] Boa und Moody: *I'm Glad You Asked*, S. 133.
[20] Zitiert bei Dan Story: *Defending Your Faith*, Nashville (Nelson) 1992, S. 171–172.
[21] Geisler und Brooks: *When Skeptics Ask*, S. 73.
[22] Ebd., S. 64–65.
[23] Little: *Know Why You Believe*, S. 81.
[24] Story: *Defending Your Faith*, S. 176–177.
[25] Harold Kushner: *When Bad Things Happen to Good People*, New York (Schocken) 1981, S. 134. Dt.: „Wenn guten Menschen Böses widerfährt", Gütersloh (Gütersloher Verlagshaus) 2004.
[26] Ebd., S. 43.
[27] Boa und Moody: *I'm Glad You Asked*, S. 127.
[28] Mary Baker Eddy: *Miscellaneous Writings*, Boston (Christian Science Publishing Society) 1986, S. 27.
[29] Emily Cady: *Lessons in Truth*, Kansas City (Unity School of Christianity) 1941, S. 35.
[30] Ernest Holmes: *What Religious Science Teaches*, Los Angeles (Science of Mind Publications) 1974, 13. Dt.: „Die Vollkom-

menheitslehre. Die Wissenschaft des Geistes“, Freiburg (Herrm. Bauer Verlag) 1985.

[31] Walter Martin: *The Kingdom of the Cults*, Minneapolis (Bethany House) 1997, S. 40–41.

[32] David Sprangler: *Revelation: The Birth of A New Age*, Middleton (Lorian) 1976, S. 13.

[33] Rabi Maharaj: „Death of a Guru: The Personal Testimony of Rabi Maharaj“, in: *Christian Research Newsletter* 3, Nr. 3, 1990, S. 2.

[34] David Gershon und Gail Straub: *Empowerment: The Art of Creating Your Life as You Want It*, New York (Delta) 1989, S. 35.

[35] Ebd., 36.

[36] Shirley MacLaine, zitiert bei Douglas Groothuis: „A Summary Critique“ (Buchbesprechung von „It's All in the Playing“), in: *Christian Research Journal* (Herbst 1978), S. 28.

[37] Ebd.

[38] Gary Zukav: *The Seat of the Soul*, New York (Simon and Schuster) 1989, S. 45. Dt.: „Die Spur zur Seele“, München (Heyne) 1990.

[39] Siehe Norman L. Geisler: „Die Wurzeln des Bösen“, Bad Liebenzell (VLM) 1980; C. S. Lewis: „Die große Scheidung“, Einsiedeln (Johannes Verlag) 1996, sowie C. S. Lewis: „Über den Schmerz“, München (Kösel) 1978.

[40] Geisler und Amanu: „Evil“, S. 242.

[41] Geisler: *Baker Encyclopedia of Christian Apologetics*, S. 222.

[42] Erickson: *Introducing Christian Doctrine*, S. 141–142.

[43] Gary R. Habermas und J. P. Moreland: *Immortality: The Other Side of Death*, Nashville (Nelson) 1992, 185.

3. Kapitel: Schwierige Fragen zum Thema „Naturwissenschaft“

[1] Andrew Dickson White: *A History of the Warfare of Science with Theology in Christendom,* 2 Bände, Nachdruck, New York (Dover) 1960.

[2] Charles B. Thaxton und Nancy R. Pearcey: *The Soul of Science*, Wheaton, Illinois (Crossway) 1994.

[3] Loren Eiseley und Francis Bacon, in: *The Horizon Book of Makers of Modern Thought*, New York (American Heritage) 1972, S. 95–96.

[4] Loren Eiseley: *Darwin's Century,* Garden City (Doubleday) 1961, S. 62. Dt.: „Von der Entstehung des Lebens und der Naturgeschichte des Menschen", Frankfurt (Fischer Verlag) 1982.

[5] Freeman J. Dyson: „Is God in the Lab?", in: *The New York Review of Books* vom 28. Mai 1998, S. 8.

[6] C. P. Snow: „The Two Cultures", in: *The Two Cultures and a Second Look*, Cambridge (Cambridge University Press) 1969. Dt.: „Die zwei Kulturen", München (dtv) 1982.

[7] Victor Weißkopf: „Frontiers and Limits of Science", Alexander von Humboldt Stiftung, Mitteilungen 43 (März 1984), S. 1–11. Vgl. einen ähnlichen Aufsatz desselben Verfassers in *American Scientist* 65, 1977, S. 405.

[8] John Barrow und Frank Tipler: *The Anthropic Cosmological Principle*, Oxford (Clarendon) 1986, S. 442.

[9] Quentin Smith: „The Uncaused Beginning of the Universe", in: William Lane Craig und Quentin Smith: *Theism, Atheism and Big Bang Cosmology*, Oxford (Clarendon) 1993, S. 120.

[10] Arthur Eddington: *The Expanding Universe*, New York (Macmillan) 1933, S. 124.

[11] Ebd., S. 178.

[12] Zur Beurteilung siehe meinen Beitrag „Naturalism and Cosmology", in: *Naturalism: A Critical Appraisal*, hrsg. v. William L. Craig und J. P. Moreland: *Routledge Studies in Twentieth-Century Philosophy*, London (Routledge) 2000, S. 215–252.

[13] Stephen Hawking: „Die illustrierte kurze Geschichte der Zeit, Reinbek (Rowohlt) 1996, S. 181.

[14] Arthur Eddington: *Space, Time, and Gravitation*, Nachdruck, Cambridge (Cambridge University Press) 1987, S. 48.

[15] Ebd., S. 181.

[16] Stephen Hawking und Roger Penrose: *The Nature of Space and Time*, The Isaac Newton Institute Series of Lectures, Princeton (Princeton University Press) 1996, S. 3–4, 121. Dt.: „Zeit und Raum", Reinbek (Rowohlt) 1998.

[17] Siehe John D. Barrow: *Theories of Everything*, Oxford (Cla-

rendon) 1991, S. 67–68. Dt.: „Theorien für alles", Reinbek (Rowohlt) 1994.

18 Hawking und Penrose: *The Nature of Space and Time*, S. 20.

19 Andrei Linde meint, dass Steinhardts Modell „mit etlichen ungelösten Problemen belastet ist". Er beklagt, dass das Ekpyrotische Modell „sehr populär bei Journalisten", aber „ziemlich unpopulär bei Naturwissenschaftlern" ist (*Cyclic Universe Runs into Criticism*, Physics World [Juni 2002], S. 8).

20 J. M. Wersinger: *Genesis: The Origin of the Universe, National Forum* (Winter 1996), S. 9, 12. Wersinger selbst versucht offenbar die Vorstellung zu umgehen, dass das Universum aus dem Nichts entstanden ist, indem er von einer Vakuumfluktuation spricht. Diese Vorstellung hat sich jedoch als unhaltbar erwiesen, wie ich in dem in Anmerkung 19 genannten Beitrag dargelegt habe.

21 John Barrow: *The World within the World*, Oxford (Clarendon) 1988.

22 Paul Davies: „God and Time Machines", in: *Books and Culture*, März/April 2002, S. 29.

23 John C. Polkinghoren: *Serious Talk: Science and Religion in Dialogue*, London (SCM Press) 1996, S. 6.

24 Diese Einsicht verdanke ich dem Wissenschaftstheoretiker Robin Collins.

25 Ludwig Boltzmann: *Lectures on Gas Theory*, übersetzt von Stephen G. Brush, Berkeley (University of California Press) 1964, S. 446–448.

26 Fred Hoyle und Chandra Wickramasinghe: *Evolution from Space*, New York (Simon & Schuster) 1981, S. 24. Dt.: „Evolution aus dem Weltraum. Über den Ursprung irdischen Lebens", Berlin (Ullstein) 1987.

27 Charles B. Thaxton, Walter L. Bradley und Roger Olsen: *The Mystery of Life's Origin*, New York (Philosophical Library) 1984.

28 Francis Crick: „In the Beginning …", in: *Scientific American*, Februar 1991, S. 125.

29 Nathan Aviezer: *In the Beginning*, Hoboken (Ktav Publishing House) 1990. Dt.: „Am Anfang", (Orgler Verlag) 2001.

30 Phillip E. Johnson: *Darwin on Trial*, Downers Grove, Illinois

(InterVarsity Press) 1991. Zu den führenden Persönlichkeiten der „Intelligent Design"-Bewegung gehören William Dembski, Stephen Myer, Paul Nelson, Michael Behe und Jonathan Wells. Diese auch nicht ganz unumstrittene Bewegung betont, dass hinter der biologischen Komplexität eine Intelligenz stehen muss. Im Hinblick auf die Themen des Interventionismus (Kreationismus) und des Theismus (Gott) bleibt sie dagegen neutral.

[31] Michael Denton: *Evolution: A Theory in Cri*sis, Bethesda (Adler & Adler) 1985, 8. und 9. Kapitel.

[32] Barrow und Tipler: *The Anthropic Cosmologial Principle*, S. 561–565.

[33] Ebd., S. 133.

[34] Michael Behe: *Darwin's Black Box*, New York (Free Press) 1996.

[35] Behes Antworten an seine Kritiker finden sich in Michael Behe: „The Modern Intelligent Design Hypothesis: Breaking Rules", in: *Philosophia Christi* 3, Nr. 1, 2001, S. 165–179.

4. Kapitel: Schwierige Fragen zum Thema „Jesus Christus"

[1] Eine Darstellung der Beweise, die mich von der Identität Christi überzeugt haben, finden Sie in Lee Strobel: „Der Fall Jesus", Asslar (Projektion J) 1999, und in Lee Strobel: „Glaube im Kreuzverhör", Asslar (Projektion J) 2001.

[2] Eine eingehendere Besprechung ihres Ansatzes bieten Michael J. Wilkins und J. P. Moreland (Hrsg.): *Jesus under Fire: Modern Scholarship Reinvents the Historical Jesus*, Grand Rapids (Zondervan) 1995, besonders das 1. und das 5. Kapitel.

[3] Eine kurze Geschichte der Unterscheidung zwischen historischem Jesus und dem Christus des Glaubens bei Norman L. Geisler: *Baker Encyclopedia of Christian Apologetics*, Grand Rapids (Baker) 1999, S. 141–142.

[4] Richard N. Ostling: „Who was Jesus Christ?", in: *Time Magazine* vom 15. August 1988.

[5] Zitiert bei Strobel: „Der Fall Jesus", S. 27.

6 Ebd., S. 28 (*Adversus Haereses* 3.3.4).

7 Hank Hanegraaff: „The Search for Jesus Hoax“, in: *Christian Research Journal* 23, Nr. 2 (2001), S. 14.

8 Zitiert bei Strobel: „Glaube im Kreuzverhör“, S. 177, 180.

9 Simon Greenleaf: *The Testimony of the Evangelists*, Grand Rapids (Baker) 1994, VII.

10 Strobel: „Der Fall Jesus“, S. 114.

11 Norman Geisler und Thomas Howe: *When Critics Ask*, Wheaton, Illinois (Victor) 1992, S. 385. Dt.: „Wenn Skeptiker fragen“, Dillenburg (Christliche Verlagsgesellschaft) 1996.

12 Zitiert bei Strobel: „Der Fall Jesus“, S. 111.

13 Clifford Wilson: *Rocks, Relics and Biblical Reliabilty*, Grand Rapids (Zondervan) 1977, S. 120.

14 Zitiert bei Strobel: „Der Fall Jesus“, S. 38.

15 J. P. Moreland: *Scaling the Secular City*, Grand Rapids (Baker) 1987, S. 152–153.

16 Ebd., S. 154.

17 Ebd., S. 148.

18 Ebd., S. 149. Für Beispiele für Glaubensformeln und -lieder vgl. Römer 1,3–4, 1. Korinther 11,23–26, 15,3-8, Philipper 2,6–11, Kolosser 1,15–18, 1. Timotheus 3,16, 2. Timotheus 2,8.

19 Ebd.

20 Siehe A. N. Sherwin-White: *Roman Society and Roman Law in the New Testament*, Grand Rapids (Baker) 1978, S. 186–193.

21 Frederic Kenyon: *Handbook to the Textual Criticism of the New Testament*, New York (Macmillan) 1912, S. 5.

22 Frederic Kenyon: *The Bible and Archeology*, New York (Harper) 1940, S. 288.

23 Siehe Strobel: „Der Fall Jesus“, S. 43–61.

24 H. R. Macintosh: *The Person of Jesus Christ*, Edinburgh (T & T Clark) 1913, S. 2.

25 Zitiert bei John N. Akers, John H. Armstrong und John D. Woodbridge (Hrsg.): *This We Believe*, Grand Rapids (Zondervan) 2000, S. 64.

26 William Lane Craig: *The Son Rises: Historical Evidence for the Resurrection of Jesus*, Chicago (Moody Press) 1981, S. 140.

27 Zitiert bei Akers/Armstrong/Woodbridge: *This We Believe*, S. 65.

[28] Ebd., S. 64.
[29] Zitiert bei Strobel: „Der Fall Jesus", S. 180.
[30] Zitiert bei Strobel: „Der Fall Jesus", S. 154.
[31] Zitiert bei Strobel: „Der Fall Jesus", S. 156–157.
[32] Zitiert bei Strobel: „Der Fall Jesus", S. 157.
[33] William Lane Craig: *Reasonable Faith*, überarbeitete Ausgabe, Wheaton, Illinois (Crossway) 1994, S. 251.
[34] Zitiert bei Strobel: „Der Fall Jesus", S. 156.
[35] James D. G. Dunn: *Jesus and the Spirit*, London (SCM Press) 1975, S. 60, zitiert bei Craig: *Reasonable Faith*, S. 250.
[36] Royce Gruenler: *New Approaches to Jesus and the Gospels,* Grand Rapids (Baker) 1982, S. 74.

5. Kapitel: Weitere schwierige Fragen zum Thema „Jesus Christus"

[1] John Stott: *Basic Christianity*, Downers Grove (InterVarsity Press) 1964, S. 26. Dt.: „Einführung in das Christentum", Witten (Brockhaus) 1965.
[2] Carl Sagan: *Cosmos*, New York (Ballantine) 1993, S. 4. Dt.: „Unser Kosmos", Augsburg (Bechtermünz Verlag) 1996.
[3] Charles Templeton: *Farewell to God*, Toronto (McClelland & Stewart) 1996, S. 21.
[4] Richard Dawkins: „Snake Oil and Holy Water" (zu finden auf der Internet-Seite http://www.forbes.com/asap/99/1004/235.html).
[5] John Dominic Crossan: *Jesus: A Revolutionary Biography*, San Francisco (Harper SanFrancisco) 1994, S. 95.
[6] Robert W. Funk/Roy W. Hoover und das „Jesus Seminar": *The Five Gospels*, San Francisco (Harper SanFrancisco) 1993, S. 2.
[7] Eine Zusammenfassung dieser Argumentation findet sich bei Norman L. Geisler: *Baker Encyclopedia of Christian Apologetics,* Grand Rapids (Baker) 1999, S. 276–283. 20 Argumente für dic Existenz Gottes findet man bei Peter Kreeft und Ronald K. Tacelli: *Handbook of Christian Apologetics*, Downers Grove (InterVarsity Press) 1994, S. 48–88.

[8] Geisler: *Baker Encyclopedia of Christian Apologetics*, S. 450.

[9] Gary Habermas: *The Historical Jesus*, Joplin (College Press) 1996.

[10] R. T. France: „The Gospels as Historical Sources for Jesus, the Founder of Christianity“, in: *Truth* 1 (1985), S. 86.

[11] Zitiert bei Lee Strobel: „Der Fall Jesus“, Asslar (Projektion J) 1999, S. 31.

[12] Zitiert bei Lee Strobel: „Glaube im Kreuzverhör“, Asslar (Projektion J) 2001, S. 86.

[13] Siehe Michael J. Wilkins und J. P. Moreland (Hrsg.): *Jesus under Fire: Modern Scholarship Reinvents the Historical Jesus,* Grand Rapids (Zondervan) 1995, S. 129.

[14] Zitiert bei Strobel: „Glaube im Kreuzverhör“, S. 85.

[15] Siehe Wilkins und Moreland: *Jesus under Fire*, S. 131.

[16] Siehe Stephen T. Davis: „The Miracle at Cana: A Philosopher's Perspective“, in: David Wenham und Craig Blomberg (Hrsg.): *The Miracles of Jesus*, Sheffield (JSOT) 1986, S. 429, zitiert bei Wilkins und Moreland: *Jesus under Fire*, S. 131.

[17] Siehe Sanhedrin 43a.

[18] Zitiert bei Strobel: „Glaube im Kreuzverhör“, S. 176.

[19] Siehe Gary Habermas: *The Verdict of History*, Nashville (Nelson) 1988, S. 107.

[20] Die Akten des Pilatus, auf die sich Justinus bezog, sind nicht identisch mit den apokryphen Pilatus-Akten. Letztere sind ein fiktives Werk, das erst Jahrhunderte nach dem Tod von Pilatus verfasst wurde. Leider ist es von manchen wohlmeinenden, aber schlecht informierten Christen als authentisch angeführt worden.

[21] Templeton: *Farewell to God*, S. 112.

[22] Zitiert bei Strobel: „Der Fall Jesus“, S. 170.

[23] Zitiert bei Wilkinson und Moreland: *Jesus under Fire*, S. 133.

[24] Ebd., S. 134.

[25] Betrand Russell: „What is an Agnostic“, in: *Lookout Magazine* vom 3. November 1953, zitiert bei Strobel: „Glaube im Kreuzverhör“, S. 182.

[26] Ebd.

[27] Alfred Edersheim: *The Life and Times of Jesus the Messiah*, Grand Rapids (Eerdmans) 1972, S. 160.

[28] Norman L. Geisler/Ronald M. Brooks: *When Skeptics Ask*, Wheaton, Illinois (Victor) 1990, S. 115.

[29] Geisler: *Baker Encyclopedia of Christian Apologetics*, S. 611.

[30] Geisler und Brooks: *When Skeptics Ask*, S. 114–115.

[31] Siehe Peter W. Stoner: *Science Speaks*, Chicago (Moody Press) 1969.

[32] Zitiert bei Strobel: „Der Fall Jesus", S. 210.

[33] Zitiert bei Strobel: „Der Fall Jesus", S. 211.

[34] Zitiert bei Strobel: „Glaube im Kreuzverhör", S. 175.

[35] Geisler: Baker *Encyclopedia of Christian Apologetics*, S. 615.

[36] Zitiert bei Ruth Rosen (Hrsg.): *Jewish Doctors meet the Great Physician*, San Francisco (Purple Pomegranate) 1997, S. 34.

[37] Gary Habermas und Anthony Flew: *Did Jesus Rise from the Dead?,* San Francisco (Haroer & Row) 1987, S. XI.

[38] Zitiert bei Ross Clifford (Hrsg.): *The Case for the Empty Tomb: Leading Lawyers look at the Resurrection,* Claremont (Albatross) 1991, S. 112.

[39] Zitiert bei William D. Edwards u. a.: „On the Physical Death of Jesus Christ", in: *Journal of the American Medical Association* vom 21. März 1986, 1463.

[40] John A. T. Robinson: *The Human Face of* God, Philadephia (Westminster) 1973, S. 131, zitiert bei William Lande Craig: *Will the Real Jesus Please Stand Up? A Debate Between William Lane Craig and John Dominic Crossan,* Grand Rapids (Baker) 1998, S. 27.

[41] Zitiert bei Wilkins und Moreland: *Jesus under Fire*, S. 165.

[42] Zitiert bei Strobel: „Der Fall Jesus", S. 263.

[43] John Drane: *Introducing the New Testament*, San Francisco (Harper & Row) 1986, S. 99.

[44] Siehe Strobel: „Der Fall Jesus", S. 252.

[45] Ebd., S. 251.

[46] Ebd., S. 267.

[47] Ebd., S. 272–274.

[48] Ebd., S. 140.

[49] Carl Braaten: *History and Hermeneutics*, Band 2 von *New Directions in Theology Today*, hrsg. v. William Hordern, Philadelphia (Westminster) 1966, S. 78.

[50] J. P. Moreland: *Scaling the Secular City*, Grand Rapids (Baker) 1987, S. 179–180.

[51] C. F. D. Moule: *The Phenomenon of the New Testament*, London (SCM) 1967, S. 3.

[52] Zitiert bei John N. Akers/John H. Armstrong/ John D. Woodbridge (Hrsg.): *This We Believe*, Grand Rapids (Zondervan) 2000, S. 108–109.

6. Kapitel: Schwierige Fragen zum Thema „Bibel"

[1] Siehe Norman L. Geisler und William E. Nix: *A General Introduction to the Bible*, Chicago (Moody Press) 2000, Teil 1.

[2] Näheres zur Unfehlbarkeit bei Norman L. Geisler (Hrsg.): *Inerrancy*, Grand Rapids (Zondervan) 1980.

[3] Näheres bei Norman L. Geisler: *Systematic Theology*, Minneapolis (Bethany House) 2001, Band 1.

[4] B. B. Warfield: *Inspiration and Authority of the Bible*, Philadelphia (Presbyterian & Reformed) 1948, S. 299.

[5] Siehe Norman L. Geisler und Thomas Howe: *When Critics Ask*, Grand Rapids (Baker) 1992, S. 15–26.

[6] Lukas könnte sich aber auch auf die kanonischen Evangelien von Matthäus und Markus bezogen haben, die unter Umständen älter sind als sein eigenes Evangelium.

[7] Siehe F. F. Bruce: „Die Glaubwürdigkeit der Schriften des Neuen Testaments", 1984; Craig Blomberg: „Die historische Zuverlässigkeit der Evangelien", Nürnberg (VTR) 1998.

[8] Es gab neun, sofern keiner der anderen acht der Verfasser des Hebräerbriefes war.

[9] Siehe Colin Hemer: *The Book of Acts in the Setting of Hellenistic History*, Winona Lake (Eisenbrauns) 1990.

[10] Ebd.

[11] Siehe Richard N. Ostling: „Jesus Christ, Plain and Simple", in: *Time Magazin* vom 10. Januar 1994, S. 32–33.

[12] Siehe Robert Funk: „Opening Remarks", in: *Foundations and Facets Forum* 1, Nr. 1 (März 1985), S. 12.

[13] Ebd., S. 7.

[14] Zitiert bei Hemer: *The Book of Acts*, S. 8.

[15] Siehe Edwin Yamauchi: „Easter: Myth, Hallucination or History?“, in: *Christianity Today* vom 29. März 1974.
[16] Siehe Hemer: *The Book of Acts*.
[17] Siehe John A. T. Robinson: *Redating the New Testament,* London (SPCK) 1976. Dt.: „Wann entstand das Neue Testament“, Haan (R. Brockhaus) 1986.
[18] Craig Blomberg: „Die historische Zuverlässigkeit der Evangelien“, Nürnberg (VTR) 1998.
[19] Gary Habermas: *The Historical Jesus: Ancient Evidence for the Life of Christ*, Joplin (College Press) 1996.
[20] Simon Greenleaf: *A Treatise on the Law of Evidence*, Boston (C. C. Little & J. Brown) 1842.
[21] Simon Greenleaf: *The Testimony of the Evangelists,* Grand Rapids (Baker) 1984 (Nachdruck der Ausgabe von 1874), S. 53–54.
[22] Ebd., S. 46.
[23] A. T. Robertson: *An Introduction to the Textual Criticism of the New Testament*, Nashville (Broadman) 1925, S. 22.

7. Kapitel: Schwierige Fragen zur Bibel, zu falschen Propheten und zu den Heiligen Büchern anderer Religionen

[1] Eine umfassende Beschäftigung mit den Beweisen dafür, dass die Bibel das Wort Gottes ist, findet sich bei Normal L. Geisler: Baker *Encyclopedia of Christian Apologetics* (Grand Rapids: Baker 1999). Vgl. besonders die verschiedenen Artikel unter dem Stichwort „Bible“.
[2] Siehe Geisler: *Baker Encyclopedia of Christian Apologetics,* unter dem Stichwort „Bible, Evidence for …“ („Bibel, Beweise für …“).
[3] Im Zusammenhang mit seiner Erwähnung der „Siebzig Jahre“ (Daniel 9,2) hat Daniel vorausgesagt, dass der „Gesalbte“ (der Messias) abgeschnitten (sterben) werde, nachdem er dem Frevel ein Ende gemacht und die Sünde abgetan und die Schuld gesühnt und ewige Gerechtigkeit gebracht und Gesicht und Weissagung erfüllt haben würde (Vers 24). Das sollte 483 Jahre

später geschehen, nachdem die Anordnung gegeben wurde, Jerusalem wieder aufzubauen (dies geschah 445/444 v. Chr.). Aber dabei handelt es sich um die Jahreszählung des jüdischen Mondkalenders, bei dem ein Jahr 360 Tage umfasst (12 Monate zu je 30 Tagen). Multipliziert man nun die fünf zusätzlichen Tage pro Jahr mit 483, dann erhält man mehr als sechs Jahre zusätzlich zu den 477 (444 v. Chr. plus 33 n. Chr.), zusammen also 483 Jahre. Damit kommt man genau auf das Jahr 33 n. Chr., das Jahr, in dem Jesus in Jerusalem starb.

4 Siehe Geisler: *Baker Encyclopedia of Christian Apologetics*, unter dem Stichwort „Prophecy, as Proof of the Bible" („Prophetie als Bestätigung der Bibel").

5 Ruth Montgomery: *A Gift of Prophecy* (New York 1965), S. VIII.

6 Siehe Geisler: *Baker Encyclopedia of Christian Apologetics,* unter dem Stichwort „Nostradamus".

7 Zitiert bei James Randi: *The Mask of Nostradamus*, Amherst 1993, S. 31.

8 John Ankerberg: *Cult Watch*, Eugene 1991, S. 340.

9 Zitiert bei Andre Lamont: *Nostradamus Sees All*, Philadelphia 1943, S. 71.

10 Ebd., S. 71.

11 Während die 5 Bücher Mose lehren, dass es nur einen Gott gibt, behauptet das Buch Abraham, es gäbe viele Götter. Vergleicht man beide Bücher, findet man im Ersteren den Ausspruch „Ich, Gott" oder „Ich, Gott der Herr", während das letztere von „den Göttern" oder von „ihnen [den Göttern]" spricht. Siehe auch das „Buch des Mose" (ein Auszug aus einigen Kapiteln des 1. Buches Mose in der Joseph-Smith-Übersetzung der Bibel), 2,1.10.25; 3,8 und das „Buch Abrahams" 4,3.10.25; 5,8.

1844 kam Smith zu der Überzeugung, dass „Gott selbst, der droben im Himmel thront, ein Mensch ist ganz wie wir, das ist das große Geheimnis. [...] Ich werde euch sagen, wie Gott Gott wurde. Gott selbst, unser aller Vater, lebte auf Erden, ganz so wie auch Jesus Christus. [...] Ihr müsst lernen, ebenfalls Götter zu sein. Niemand kann euch Größeres lernen [sic] als das, was ich euch gesagt habe" (zitiert bei John Taylor (Hrsg.): *Times and Seasons* [Zeitschrift für die Kirche Jesu Christi der Heiligen der letzten Tage] 5, S. 613–614).

[12] Eine eingehendere Behandlung findet sich bei Norman L. Geisler und William E. Nix: *A General Introduction to the Bible*, überarbeitete und erweiterte Ausgabe, Chicago 1986, Teil 2.

[13] Die Nachweise für diese und weitere Zitate finden sich bei Geisler und Nix: *A General Introduction to the Bible*, 16. Kapitel.

[14] Ebd.

[15] Roger Beckwith: *The Old Testament Canon in the New Testament Church and its Background in Early Judaism*, Grand Rapids 1986, S. 427.

[16] Siehe Geisler und Nix: *A General Introduction to the Bible*, 15. Kapitel.

[17] Ebd., 16. und 17. Kapitel.

[18] Ebd., S. 431.

[19] Manche inspirierten Bücher sind unter mehreren Bezeichnungen bekannt und sind in die 66 inspirierten Bücher integriert, die zusammen die Bibel bilden. Dazu gehören 1. der Brief des Elia, der in 2. Chronik 21, Verse 12 bis 15 wiedergegeben wird; 2. der Inhalt der Berichte Samuels, des Propheten Natan und des Sehers Gad (1. Chronik 29,29), der dem des 1. und 2. Buches Samuel entspricht; 3. die „Offenbarungen des Propheten Jesaja" (2. Chronik 32,32), die wahrscheinlich mit dem Buch des Propheten Jesaja identisch sind; 4. die anderen Berichte über das Leben Jesu (Lukas 1,1), womit Matthäus oder Markus gemeint sein könnten (oder ein nicht erhaltener, aber nicht inspirierter Bericht); 5. der „Brief aus Laodizea" (Kolosser 4,16), wobei es sich um den Epheser-Brief handeln könnte, der dann zur selben Zeit geschrieben worden wäre, um in Umlauf gegeben zu werden; 6. ein Brief an die Korinther (1. Korinther 5,9), womit der 1. Korinther-Brief selbst gemeint sein mag – ein Stilmittel, das man als „epistolarischer Aorist" (Aorist des Briefstils) bezeichnet und das dazu dient, die Dringlichkeit der Botschaft zu unterstreichen. Paulus hat davon an anderer Stelle im selben Brief Gebrauch gemacht (1. Korinther 9,15). Es gibt daher keinen Grund für die Annahme, dass irgendeine inspirierte Schrift des Neuen Testaments verloren gegangen wäre.

[20] Keith Marston: *Missionary Pal. Reference Guide for Missionaries and Teachers*, Salt Lake City 1976, S. 26.

[21] Wenn Sie sich näher mit diesem angeblichen Irrtum und Hunderten weiterer vermeintlicher Irrtümer in der Bibel beschäftigen möchten: N. L. Geisler und Thomas Howe: *When Critics ask*, Grand Rapids 1992.

[22] So propagiert das Buch Mormon zum Beispiel die Monogamie (Jakob 2,23–27), während Joseph Smith später die Polygamie lehrte („Doctrine and Covenants“, 132:1–4, 37–39).

[23] Kitab al-Wasiyah 77. Zitiert bei Abdiyah Akbar Abdul-Haqq: *Sharing your faith with a Muslim*, Minnesota 1980, S. 62. Siehe auch Al-Maturidis Verteidigung der rechtgläubigen Position gegen die Mutaziliten bei John Alden Williams (Hrsg.): *Islam*, New York 1962, S. 182.

[24] Siehe M. H. Haykal: *The Life of Muhammad*, Indianapolis 1976, S. 74.

[25] Siehe N. L . Geisler: *Answering Islam*, Grand Rapids 1993, S. 162–163.

[26] Z. B. Norman L. Geisler und Ronald Brooks: *When Skeptics ask*, Grand Rapids 1989; Norman L. Geisler und Thomas Howe: *When Critics ask*, Grand Rapids 1999; Norman L. Geisler und Ron Rhodes: *When Cultists Ask*, Grand Rapids 1997; Norman L. Geisler: *Baker Encyclopedia of Christian Apologetics*, Grand Rapids 1999.

8. Kapitel: Schwierige Fragen zu den Themen „Hinduismus und Transzendentale Meditation"

[1] Mehr zum Thema bei Os Guinness: „Asche des Abendlandes“, Neuhausen (Hänssler Verlag) 1974.

[2] Ravi Zacharias: „Sehnsucht des Herzens“, Gießen (Brunnen Verlag) 2003.

[3] Francis A. Schaeffer: „Gott ist keine Illusion“, „… und er schweigt nicht“, „Preisgabe der Vernunft“.

9. Kapitel: Schwierige Fragen zu den Themen „Joga, Reinkarnation und Buddhismus"

[1] Bharat Thakur: „A Master Responds", in: *Time Magazine* (Ausgabe für Asien), 16. Juli 2001.

[2] C. S. Lewis: „Pardon, ich bin Christ", Basel (Brunnen Verlag) 1977, S. 46.

Anregungen zum Weiterlesen und Weiterdenken

1. Kapitel: Schwierige Fragen zum Thema „Gott"

Geisler, Norman L., „God“, in: *Baker Encyclopedia of Christian Apologetics*, Grand Rapids (Baker) 1999.

Geisler, Norman L., und Ronald M. Brooks: *When Skeptics Ask: A Handbook of Christian Evidences,* Grand Rapids (Baker) 1995.

http://www.impactapologetics.com

http://www.normgeisler.com

Strobel, Lee: „Glaube im Kreuzverhör“, Asslar (Projektion J) 2001.

2. Kapitel: Schwierige Fragen zum Thema „Das Böse"

Geisler, Norman L.: „Evil“, in: *Baker Encyclopedia of Christian Apologetics*, Grand Rapids (Baker) 1999.

Geisler, Norman L.: „God and the Problem of Evil“, „If God, Why Evil?“, „The Problem of Evil“, „What about Evil?“ (Audio-Cassetten, die auf der Internet-Seite von Norman Geisler zum Kauf angeboten werden: http://www.normgeisler.com).

Geisler, Norman L.: *Philosophy of Religion*, Grand Rapids (Baker) 1988. Dieses Buch ist vergriffen, aber gebundene Exemplare werden auf der Internet-Seite von Norman Geisler zum Kauf angeboten: http://www.normgeisler.com.

Geisler, Norman L.: „Die Wurzeln des Bösen“, 1980.

Geisler, Norman L., und Ronald M. Brooks: „Wenn Skeptiker fragen: Fragen an den christlichen Glauben“, Dillenburg (Christliche Verlagsgesellschft) 1996.

Habermas, Gary: „Atheism and Evil: A Fatal Dilemma“,

Audio-Cassette, die auf der Internet-Seite von Norman Geisler zum Kauf angeboten wird: http://www.normgeisler.com.

Hunt, Dave: „Verteidigt den Glauben“, Hamburg (Verlag C. M. Fliß) 2000.

Lewis, C. S.: „Über den Schmerz“, München (Kösel) 1971.

Lewis, C. S.: „Über die Trauer“, Frankfurt (Insel) 1999.

Rhodes, Ron: „Is Evil an Apologetic against Christianity?“, Audio-Cassette, die auf der Internet-Seite von Ron Rhodes zum Kauf angeboten wird: http://www.ronrhodes.org.

Rood, Rick: „The Problem of Evil: How Can a Good God Allow Evil?“, 1996. Auf der Internet-Seite von *Probe Ministries* erhältlich: http://www.probe.org.

Story, Dan: *Defending Your Faith*, Nashville (Nelson) 1992.

Strobel, Lee: „Glaube im Kreuzverhör“, Asslar (Projektion J) 2001.

Yancey, Philip: „Von Gott enttäuscht“, (Franz) 2001.

Yancey, Philip: „Wo ist Gott in meinem Leid?“, Asslar (Projektion J) 2002.

3. Kapitel: Schwierige Fragen zum Thema „Naturwissenschaft“

Ashton, John F.: „Die Akte Genesis“, (Schwengeler Verlag) 2004.

Behe, Michael: *Darwin's Black Box*, New York (Free Press) 1996.

Denton, Michel: *Evolution: A Theory in Crisis*, Bethesda (Adler & Adler) 1995.

Johnson, Phillip E.: *Darwin on Trial*, Downers Grove (Inter-Varsity Press) 1991.

Junker, Reinhard: „Leben – woher?“, Dillenburg (Christliche Verlagsgesellschaft).

Kuhn, Wolfgang: „Stolpersteine des Darwinismus“, Stein, CH (Christiana-Verlag) 1999.

Lennox, John: „Hat die Wissenschaft Gott begraben?“, Haan (Brockhaus) 2002.

Lüke, Ulrich, Jürgen Schnakenberg und Georg Souvignier: „Darwin und Gott“, Darmstadt (Wissenschaftliche Buchgesellschaft) 2004.

Strobel, Lee: „Glaube im Kreuzverhör“, Asslar (Projektion J) 2001.

Thaxton, Charles B., Walter L. Bradley und Roger Olsen: *The Mystery of Life's Origin*, New York (Philosphical Library) 1984.

Thaxton, Charles B., und Nancy R. Pearcey: *The Soul of Science*, Wheaton, Illinois (Crossway) 1994.

White, Andrew Dickson: *A History of the Warfare of Science with Theology in Christendom.* 2 Bände. Nachdruck. Maclean (IndyPublish.com) 2002.

4. Kapitel und 5. Kapitel: Schwierige Fragen zum Thema „Jesus Christus“

Copan, Paul (Hrsg.): *Will the Real Jesus Please Stand Up: A Debate Between William Lane Craig and John Dominic Crossan*, Grand Rapids (Baker) 1999.

Craig, William Lane: *Reasonable Faith.* Überarbeitete Ausgabe. Wheaton, Illinois (Crossway) 1994.

Craig, William Lane: *The Son Rises. Historical Evidence for the Resurrection of Jesus*, Chicago (Moody Press) 1981, S. 140.

Greenleaf, Simon: *The Testimony of the Evangelists*, Grand Rapids (Baker) 1994.

Habermas, Gary: *The Verdict of History*, Nashville (Nelson) 1988.

Hempelmann, Heinzpeter: „Die Auferstehung Jesu Christi“, Haan (Brockhaus) 2003.

Hempelmann, Heinzpeter: „Jesus lebt – das Grab ist leer“, Haan (Brockhaus) 2002.

Kreeft, Peter, und Ronald K. Tacelli: *Handbook of Christian Apologetics*, Downers Grove (InterVarsity Press) 1994, S. 48–88.

McDowell, Josh/Wilson, Bill: „Jesus von Nazareth. Tatsachen und Argumente für die Wahrheit der Evangelien“, Gießen (Brunnen-Verlag) 1995.

Moreland, J. P.: *Scaling the Secular City*, Grand Rapids (Baker) 1987, S. 152–153.

Strobel, Lee: „Der Fall Jesus“, Asslar (Projektion J) 1999.

Strobel, Lee: „Glaube im Kreuzverhör“, Asslar (Projektion J) 2001.

Wilkins, Michael J., und J. P. Moreland (Hrsg.): *Jesus under Fire: Modern Scholarship Reinvents the Historical Jesus*, Grand Rapids (Zondervan) 1995.

6. Kapitel und 7. Kapitel: Schwierige Fragen zum Thema „Bibel" und andere Religionen

Aland, Kurt u. a.: „Der Text des Neuen Testaments“, Stuttgart (Deutsche Bibelgesellschaft) 1990.

Blomberg, Craig L.: „Die historische Zuverlässigkeit der Evangelien“, Nürnberg (Thomas Mayer) 1998.

Bruce, F. F.: „Das Neue Testament – glaubwürdig, wahr, verlässlich“, Liebenzeller Mission 1997.

Geisler, Norman L. (Hrsg.): *Inerrancy*, Grand Rapids (Zondervan) 2001.

Geisler, Norman L., und Thomas Howe: *When Critics Ask: A Popular Handbook on Bible Difficulties*, Grand Rapids (Baker) 1999.

Geisler, Norman L., und William E. Nix: *From God to Us: How We Got Our Bible*, Chicago (Moody Press) 1974.

Geisler, Norman L., und William E. Nix: *A General Introduction to the Bible*. Überarbeitete und erweiterte Ausgabe. Chicago (Moody Press) 1986.

Mateen, Elas: *Understanding the Koran: A Quick Christian Guide to the Muslim Holy Book*, Grand Rapids (Zondervan) 2003.

McDowell, Josh: „Die Bibel im Test“, Neuhausen (Hänssler Verlag) 1996.

Rienecker, Fritz und Maier, Gerhard: „Lexikon zur Bibel“, Haan (Brockhaus) 1998.

Rohrbach, Hans: „Wunder. Das Ungewöhnliche im Wirken Gottes“, Haan (Brockhaus) 1992.

Schirrmacher, Christine: „Islam“ (2 Bände), Neuhausen (Hänssler Verlag) 2003/2004.

Schulz, Hans-Joachim.: „Die apostolische Herkunft der Evangelien“, Freiburg (Herder) 1994.
Staudinger, Hugo: „Die historische Glaubwürdigkeit der Evangelien“, Haan (Brockhaus) 1998.
Wenham, John: „Jesus und die Bibel“, Neuhausen (Hänssler Verlag) 1999.
Youngblood, Thomas L. und Sandra P. Aldrich: *The Bible Encounters: 21 Stories of Changed Lives*, Grand Rapids (Zondervan) 2002.
Wilckens, Ulrich: „Hoffnung gegen den Tod. Die Wirklichkeit der Auferstehung Jesu“, Neuhausen (Hänssler Verlag) 1996.
Zacharias, Ravi: „Jesus – der einzig wahre Gott?“, Gießen (Brunnen-Verlag) 2002.
Zahn, Theodor: „Grundriss der Geschichte des neutestamentlichen Kanons“, Wuppertal 1991.

8. Kapitel und 9. Kapitel: Schwierige Fragen zu fernöstlichen Religionen und Praktiken

Clark, David K., und Norman L. Geisler: *Apologetics in the New Age: A Christian Critique of Pantheism*, Grand Rapids (Baker) 1990.
Geisler, Norman L.: *False Gods of Our Time*, Eugene (Harvest House) 1985.
Groothuis, Douglas R.: *Confronting the New Age*, Downers Grove (InterVarsity Press) 1988.
Groothuis, Douglas R.: *Revealing the New Age Jesus*, Downers Grove (InterVarsity Press) 1990.
Groothuis, Douglas R.: *Unmasking the New Age*, Downers Grove (InterVarsity Press) 1986.
Guinness, Os: „Asche des Abendlandes“, Neuhausen (Hänssler Verlag) 1974.
Hauth, Rüdiger: „Hexen, Gurus, Seelenfänger“, Haan (Brockhaus) 1999.
Hauth, Rüdiger: „Kleiner Sektenkatechismus“, Haan (Brockhaus) 1999.

Humphreys, Christmas: „Buddhismus als Lebensweise“, Cham (Müller Rüschlikon) 1992.
Johnson, David L.: *A Reasoned Look at Asian Religions*, Minneapolis (Bethany House) 1985.
Langley, Myrtle: „Religionen“, München (Gerstenberg) 2004.
Lewis, C. S.: „Pardon, ich bin Christ“, Gießen (Brunnen Verlag) 2002.
Lewis, C. S.: „Über den Schmerz“, Gießen (Brunnen Verlag) 1998.
Mangalwadi, Vishal: „Esoterische Kräfte. Ursprung, Wirkung, Gefahren“, Neuhausen (Hänssler-Verlag) 1988.
McDowell, Josh, und Don Stewart: *Handbook of Today's Religions*, Nashville (Nelson) 1983.
Miller, Elliot: *A Crash Course on the New Age Movement*, Grand Rapids (Baker) 1993.
Reißer, Paul C., Teri K. Reißer und John Weldon: *New Age Medicine*, Downers Grove (Inter Varsity Press) 1987.
Rhodes, Ron: *The Challenge of the Cults and New Religions*, Grand Rapids (Zondervan) 2001.
Schaeffer, Francis: A.: *Complete Works,* 5 Bände. Wheaton (Crossway) 1985.